W0176065

SV

Hans Magnus Enzensberger

Eine Experten-Revue
in 89 Nummern

Mit einem Dialog zwischen der Natur
und einem Unzufriedenen:
Vom Dämon der Arbeitsteilung

SUHRKAMP

Erste Auflage
© Suhrkamp Verlag Berlin 2019
Alle Rechte vorbehalten, insbesondere das der Übersetzung,
des öffentlichen Vortrags sowie der Übertragung
durch Rundfunk und Fernsehen, auch einzelner Teile.
Kein Teil des Werkes darf in irgendeiner Form
(durch Fotografie, Mikrofilm oder andere Verfahren)
ohne schriftliche Genehmigung des Verlages reproduziert
oder unter Verwendung elektronischer Systeme
verarbeitet, vervielfältigt oder verbreitet werden.
Satz: Satz-Offizin Hümmer GmbH, Waldbüttelbrunn
Druck: Pustet, Regensburg
Printed in Germany
ISBN 978-3-518-42855-9

Inhalt

Der Dämon der Arbeitsteilung

Ein Dialog zwischen der Natur und einem Unzufriedenen
(im Ton der »Operette morali« von Giacomo Leopardi)

DER UNZUFRIEDENE Du hast uns Menschen, ganz wie es deine Art ist, sehr stiefmütterlich behandelt.

DIE NATUR Worüber beklagst du dich? Ich merke, daß auch du nicht aus der Art schlägst. Du ärgerst dich, du murrst, und am liebsten würdest du mich beschimpfen.

DER UNZUFRIEDENE Weil du eine Rabenmutter bist. Warum hast du uns keine Flügel, keine Schnäbel, keine Flossen gegeben? Wir können uns nicht wehren wie die Löwen, weil wir keine Tatzen und keine Klauen haben. Und was ist, wenn es schneit und regnet?

DIE NATUR Ich kann dir einen Mantel leihen, und damit du nicht naß wirst, habe ich sogar einen Schirm für dich mitgebracht.

DER UNZUFRIEDENE Den Menschen einen Pelz oder wenigstens ein Fell mitzugeben hast du wohl vergessen. Deshalb müssen wir uns mit diesen lächerlichen Kleidern bedecken. Immerzu diese lästigen Hüte, Handschuhe, Schals, Mützen, Stiefel…! Jeden Abend und jeden Morgen gibt es ein Hemd oder eine Jacke auf- und wieder zuzuknöpfen.

DIE NATUR Dazu bist du wohl zu faul, mein Freund? Komm, wir machen einen Spaziergang. Das wird dir guttun.

DER UNZUFRIEDENE Du möchtest also, daß ich mich anstrenge. Aber der Mensch kommt nur stolpernd voran. Warum haben wir nur zwei Beine? Kannst du mir das erklären? Jeder Hase hat es leichter. Alle möglichen Tiere sind schneller als wir, und sie haben weniger Sorgen.

DIE NATUR   Aha! Was für Sorgen?

DER UNZUFRIEDENE   Ich werde jeden Tag älter. Das weißt du doch. Außerdem habe ich Kinder. Jede Maus macht sich nach ein paar Tagen selbständig. Wir dagegen brauchen Windeln, Babysitter, Lehrer und Schulen. Das ist sehr langweilig.

DIE NATUR   Wenn das so ist, wie du sagst, wie kommt es dann, daß eure Art es so weit gebracht hat? Wenn mich nicht alles täuscht, seid ihr doch zu den Herren dieses Planeten aufgestiegen.

DER UNZUFRIEDENE   Aha! »Die Krone der Schöpfung«! Daß ich nicht lache über diesen Spruch. Als wüßtest du nicht, daß zahllose andere Kreaturen ein zäheres Leben haben als wir. Und zwar sind es gerade die unscheinbarsten, die allen Katastrophen trotzen; die Fliegen, die Flöhe und die Ameisen.

DIE NATUR   Weißt du, was der heilige Augustinus von Hippo gesagt hat?

DER UNZUFRIEDENE   Woher soll ich das wissen?

DIE NATUR   »Gott hat die Fliegen erfunden, um die Menschen für ihre Überheblichkeit zu bestrafen.«

DER UNZUFRIEDENE   Laß mich bloß zufrieden mit den Kirchenvätern! Die können uns den Buckel herunterrutschen. Halte dich lieber an die Mücken, von denen du was verstehst. Je winziger, desto bessere Aussichten haben sie. Erdbeben, Stürme, Vulkanausbrüche – alles das, was unsereinen erschreckt, kann keinem Floh etwas anhaben. Hundert Millionen Jahre mehr oder weniger, was schert das die Eintagsfliege! Und die Mikroben erst! Die waren ja schon immer da.

DIE NATUR   Ohne diese Zwerge im Bauch wärst du schon lange verhungert.

DER UNZUFRIEDENE   Das stimmt. Aber, liebe Mutter, du schuldest mir immer noch eine Erklärung.

DIE NATUR   Wofür?

DER UNZUFRIEDENE   Wie kommt es, daß wir uns auf diesem

Planeten zum Herrscher über andere Lebewesen aufgeschwungen haben, obwohl wir so schwach und hinfällig sind?

DIE NATUR   Das kann ich dir sagen.

DER UNZUFRIEDENE   Wahrscheinlich meinst du den Geist, der uns beseelt. Oder ist es die Vernunft? Die Religion? Die Wissenschaften und die Künste?

DIE NATUR   Ach was! Es liegt nur am Dämon der Arbeitsteilung.

DER UNZUFRIEDENE   Du sprichst in Rätseln.

DIE NATUR   Für all die Mängel, die du mir vorwirfst, habe ich die Menschheit mit diesem Geist entschädigt.

DER UNZUFRIEDENE   Das ist sicher wieder einer deiner Tricks.

DIE NATUR   Dir kann ich es wohl nie recht machen. Dabei ist mir eine Idee eingefallen, auf die eine Pflanze und ein Tier nie gekommen wären. Für die Arbeitsteilung solltest du mir dankbar sein, statt herumzumäkeln.

DER UNZUFRIEDENE   Laß hören.

DIE NATUR   Es ist ganz einfach. Jeder von euch kann nämlich irgend etwas, aber keiner kann alles. Und deswegen müßt ihr euch die Mühen teilen, die euer Los sind. »Im Schweiße deines Angesichts sollst du dein Brot verdienen«: So heißt es doch in eurem Lieblingsbuch. An diesem Fluch kann auch ich nichts ändern.

DER UNZUFRIEDENE   So, du bildest dir also ein, du hättest die Teilung der Arbeit erfunden? Das ist doch weiß Gott nichts Neues! Die Ameisen und die Bienen haben sich schon immer darauf verstanden. Ich weiß Bescheid, weil ich gehört habe, daß es bei diesen Völkern Arbeiter, Drohnen, Krieger und Königinnen gibt. Die einen kümmern sich um die Fortpflanzung, andere um die Fütterung, den Nachwuchs oder die Verteidigung gegen ihre Feinde. Sogar Gärtner und Bauarbeiter soll es bei denen geben.

DIE NATUR   Was für ein Dummkopf du bist! Wärst du eine

Ameise, müßtest du deiner Lebtage ein und dasselbe machen. Du hättest keine Wahl, keine Abwechslung. Sei froh, daß mein Dämon dir im Nacken sitzt. Er sorgt dafür, daß du dir aussuchen kannst, was du treiben willst. Tausende von Berufen, Gewerben, Künsten, Fächern, Disziplinen... Jeder einzelne von euch kann etwas, wovon die anderen nichts verstehen. Auch du, mein Lieber.

DER UNZUFRIEDENE Und was ist bisher dabei herausgekommen? Eine unglaubliche Bescherung! Wirrwarr, Ehrgeiz und Hinterlist und sonst gar nichts.

DIE NATUR Der Dämon garantiert euch, daß jeder von euch einen Platz, eine Nische findet, in der er überleben kann.

DER UNZUFRIEDENE Wo? In einem Palast oder in einem Slum? Deinem Hirngespinst haben wir nichts anderes zu verdanken, als daß es von jeher nur Herren und Knechte, Reiche und Arme gegeben hat.

DIE NATUR Krieger und Priester, Jäger und Bauern, Medizinmänner und Erfinder und so weiter und so immer fort. Daher kommt es auch, daß jeder von euch, auch wenn man es ihm nicht ansieht, ein Experte ist.

DER UNZUFRIEDENE Unsinn!

DIE NATUR Fragt sich nur, was seine Spezialität ist. Willst du ein paar Beispiele hören? Was macht einen guten Einbrecher aus, einen erfolgreichen Spekulanten, einen erfahrenen Henker?

DER UNZUFRIEDENE Das sind ja sehr erbauliche Karrieren!

DIE NATUR Mein Dämon interessiert sich nicht für die Moral. Was er mit euch treibt, ist jenseits von Gut und Böse. Übrigens gehen die meisten von euch ganz harmlosen Beschäftigungen nach. Bedenk nur, was einen Virtuosen der Faulheit auszeichnet! Auch dazu braucht es Talent, Geschick, Intelligenz und Beharrlichkeit. Andere sind so eifrig auf ihr Können fixiert, daß ich darüber nur den Kopf schütteln kann. Die meisten sind eher aus Versehen, zufällig, aus einer Laune heraus, ja fast gegen ihren Willen zu Experten geworden. Deshalb muß man schon sehr genau hinsehen, um herauszufinden, worauf sie sich besser als alle anderen verstehen.

DER UNZUFRIEDENE   Ich halte nicht soviel wie du von diesen angeblichen Spezialisten. Die meisten haben einen Sparren und jagen ganz blödsinnigen Projekten nach. Der eine sammelt nutzlose Dinge, der andere angebliche Kunststücke, der dritte entziffert vergilbte Handschriften, und irgendeiner will sicher die Sternschnuppen am Himmel zählen.

DIE NATUR   Das ist wahr. Aber ich entsinne mich, daß es Menschen gibt, die gewissermaßen noch darüber hinausgehen, indem sie sich über den Dämon der Arbeitsteilung Gedanken machen.

DER UNZUFRIEDENE   Wer kann das gewesen sein? Und was haben diese Leute herausgefunden?

DIE NATUR   Ich kann mir eure Namen nicht mehr merken. Ihr vermehrt euch ja schneller als die Katzen und die Mäuse! Ich denke nicht daran, eine Liste von euren Gelehrten anzulegen.

DER UNZUFRIEDENE   Erzähl mir wenigstens, was diese Leute behaupten.

DIE NATUR   Du meinst die Experten für das Expertentum?

DER UNZUFRIEDENE   Ja. Vielleicht kennen die sich in unserem Tohuwabohu besser aus als ich.

DIE NATUR   Meinetwegen. Der eine war, glaube ich, ein Holländer, der andere ein Schotte, und der dritte, der mir einfällt, war ein Deutscher. Und der erste hat etwas geschrieben, was dir gefallen müßte: nämlich eine Fabel über den »unzufriedenen Bienenstock«.

DER UNZUFRIEDENE   Das hört sich ganz vernünftig an.

DIE NATUR   Das Böse, behauptet er, sei die feste Basis, das Leben und die Stütze aller Gewerbe und Beschäftigungen – und der wahre Ursprung aller Künste und Wissenschaften. Wenn das Böse aus der Welt verschwände, müßte die menschliche Gesellschaft verderben oder gänzlich untergehen.

DER UNZUFRIEDENE   Na bitte! Ich hatte also ganz recht mit meinem Verdacht. Einen schönen Dämon hast du uns auf den Hals gehetzt!

DIE NATUR   Warte nur, mein Guter. Es kommt noch viel schlimmer. Mein Holländer – wie heißt er noch gleich – hat auch verstanden, warum es Arme und Reiche geben muß. Wenn die Sklaverei einem freien Volk nicht paßt, wer soll denn dann für die Sicherheit des Eigentums garantieren und für den Wohlstand des Landes sorgen? Dann müssen eben die Armen die schwere Arbeit übernehmen. Ich weiß sogar noch einen Vers, den dieser Holländer gereimt hat: »Stolz, Luxus und Betrügerei / muß sein, damit ein Volk gedeih'.«

DER UNZUFRIEDENE   Und was sagt dein Schotte dazu?

DIE NATUR   Der ist nicht so dreist, aber auch nicht so amüsant wie der Mann mit dem Bienenstock. Er ist immer seriös, verständig und ein wenig hartleibig. Aber dafür kann er tadellos rechnen. Sein Lob der Arbeitsteilung fällt nicht dämonisch aus, sondern ganz nüchtern. Seine fixe Idee war die Stecknadel.

DER UNZUFRIEDENE   Wie ist er darauf gekommen?

DIE NATUR   Stell dir vor, wie lange es dauert, bis ein einzelner Arbeiter eine Nadel zustande bringt. Stundenlang. Er hatte einen besseren Vorschlag.

DER UNZUFRIEDENE   Nur um ein paar Stecknadeln zu fabrizieren?

DIE NATUR   Dazu muß man eine ganze Mannschaft ins Brot setzen. Der erste soll nur den Draht ziehen, der nächste zwickt ihn ab, der dritte spitzt zu, und der letzte setzt den Kopf auf die Nadel. Bingo! Schon geht es hundertmal schneller, die Näherinnen werden noch fleißiger, und alle sparen eine Menge Geld.

DER UNZUFRIEDENE   Aha. Die Schotten sollen ja besonders genau sein und etwas gegen die Verschwendung haben.

DIE NATUR   Nicht nur die. Alle, die Geschäfte machen. So geht es eben in dem zu, was ihr das Wirtschaftsleben nennt.

DER UNZUFRIEDENE   Wenn es aber den Arbeitern zu dumm wird, werden sie sich zusammenrotten. Dann lassen sie ihr Werkzeug fallen und streiken.

DIE NATUR   Genau das sagt auch dieser deutsche Philosoph, der überhaupt ein gefährlicher Mensch gewesen sein soll.

DER UNZUFRIEDENE   Das sagst du nur, weil er auf deinen Dämon schlecht zu sprechen war.

DIE NATUR   Damit war er nicht der einzige. Gib es ruhig zu, du bist auch kein Anhänger der Arbeitsteilung.

DER UNZUFRIEDENE   Diese Gabe ist ein ganz gemeines Heftpflaster, mit dem du uns trösten willst, damit wir uns mit deinen Fehlern und Versäumnissen abfinden sollen. Ich vermute, daß der Philosoph deine boshafte Idee durchschaut hat.

DIE NATUR   Zumindest war er schlau genug, zu begreifen, daß ein Verbrecher nicht nur Schaden anrichtet. Er sah nämlich ein, daß es keine Polizei gäbe ohne Delinquenten. Die Juristen wären arbeitslos. Die Richter, Staatsanwälte und Henker würden ihren Arbeitsplatz einbüßen. Ohne Diebe gäbe er keine Schlösser und keine Geldschränke. Ohne brutale Eroberer keine Imperien, keine Kolonien und keinen Weltmarkt. Wenn diese unternehmungslustigen Experten nicht die ganze Erde erforscht hätten, würden die Weltmächte heute noch auf den Affenbrotbäumen hocken und sich von ihren trockenen Früchten ernähren.

DER UNZUFRIEDENE   Und dir wäre das ganz und gar nicht recht.

DIE NATUR   Mein Lieber, nichts könnte mir gleichgültiger sein! In meinem Alter fällt es mir schwer, mich mit eurem Treiben zu beschäftigen. So wichtig, wie ihr euch einbildet, sind mir die Menschen nicht. Ich habe schon so viel mit angesehen, daß ich mir nicht alles merken kann. Mein Gedächtnis läßt mich allmählich im Stich. Wie haben die Saurier ausgesehen? Waren sie buntscheckig? Haben sie gebrüllt? Nur ein paar Knochen sind von ihnen übriggeblieben.

DER UNZUFRIEDENE   Du hörst dich fast so unzufrieden an wie ich.

DIE NATUR   Wenn du es nicht weitererzählst, will ich dir ein Geständnis machen. Manchmal langweile ich mich.

DER UNZUFRIEDENE   Das kann ich mir nicht vorstellen.

DIE NATUR   Ach, mein Kleiner! Ich verzeihe dir deine Wutausbrüche. Ich weiß, daß manche Kinder mit dem Fuß aufstampfen, wenn ihnen etwas nicht paßt. Daß du dich beschwerst, ist doch immerhin ein Lebenszeichen. Mach nur so weiter! Mir gefällt es, wenn du auf mich schimpfst.

DER UNZUFRIEDENE   Wirklich?

DIE NATUR   Du unterhältst mich. Monologe sind mir zuwider. Ein wenig mit einem Wicht wie dir zu streiten ist immer noch besser, als wenn eine Mutter bloß vor sich hin murmelt.

I

Gleichgewicht, Äquilibrium, Balance ist auf dieser Welt nicht die Regel, sondern die unwahrscheinliche Ausnahme. Zu viele Kräfte am Werk. Störungen, Perturbationen von Planeten und Fixsternen bis zur Quantenwelt, vom Wetter bis zur Geistes- und Gemütsverfassung. Ganz zu schweigen von den Tücken der Gravitation.

Zum Glück gibt es einen Schweizer Künstler aus Toggenburg, der Mädir Eugster heißt. Ein feuriger, solarer Charakter, nicht mehr der Jüngste, aber drahtig und gelenkig wie ein Jüngling. Zusammen mit Lena Roth hat er 1978 das Straßen- und Kindertheater *Rigolo* gegründet. Sein berühmtestes Werk bezeichnen Rezensenten als »Installation«. Aber es handelt sich nicht um eine Klempner- noch um eine Elektrikerarbeit; und obwohl seine Gruppe als *Swiss Nouveau Cirque* oder mit André Heller oder mit dem *Cirque du Soleil* auf Tournee ging, ist ihr Spektakel weit von einer Zirkusnummer entfernt. Auf der ganzen Welt hat der Sanddorn-Balanceakt in Tausenden von Vorstellungen Millionen von Zuschauern in Trance versetzt. Am ehesten paßt auf diese unvergleichliche Arbeit noch der Begriff der Performance.

Egal, wie man seine Expertise nennt; jedenfalls ist Eugster ein Philosoph des Gleichgewichts, der mit der Schwerkraft spielt, als wäre sie ein universelles, riesiges Mikado.

Er beginnt mit einer Vogelfeder. Dann hebt er langsam mit der Hand dreizehn Rippen einer Sanddornpalme vom Boden auf, zuerst die kleinste, die ungefähr 50 Zentimeter mißt, dann, der Reihe nach, die anderen, bis zur größten, die mindestens zweieinhalb Meter lang ist, und legt sie alle nacheinander auf seinen Kopf. Zu hören ist dabei das Klavierkonzert Nr. 6 in B-Dur von Mozart, gespielt von Clara Haskil.

Die letzte Rippe hebt er, auf den Fußboden gestützt, mit der freien Hand hoch, bis das ganze fragile Mobile auf seinem Scheitel ruht. Am Ende nimmt er das unterste, das kleinste Teil weg, und das ganze schwebende Gerüst stürzt krachend ein. Die Zuschauer empfinden die Zerstörung des Kunstwerks als Erlösung.

Der Meister zeigt uns, wie instabil und unwahrscheinlich jeder Gleichgewichtszustand ist. (Das gilt besonders für menschliche Gesellschaften.) Er spottet der Schwerkraft und verharrt wortlos vor den atemlosen Zuschauern.

II

Angst ist das Geschäftsmodell der Hersteller von besonderen Schränken, Fächern und Schlüsseln. Ihr Versprechen ist, daß die Käufer vor Räubern und Dieben sicher sind. Irgendeine Truhe, ein Versteck oder wenigstens eine Matratze hatten zweifellos schon unsere Ahnen aus lauter Angst vor Verlusten im Haus.

Die ersten Tresore wurden wahrscheinlich in England erfunden und gebaut. Messrs. Charles und Jeremiah Chubb in Wolverhampton wurde 1835 ein erstes Patent für einbruchsichere Schränke erteilt, und später ließ sich Mr. Henry Brown die Herstellung eines feuerfesten Behälters aus Schmiedeeisen zur Aufbewahrung von Papieren hinter Schloß und Riegel verbriefen. Denn nicht nur den Verlust von Wertsachen befürchteten die Besitzer; auch Staatsdiener und Geschäftsleute wollten ihre eigenen Dokumente nicht einbüßen. Umgekehrt schreckten sie vor der Spionage nicht zurück und brauchten Experten, um die Geheimnisse ihrer Gegner auszuspähen.

Das Wettrüsten zwischen denen, die etwas behalten, und den anderen, die es ihnen wegnehmen wollten, brachte komplizierte Strategien hervor. Gesetzgeber, Fabrikanten und Versicherungen erdachten immer neue Verordnungen, Prüf- und Güteklassen.

Gewichte bis zu tausend Kilogramm und Bodenverankerungen erschwerten den Transport der Beute. Karborundpartikel in Betonfüllungen und Rohre mit Stahlkugeln bereiteten den Einbrechern Kopfzerbrechen. Sie verlegten sich auf bessere Methoden und Werkzeuge wie Schweißbrenner und Diamantbohrkronen.

Gute Geldschränke können ins Geld gehen. Die Preise für

Luxus-Tresore aus der Schweiz beginnen bei viertausend Euro. Dafür gehen sie auf die individuellen Wünsche des Schatzbildners ein und verlangen den Einbrechern Verfahren ab, die den Inhalt dermaßen in Mitleidenschaft ziehen, daß er für die Täter wertlos wird.

Leichtere Safes werden gern am Tatort entwendet und an einem geeignet erscheinenden Ort dann in Ruhe aufgebrochen. Es nützt wenig, sie mit Möbelstücken zu verschrauben.

Die Tür wird durch Spezialscharniere getragen und durch ein Riegelwerk gesichert. Das Doppelbart-Schloß hat den Vorzug, daß nur bestimmte Personen Zugriff zum Tresor haben. Aber Vorsicht! Keinesfalls sollte der Schlüssel in Schreibtischschubladen, Nachtkästchen, unter Matratzen oder anderen für Einbrecher leicht zu findenden Orten aufbewahrt werden!

Kombinationsschlösser werden als Drei- oder Vier-Scheibenschlösser angeboten. (Ohne Fachchinesisch ist dabei nichts zu machen.) Ihr Vorteil ist die Unabhängigkeit von einem mechanischen Schlüssel. Allerdings kann der Zahlencode an Personen weitergereicht werden, die mit den Dieben unter einer Decke stecken.

Außerdem sind solche Schlösser leider teuer. Die Tresorbesitzer sind für ihren Geiz zu tadeln. Sie haben gespart. Deswegen sind die Preise um mehr als die Hälfte gesunken.

Der Laie sollte nicht versuchen, den Wert seines Tresors nach äußerlichen Merkmalen zu beurteilen. Er wird ermahnt, daß nur die Plakette mit dem richtigen Prüfsiegel Sicherheit verspricht.

Dennoch behilft er sich gern mit einem Möbeltresor, obschon der mit dem Mauerwerk verschraubt werden muß. Selbst dann kann er mit einem Brecheisen in wenigen Minuten geräuscharm aufgehebelt werden. Auch bei einem Wandtresor reicht es nicht, daß er nur fachgerecht eingemauert ist. Man kann ihn zwar tarnen, indem man ihn mit einem Gemälde zudeckt. Aber was sagt dazu der Fachmann? Eines weiß er: Daß sich grundsätzlich jedes Wertbehältnis durch Unberechtigte öffnen läßt, wenn der Angreifer gut ausgerüstet ist und genügend Zeit hat.

Ein solcher Experte war bisher zur Hand: der 77jährige, verwitwete Gebrauchtwagenhändler Heinrich Wagmüller aus München. Er war so kompetent, daß er vom Bundeskriminalamt, vom FBI und von *Scotland Yard* zu Rate gezogen wurde. Über eigene Verlustängste war er erhaben. Das Seelenleben eines so obsessiven Menschen ist schwer zu erforschen.

Nach Wagmüllers Ableben bot sich dem Nachlaßverwalter in seinem sichtgeschützten Anwesen ein ungewohnter Anblick. Nicht nur in Wohnräumen und Garagen, sondern auch im trockengelegten Schwimmbecken hinter dem Haus fanden sich Hunderte von tonnenschweren Tresoren, ein Schatz, an dem der Witwer hing, seitdem er sich von seinen Geschäften zurückgezogen und begonnen hatte, immer mehr solcher Schatzkammern zu sammeln. Als das Amtsgericht sein Versteck öffnen ließ, weil auf öffentliche Anzeigen hin kein Erbe Ansprüche erhob, zeigte sich, daß die Geldschränke vollkommen leer waren.

III

Eine ganz ähnliche Problematik warf die Sammlung des Dürener Papierexperten Heinz Schmidt-Bachem auf. Er war Buchhändler und hatte ein Papeterie-Geschäft, bis er beschloß, sich ganz und gar seinem Archiv zu widmen, in dem er im Lauf von dreißig Jahren mehr als hundertfünfzigtausend Objekte sammelte, und zwar hauptsächlich Plastiktaschen

Die Stadt Düren, die am Nordrand der Eifel liegt, beherbergt allerdings bereits ein Papiermuseum. Das führt sich darauf zurück, daß dort, dank des weichen Rur-Wassers, schon seit Ende des 16. Jahrhunderts Papier von höchster Güte erzeugt wurde. Mit den großen Fabrikantennamen der Stadt wie Schoeller und Hoesch verband sich auch die Hochzeit der heimischen Papierindustrie.

Befremdlich könnte daher die Wahl des Werkstoffs anmuten, den Schmidt-Bachem bevorzugt hat, weil der gegen die Tradition seiner Heimatstadt verstößt.

Doch das hat den Sammler nicht gestört. Er verstand Plastiktüten als »Kunst zum Nulltarif« und fand es skandalös, daß die Kulturhistoriker sie ignorierten. Dem half er schon mit seiner Dissertation ab, die er 2000 vorlegte. Sie heißt *Von Düten und Plastiktüten. Studien zur Geschichte der Papier, Pappe und Kunststoffe verarbeitenden Industrie in Deutschland im 19. und 20. Jahrhundert unter besonderer Berücksichtigung der Papier und Folien verarbeitenden Industrie zur Herstellung von Tüten, Beuteln, Tragetaschen.*

Gut ist vielleicht, daß es auch die *Verpackungs-Rundschau* gibt, das Organ des *bdvi*, will heißen des Bundes Deutscher Verpackungs-Ingenieure.

Wir erfahren aus einer anderen Schrift, *Tüten, Beutel, Trage-*

taschen, daß die ersten serienmäßig produzierten Exemplare 1961 in Neuss ausgegeben wurden; daß ein paar Jahre später die Reiterbandtragetasche mit Griffen eingeführt wurde, bis die Doppelkrafttragetasche auf den Markt kam und sie ablöste. Seitdem gab es kein Halten mehr.

Dem *Deutschen Historischen Museum* in Berlin und dem Bonner *Haus der Geschichte* hat der Sammler angeboten, die Früchte seiner Kennerschaft zu stiften. Die verantwortlichen Referenten lehnten diese Offerte ohne einleuchtende Begründung ab. Der Experte hat sich das zu Herzen genommen. »Ich kann das auch alles wieder abgeben«, soll er in einem Moment der Entmutigung gesagt haben.

Gleichwohl mietete er einen leerstehenden Atombunker, um seine Schätze unterzubringen, und gründete 1995 das *Portable Art Museum*, das bis zum Tod des Sammlers dem Kenner reiches Anschauungsmaterial bot.

Was aus der Ausbeute dieser Leidenschaft nach dem Ableben des Stifters wohl geworden ist? Vielleicht will sie niemand haben.

Denn die Plastiktüte wird heutzutage eher gegeißelt als gelobt. Eine Statistik behauptet, daß inzwischen 500 Milliarden Exemplare pro Jahr weggeschmissen werden.

An unseren Experten erinnert nur noch sein Hauptwerk: *Aus Papier: Eine Kultur- und Wirtschaftsgeschichte der Papier verarbeitenden Industrie in Deutschland.* Leider ist 2011 Heinz Schmidt-Bachem kurz vor der Auslieferung dieser tausend Seiten starken Arbeit verstorben.

IV

Der bleiche Mann im schwarzen Gehrock aus der Rue Monsieur-le-Prince wurde verkannt und verehrt als Hohepriester einer neuen Religion mit neun Sakramenten, die für ebenso viele Lebenslagen gedacht waren. Auch einen Katechismus und einen Heiligenkalender hatte er vorzuweisen. Als Hirnforscher suchte und fand er das Organ für die Selbstlosigkeit im Hinterkopf. Für »Ordnung und Fortschritt« ist er in einer Prosa eingetreten, die an Trockengemüse erinnert. Immerhin ist dieser Slogan bis auf den heutigen Tag der Flagge der brasilianischen Republik eingeschrieben, die den Positivismus theoretisch hochhält und in der politischen Praxis verhöhnt.

Auguste Comte hätte gern die Kathedrale von *Nôtre-Dame de Paris* zur Heimstätte seiner Fortschrittsträume gemacht; doch weigerte sich die katholische Kirche, sie zur Verfügung zu stellen. Der Hohepriester der neuen, atheistischen Religion blieb unverzagt. Er ersann eine Wissenschaft, die alle anderen Wissenschaften vereinnahmen und alle Beschwerden auf Erden heilen sollte, und taufte sie auf den Namen *Soziologie*, den sie bis heute trägt.

V

Der damals weltweit führende Zukunftsforscher, Militärstrate-
ge, System- und Spieltheoretiker Herman Kahn war pausbäk-
kig, fett und gesprächig. Über seinem Vollmondgesicht schweb-
te eine Halbglatze.

Kahn war Spezialist für den *Megadeath*, ein Wort, das er geprägt hat und das in Fachkreisen mit Megatod übersetzt wird.
Er hielt sich an ein spieltheoretisches Modell, das MAD heißt,
Mutual Assured Destruction, und die Fähigkeit zum nuklearen
Zweitschlag analysiert. Dieses Modell soll den Atomkrieg verhindern. Falls er dennoch ausbräche, sollten die Vereinigten Staaten ihn gewinnen, und selbst wenn das mißlänge, sollten sie ihn
unbedingt überleben.

Dabei müßten allerdings hundert Millionen Tote in Kauf genommen werden. Für seine Überlegungen wurde Kahn bewundert und verachtet. Die Angst vor dem radioaktiven Fallout fand
er übertrieben. Gewiß hätten die Überlebenden mit Unbequem-
lichkeiten zu rechnen, aber gerade deshalb würden sie sich mit
um so mehr Energie für den Wiederaufbau des Landes einset-
zen. Ähnlich dachte übrigens Mao Tse-tung; er fand, in China
komme es auf eine Milliarde Einwohner mehr oder weniger
nicht an.

Der kleine Herman war der Sohn jüdischer Emigranten aus
Osteuropa und wuchs in der Bronx auf. Er wandte sich vom
Judentum ab und studierte Physik in Kalifornien. Sein Freund
Samuel Cohen, der Erfinder der Neutronenbombe, verschaffte
ihm einen Job bei der *Rand Corporation*. Wenn man die Abkürzung auflöst, heißt dieser *Think Tank Research And Develop-
ment*. Er war von Anfang an eine Ausgeburt der amerikanischen Luftwaffe.

Obwohl seine militärische Erfahrung bescheiden war, schrieb Kahn 1960 ein über 650 Seiten langes Buch *Über den thermonuklearen Krieg*, das nicht nur im Weißen Haus sehr ernst genommen wurde; auch Bertrand Russell lobte es. Für ein so schwieriges Werk war es ein verlegerischer Erfolg; mehr als 30000 Exemplare der gebundenen Ausgabe wurden auf beiden Seiten des Eisernen Vorhangs verkauft.

Kahn legte mit seinem nächsten Traktat nach. Er nannte ihn *Thinking the Unthinkable*. In dieser Schrift riet er dazu, Atombunker für Milliarden von Dollars zu bauen und jeden Amerikaner mit einem Geigerzähler auszurüsten.

1964 kam Stanley Kubricks Film *Dr. Strangelove* in die Kinos. In den Protagonisten waren Henry Kissinger, Edward Teller, Werner von Braun und John von Neumann unschwer wiederzuerkennen, auch wenn Kubrick das bestritten hat.

Kahns visionären Eifer hat Kubricks Hohn nicht dämpfen können. Er war und blieb ein unverbesserlicher Optimist. Seine Prognose für die nächsten zwei Jahrhunderte veröffentlichte er kurz vor dem Ende des Kalten Krieges. Grenzen des Wachstums gab es für ihn nicht. Die Kolonisierung des Sonnensystems war greifbar nahe. Seine Kollegen, die Militärstrategen und die Spieltheoretiker, reagierten verstört auf das rosige Bild, das er entwarf. Er sagte voraus, daß sich bis zum Jahr 2176 ein Füllhorn von Glück und Wohlstand über die Menschheit ergießen werde – sie bräuchte sich nur seiner Expertise anzuvertrauen.

Vielleicht brauchte er Drogen wie LSD zu diesen Höhenflügen? Mit 61 Jahren ist Kahn im Staat New York an einem Schlaganfall verstorben.

Raketen und Raketenflug

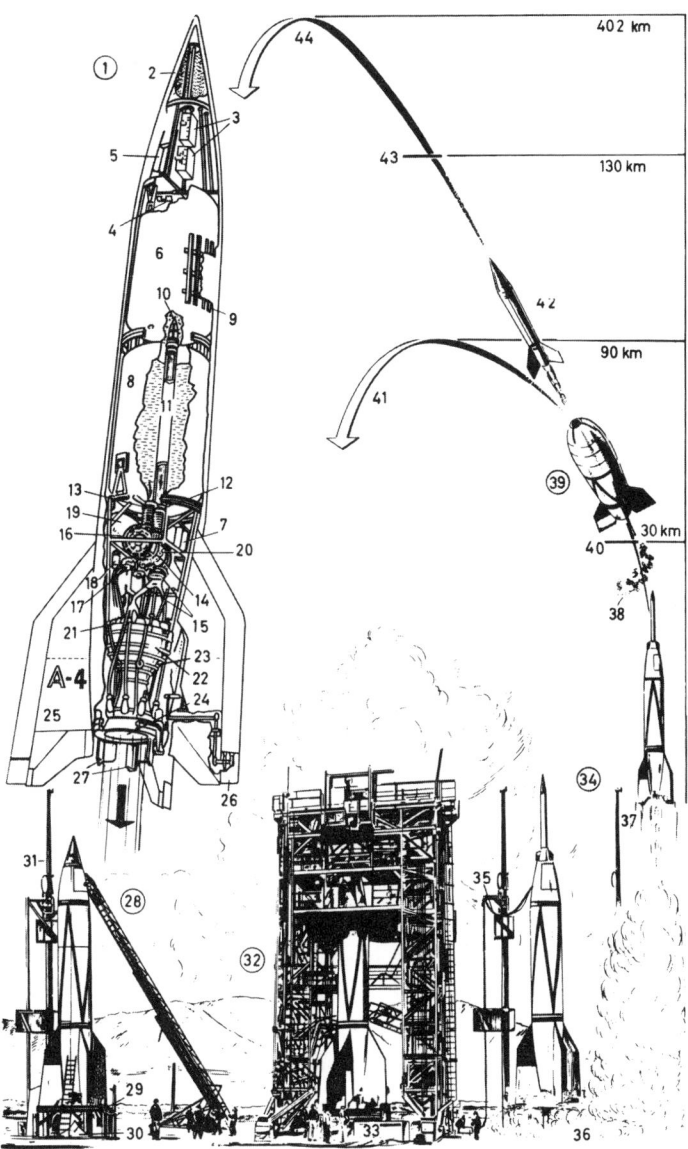

1

2

3

5

4

6

9

10

8

11

13

12

19

16

7

20

18

14

17

15

21

23

22

24

A-4

25

27

26

31

28

29

30

32

33

35

36

44

43   130 km

42

41

39

40   30 km

38

34

37

90 km

402 km

VI

Erwin Weinert war einmal ein Textilexperte aus Frankfurt am Main. Leider mußte er sein Geld als Handlungsreisender für einen sogenannten »Herrenausstatter« verdienen, obgleich er diese Bezeichnung albern fand. Er wollte die Kundschaft weder ausrüsten, einrichten noch dekorieren. Er wollte ihnen nur Anzüge liefern. Davon verstand er etwas.

Er kennt ja seine Einzelhändler. »Was brauchen Sie? Einen Sakko oder einen Blazer? Ein- oder Zweireiher? Das Revers lieber steigend oder fallend?« Dann die Frage nach dem Kragen und nach dem Sitz des obersten Knopfes. Zum Material und zur Webart hätte er viele Vorschläge. Schurwolle, mit einer Beimischung von Mohair oder Kaschmir? Baumwolle, Leinen, leichte Seide für den Sommer? Und so weiter. Webarten gibt es in Hülle und Fülle. Tweed, Twill, Cheviot, Gabardine, Flanell, Cord, Velours …

An dieser Stelle seiner Präsentation blickt der Besitzer des Ladens auf seine Uhr und unterbricht Herrn Weinert, so daß er auf die Auswahl von Mustern und Farben nicht näher eingehen kann. Er erkundigt sich noch nach dem Befinden der Familie und verabschiedet sich.

In seinem alten Volkswagen spürt er, daß ihn ein Zittern überkommt. Er kurbelt das Seitenfenster herunter und krächzt: »Können Sie mir helfen?« Der Mann, den er anfleht, hört ihn nicht, sondern geht gemessen wie ein Bischof seines Weges.

Ein Hilfeschrei hätte vielleicht gefruchtet. Ein zweiter Herr mit Sorgenfalten ist aber zu sehr mit seinen Bandscheiben beschäftigt, als daß er Weinert hätte beistehen können. Außerdem führt er einen kleinen Kläffer mit, dem er ein Stöckchen hinwerfen soll.

Muß Weinerts Käfer, beladen mit Koffern und mit Taschen, in denen sauber gebügelte, faltenfreie Anzüge hängen, unbedingt an der nächsten Ecke auf den Stand des türkischen Obsthändlers Emenö Öneme prallen? Der hatte schon am Morgen eine kleine Pyramide von Birnen, Pfirsichen und Melonen aufgestapelt. Nun stürzt sie ein, und das Unglück nimmt seinen Lauf.

Man kann Erwin Weinert nicht von jeder Mitschuld freisprechen. Mußte er sich auf die neuesten Trends in der Herrenmode konzentrieren? Hätte er nicht besser daran getan, einen Defibrillator mit auf die Reise zu nehmen?

Leider kam die Ambulanz, obwohl sie es an Blaulicht und Martinshorn nicht fehlen ließ, zu spät, um den herzkranken Herrenausstatter zu retten.

Herrenkleidung (Männerkleidung)

1 der kombinierte Anzug
  (die Kombination):
2 der Sportsakko (Sakko)
3 die Kombinationshose
4 der Zweireiher
5 der Rock (die Jacke, das Jackett)
6 der Rockknopf
7 das Knopfloch
8 die Brusttasche
9 die Taschenklappe (Patte)
10 die lange Hose (das Beinkleid)
11 das Hosenbein (der Beinling)
12 die Bügelfalte (der Bruch)
13 der Einreiher (einreihige Anzug)
14 die Seitentasche
15 der Rockkragen (Kragen)
16 der Aufschlag (Revers)
17 der Ärmel
18 das Rockfutter (Futter)
19 die Innentasche
20 der Sportanzug
21 die Sportjacke
22 die Golfhose (Knickerbocker;
  ähnl.: die Bundhose, *früh.* Pump-
  hose)
23 der Lumberjack (die Ärmelweste)
24 der Reißverschluß
25 der Strickbund
26 der Trachtenjanker (die Trachten-
  jacke)
27 die Breecheshose (Breeches *pl,*
  die Reithose)
28 der Hosenbund (Bund)
29 der Hosenknopf
30 der Hosenschlitz (Schlitz)
31 die Hosentasche
32 der Reitbesatz (Besatz)
33 die Gesäßtasche (Hinterhosentasche)
34 der Gesäßteil (das Gesäß,
  der Hosenboden)

35 die Regenhaut (das Regencape,
  der Umhang)
36 der Dufflecoat
37 die aufgesetzte (aufgenähte, ge-
  steppte) Manteltasche
38 der Knebelknopf
39 der Gummimantel (Regenmantel,
  Waterproof-Mantel)
40 der Herrentrenchcoat
41 der Raglan, ein Sportmantel,
  Wettermantel
42 die Phantasieweste (farbige Weste),
  eine Weste
43 das Westenfutter
44 die Westentasche
45 der Westenknopf
46 der Hausmantel
47 die Rauchjacke
48 der Mantel (Überzieher, Paletot)
49 der Mantelkragen
50 der Mantelknopf
51 die Manteltasche
52 der Übergangsmantel
53 der Gehrock (Bratenrock)
54 der Spiegel (die Blende)
55 der Cutaway (Cut, Schwenker)
56 die gestreifte Hose (Cuthose)
57 der Frack, ein Gesellschaftsanzug
58 der Frackschoß (Schoß)
59 die weiße Weste
60 die weiße Frackschleife
61 der Smoking, ein Abendanzug
62 das Smokingjackett
63 das Ziertaschentuch
64 die schwarze Smokingschleife
65 der Gehpelz (Pelz, Herrenwinter-
  mantel)
66 das Pelzfutter (die Abfütterung)
67 der Anorak (die Windjacke)
68 der Pelzkragen

VII

Adrien Proust, ein Herr im Gehrock, mit Zwicker und Uhr-
kette, meliertem Schnurr- und Backenbart und großen, streng
blickenden Augen, hatte seine Forscherkarriere mit Arbeiten
über die Gehirnerweichung begonnen. Er brachte es zum Chef-
arzt am Pariser *Hôtel-Dieu*. Diese Position erlaubte es ihm, einen langen Kampf gegen die Cholera und andere Seuchen zu
führen, an denen die Leute nicht nur im Orient, sondern auch
in Paris wie die Fliegen starben. Monsieur Proust trat auch für
den *cordon sanitaire* ein, eine alte Idee, der er neue wissenschaftliche Autorität verschaffen wollte.

Merkwürdig, daß in heutigen Konflikten kaum noch jemand
auf diese alte Methode zurückkommt. »Quarantäne«, rief Adri-
en Proust, »Hygiene!« Ein Konzept, das sich damals auf dem
Balkan zur Abwehr von Seuchen bewährt hat. »Verteidigungs-
linie an den Grenzen einer Provinz, eingerichtet von Truppen,
deren Aufgabe es ist, sich dem Eindringen von Menschen und
Tieren aus Seuchengebieten zu widersetzen« – so erklärt 1873
der *Littré* dieses Vorgehen.

Statt zerfallene, von Sekten oder Warlords beherrschte Gebiete zu bombardieren oder mit Bodentruppen zurückzuer-
obern, ließen sie sich mit relativ geringem Aufwand einkesseln
und mit Waffengewalt isolieren. Nur wer sich legitimiert, könnte sie verlassen oder betreten. Fahrzeuge würden konfisziert,
Flugzeuge abgeschossen, Schiffe versenkt. Jeder Geldverkehr und
jeder Außenhandel mit der eingeschlossenen Zone wäre unter-
bunden. Den dortigen Machthabern würde bald die Luft aus-
gehen.

Dr. Proust war ein entschlossener Mann. Um seine Neuerungen durchzusetzen, fuhr er nach Moskau, Teheran, Mekka

und Suez. Als erster Mediziner hat er übrigens auch die Neurasthenie, eine neue Zivilisationskrankheit, genau beschrieben.

Es mag sein, daß er dabei auch an seinen Sohn dachte, der Bücher schrieb und dessen Lebenswandel er mißbilligte. »Kein Mensch«, schärfte er ihm ein, »ist mehr beschäftigt als jene Leute, die nichts tun« – eine Warnung vor der mondänen Welt, für die sein Sohn eine Vorliebe hegte. Sie sei nicht nur eitel und nutzlos, sondern auch ungesund. Marcel Proust hat den Rat seines Vaters in den Wind geschlagen. Er widmete sein ganzes Leben der Erforschung von Seelenregungen luxuriöser Art. Sein Hauptwerk hatte es anfangs nicht leicht. Inzwischen bestreitet niemand mehr, daß es zu den Klassikern des 20. Jahrhunderts zählt.

VIII

Der fünfzigjährige Ingenieur Walter Ingrisch aus Böhmen mußte im März 1945 seinen Geburtsort verlassen. Er wanderte nach
Nürnberg aus, fand dort jedoch keine neue Anstellung. Als
Schwarzhändler blieb er erfolglos. Ein Bekannter schlug ihm
vor, als Handelsvertreter tätig zu werden. Weil er in der Tsche-
choslowakei an einigen Meisterschaften teilgenommen hatte,
kannte sich Ingrisch nicht nur mit den Spielregeln beim Tur-
nier-, Schnell- und Blitzschach aus, er wußte auch, was nötig
war, um einen solchen Wettkampf auszurichten, nämlich eine
Schachuhr. Deshalb ging er, statt mit Textilien oder Kochtöp-
fen zu handeln, mit einem solchen Instrument auf die Reise.
    Er mußte bald feststellen, daß die Bewohner des Landes an
Doppeluhren mit oder ohne Fallblättchen und Justierhebel
nicht interessiert waren. Sie hatten ganz andere Sorgen. Durch
Krieg und Entbehrungen bedingt, waren sie gezwungen, sich
um ihre schlechten Zähne zu kümmern. So beschloß der ehemalige Ingenieur, sein Schachuhr-Angebot um eine Kollektion
von künstlichen Zähnen zu erweitern, die er in einem Muster-
koffer bei sich führte. Den Kunden demonstrierte er an Hand
eines Farbrings seine Auswahl: kreide-, milch-, eierschalen-
weiße bis nikotingelbe Spielarten, die je nach Helligkeit und
Transparenz abgestuft waren. Ingrisch konnte sogar eine ganze
Garnitur vorweisen, einen kompletten Satz von Front- und Bak-
kenzähnen. Obwohl er sich auch auf diesem Gebiet beachtliche
Fachkenntnisse erwarb, ließ der Umsatz zu wünschen übrig,
weil die Lieferanten sich nicht mit Papiergeld, sondern nur mit
Butter oder Zigaretten bezahlen ließen. Der arbeitslose Sude-
tendeutsche zog sich auf sein ungeheiztes möbliertes Zimmer
zurück. Trost fand er darin, seine Garnituren zu betrachten

und Schach gegen sich selbst zu spielen. Nie vergaß er, den Hebel der Uhr zu drücken und jedesmal, wenn er die Bedenkzeit überschritt, »Blättchen!« zu rufen.

IX

Zu jedem mathematischen Ausdruck gibt es einen inversen Wert und zu jedem Begriff eine Antithese. Auch in den weitgestreckten Konsumwüsten der Innenstädte lassen sich mit einigem Glück Oasen finden. Am Salzburger Rathausplatz gibt es

seit 250 Jahren den *Knopferlmayer*, einen vollkommen aus der Zeit gefallenen Fundort für nahezu ausgestorbene Gegenstände, die früher Posamenten oder Galanteriewaren hießen. Die Herrscherin in diesem Reich ist Frau Mayer, eine ältere Dame, die sich zuvorkommend auch dem schlichten Laufkunden zu-

wendet, selbst wenn er bloß nach einem Stückchen Spitze oder Borte, nach Röllchen von altrosa Seide oder einer Hut- oder Krawattennadel verlangt und sich nicht für das paradiesische Angebot an Knöpfen interessiert, das diese Firma auszeichnet.

Wie in einer Zeitkapsel überwintert so ein Alltagsbedürfnis. Kein Museum kann mit der Firma Knopferlmayer konkurrieren, solange noch hie und da die Türklingel ertönt und jemand eintritt, der genau weiß, was er will. Das sind Kunden, die den Überfluß schätzen, dem Überflüssigen aber aus dem Weg gehen.

X

Der Freiherr von Drais, ein Forstmeister aus dem Badischen, kam im Jahre 1817 auf die Idee, sich auf zwei Rädern fortzubewegen. Das war keine bloße Laune, denn Mitteleuropa litt unter einer Hungersnot. Es waren Jahre einer kleinen Eiszeit, und außerdem hatte sich seit 1815 die Atmosphäre wegen eines Vulkanausbruchs im fernen Indonesien verdunkelt. Die Mißernten führten dazu, daß Zug- und Reitpferde nicht mehr gefüttert werden konnten. Daraufhin beschloß Drais, es mit einer »Lauf-Maschine« zu versuchen.

Jahrzehntausendelang war die Menschheit ohne diese Erfindung ausgekommen. Das Veloziped erregte ungläubiges Staunen: Das fällt um, das wird kippen, hieß es. Eine offenbar konterintuitive Idee!

Der Freiherr hielt sich nicht mit Details wie Pedalen, Ketten und Reifen auf. Seine Geschichte und seinen späten Triumph hat der Fahrrad-Papst Hans-Erhard Lessing erforscht. Neue Erfindungen wie die Tretkurbel mit den Pedalen, die Übersetzung mittels Kette, der Hinterradantrieb, der Ballonreifen und die Gangschaltung setzten sich durch. Damit war das Fahrrad in seiner heutigen Form etabliert, und bald beherrschten alle jene Kunst, die ihnen, als sie aufkam, so bizarr und so gefährlich vorgekommen war.

Der Freiherr, nebenbei ein früher und bekennender Demokrat, ist berühmt. Zum 200. Geburtstag der Erfindung wurde ein Ur-Fahrrad in aller Welt gewürdigt, nachdem artverwandte Entwicklungen wie der Tretroller, die Rikscha, das Tandem, Moped und Mofa auf den Straßen erschienen waren und Drei-, Klapp-, Falt-, Renn-, Berg-, Sessel-, Liege- und Elektroräder die hölzerne Erfindung überrollt hatten. Aber für Kleinkinder ist das Laufrad immer noch die erste Wahl.

Auch die bescheidene Draisine auf abgelegenen Eisenbahnstrecken, die nach ihm benannt ist, gibt es heute noch.

XI

Heinz von Foerster, geboren 1911, war ein Wiener Physiker, Professor für Biophysik und langjähriger Direktor des *Biological Computer Laboratory* in Illinois. Er gilt als Mitbegründer der Kybernetik und als radikaler Konstruktivist.

Der kahlköpfige, elegante Mann mit stechendem Blick bezauberte viele, die ihm zuhörten. Er ist der seltene Fall eines verschwatzten Logikers. Schon als Student knüpfte er die ersten Kontakte zu Moritz Schlick und Rudolf Carnap, den Philosophen des Wiener Kreises.

1944 reichte von Foerster an der Universität Breslau eine Dissertation ein. Obwohl er alle erforderlichen Prüfungen ablegte, wurde ihm die Promotion verweigert, weil einer seiner Großväter jüdisch war.

Nach dem Krieg ging von Foerster nach Amerika. An der Universität von Illinois lehrte er nicht nur Fernmeldetechnik; er war auch noch Professor für Biophysik. 1976 wurde er emeritiert und durfte endlich nach Kalifornien ziehen, wo ihm das intellektuelle Klima zusagte.

Er hat lieber Vorträge gehalten und Interviews gegeben, als Bücher zu schreiben. Als prophetischer Stichwortgeber war er sehr geschätzt. »Je tiefer das Problem, das ignoriert wird, desto größer sind die Chancen, Ruhm und Erfolg einzuheimsen«: Diesen Spruch bezeichnete er selbst als sein »Theorem Nr. 1«. Auszüge wie *Short Cuts* oder *Wahrheit ist die Erfindung eines Lügners. Gespräche für Skeptiker* werden immer noch viel gelesen.

Aber wo er recht hat, hat Heinz von Foerster recht: »Der Großteil unserer institutionellen Erziehungsbemühungen hat zum Ziel, unsere Kinder zu trivialisieren. Ich verwende den Begriff ›Trivialisierung‹ genau so, wie er in der Automatentheorie gebräuchlich ist. Dort ist eine triviale Maschine durch eine festgelegte *Input-Output*-Beziehung gekennzeichnet, während in einer nichttrivialen Maschine (Turingmaschine) der *Output* durch den *Input* und den internen Zustand der Maschine bestimmt wird. Da unser Erziehungssystem daraufhin angelegt ist, berechenbare Staatsbürger zu erzeugen, besteht sein Zweck darin, alle jene ärgerlichen inneren Zustände auszuschalten, die Unberechenbarkeit und Kreativität ermöglichen. Dies zeigt sich am deutlichsten in unserer Methode des Prüfens, die nur Fragen zuläßt, auf die die Antworten bereits bekannt (oder definiert) sind und die vom Schüler auswendig gelernt werden müssen.«

Das ist, wie immer, wenn von Foerster sich auf eine Tirade einläßt, umständlich ausgedrückt, aber einleuchtend. Auch über die logische Struktur des Phänomens ›Blinder Fleck‹ hat er gründlich nachgedacht. Sie »weist eigenartige Merkmale auf«, sagte er 1979 in einem seiner Vorträge. »Das ist dadurch bedingt, daß wir unseren blinden Fleck nicht wahrnehmen, zum Beispiel, indem wir in der Nähe des Zentrums unseres Blickfeldes einen schwarzen Punkt sähen. Nein, wir können nicht sehen, daß wir einen blinden Fleck haben. Mit anderen Worten, wir sehen nicht, daß wir nicht sehen.« Diese Beweisführung versah er mit der frechen Überschrift »Kybernetik der Kybernetik«.

Sicher ist, daß von Foerster sich mit dem »blinden Fleck« befaßt und die Bezeichnung »Kybernetik zweiter Ordnung« geprägt hat. Er versucht, den Mangel des blinden Flecks durch Therapien zweiter Ordnung auszugleichen. Leider läuft dieser rekursive Trick, genau wie sein Titel, auf eine Flucht in die nächsthöhere Metaebene hinaus. Das aber führt nur zu einem infiniten Regreß. Der blinde Fleck verschwindet nicht, er wird nur verschoben.

Allen, die auf ihn hörten, hat von Foerster geraten, immer so zu handeln, daß die Zahl ihrer Wahlmöglichkeiten zunimmt. Genützt hat es ihm wenig. Denn langsam, so langsam, daß er es kaum bemerkte, ist seine Irisblende geschrumpft, so lange, bis ihm am Mittwoch, dem 2. Oktober 2002, nach dem Frühstück, in Pescadero, Kalifornien, schwarz vor den Augen geworden ist. Unversehens wurde ihm in seinem Rollstuhl klar, daß die Zahl seiner Optionen bei Null lag.

Aber war damit seine Theorie widerlegt?

XII

Doch die Hutmacherin hat ihn lange überlebt. Man mußte sie im Dickicht der Städte nur zu finden wissen. Frau Rosa Porzwanger war klein, auch das unterschied sie von einem Dinosaurier. Gleich hier um die Ecke saß sie in ihrem winzigen Laden,

zwischen Jeiner Bankfiliale und einem indischen Restaurant. Offenbar war der Vermieter geduldig, sonst wäre sie längst vertrieben worden. So aber wiegte sie sich immer noch in dem Glauben, es gebe europäische Damen, die kokette, mit schwarzen oder weißen Pünktchen übersäte Schleier trügen. Für solche raren Kundinnen hielt sie Muster in einer Schublade bereit, die von dünnen Netzen überquoll.

Anderen Frauen, die keine solchen Verhüllungen mochten, konnte sie Artefakte anbieten, wie sie sonst nur noch auf alten Gemälden zu sehen sind: die Toque, den Florentiner, den Turban, die Kapotte, den Chapeau-bonnet und die Bagneuse. Wenn die Kundin darauf bestand, wartete die Putzmacherin auch gern mit einer Schute oder einer Flügelhaube auf.

Seit kurzem ist sie verschwunden. Ein Weinladen bietet nun zu exorbitanten Preisen Jahrgänge aus Burgund an, und im Park gehen Araberinnen mit dem Hiqab und sogar mit Tschador oder Burka spazieren, Verschleierungen, die bei Frau Porzwanger nie zu finden waren.

XIII

In eine bis dahin unbekannte Marktlücke ist eine erfolgreiche Geschäftsidee vorgestoßen, deren Expertise darin besteht, ausschließlich ein riesiges Sortiment von sinn- und zweckfreien Gegenständen anzubieten, darunter

1. ein aufblasbarer rosa Plastikpenis (€ 1,99),
2. ein Solarhund, der mit dem Kopf wackelt, sobald jemand das Licht anknipst (€ 19,99),
3. eine pinkfarbene singende Kuh (€ 35,99),
4. ein blinkender Leucht-Hirsch in transparentem Kunststoff (€ 189,99),
5. ein 10 cm hoher lila Metallic-Buddha (€ 16,99),
6. eine Sex-Glocke aus rotem Plastik (€ 8,99) und
7. ein vergoldeter Totenkopf aus Keramik als Spardose (€ 14,99).

Zum strikten Gebot der Unbrauchbarkeit tritt ein weiteres Kriterium. Eine Ware paßt nur zum Sortiment, wenn sie häßlich genug ist. Das trifft auf alle Objekte zu, die gewöhnlich in Asien von Lohnsklaven hergestellt und über Handelskontore wie *Pip-Studio* oder *Cepewa GmbH* (Max-Planck-Straße 10a, 61184 Karben) importiert wurden und vielleicht immer noch werden.

Darüber hinaus reduzieren Sonderangebote und Dumpingrabatte, nach dem Motto »Alles muß raus«, die Ladenpreise so brutal, daß nicht nur der Gebrauchs-, sondern auch der Tauschwert der Waren ins Bodenlose sinkt.

Der Namen des Ladens paßte zu seinem Geschäftsmodell: *Schuldenberg*. Das ist ein Musterbeispiel für tote Ironie. Der Inhaber der Firma zieht es vor, anonym zu bleiben.

XIV

Johannes Rottenhöfer, Haushofmeister und Erster Mundkoch Seiner Majestät des Königs Maximilian II. von Bayern, sagte sich, »die Gastronomie beherrscht das ganze Leben«. Er wußte auch, »daß der satte Mensch nicht der gleiche sei wie der hungrige«. Die Kraftbrühe ist der Gesundheit dienlich und wird zu allen Suppen und Saucen gebraucht. Wer sie herstellen will, sollte einen Topf haben, der elf Liter faßt. Er möge stets sieben Pfund Ochsenfleisch vom Schweifstück und knapp fünf Pfund Kalbfleisch vom Schlegel bereithalten, ferner ein paar Scheiben mageren Schinkens, vier halbgebratene Tauben und einen Bund Suppengrün. Es genügt, sagt Rottenhöfer, die Brühe fünf bis sechs Stunden hermetisch verschlossen zu kochen, sie durch eine reine Serviette langsam zu passieren und kalt zu stellen. So erhält man fünfeinhalb Liter *Consommé* von goldgelber Farbe und dem kräftigsten und angenehmsten Geschmack.

Unter den 2345 Rezepten, die Rottenhöfer dem Leser ans Herz legt, finden sich nicht nur mehrere Dutzend Torten und Kuchen, sondern auch eine Lyra und ein Füllhorn. Ein wahrer Rausch erfaßt den Autor, wenn er Mirlitons, Dariolen, Fanchonetten, Babas, Liebes-Grübchen, Kolatschen, Hohlhippen, Dunst-Mehlspeisen, Canapés, Bachantins, Charlotten, Milchscheberl, Pavelen, Beignets und Pannequets empfiehlt.

Weshalb kein Koch ohne einen Gemüsebohrer und ein Chartreuse-Messer auskommen kann, verschweigt die *Neue vollständige theoretisch-praktische Anweisung in der feinen Kochkunst mit besonderer Berücksichtigung der herrschaftlichen und bürgerlichen Küche* dem heutigen Leser, der zum diätgeplagten Konsumenten eingeschrumpft ist.

Die Nummern an der linken Seite der Speisezettel bedeuten die Anzahl der nöthigen Terrinen und Schüsseln.

Häusliches Mahl für 8 Gedecke.

1 Butternocken-Suppe.

1 Ochsenfleisch, gesotten mit Kapern-Sauce.
1 Wirsingkraut mit Hammels-Coteletten.
1 Gebratene Gans mit Endivien-Salat.
1 Wienerkrapfen.

Häusliches Mahl für 12 bis 16 Gedecke.

1 Reissuppe mit gesottenem Huhn.
1 Fleischpastetchen.
1 Lendenbraten mit gebratenen Kartoffeln.
1 Gedünstetes Sauerkraut mit geräucherter Schweinsbrust.
1 Eingemachte junge Hühner.
1 Gebratener Rehschlegel mit Salat.
1 Bisquit-Torte mit Zuckerguß.

Wir gehen nun weiter und entwerfen ein größeres Mahl, nach deutscher Art servirt.

Mittagsmahl für 18 Gedecke.

2 Kraftbrühe mit Kaisereiern.
2 Kleine Krustaden von Nudeln auf schwedische Art.
1 Silberlachs blau abgesotten mit holländischer Sauce.
2 Gedämpfter Lendenbraten auf italienische Art.
2 Grüne Bohnen mit Hammels-Coteletten.
2 Escaloppe von jungem Reh mit Ragout Financier.
2 Hachis von Kapaunen auf Königin Art.
1 Gänseleber-Terrine.
2 Gebratene Schnepfen mit Brodkrüstchen und gemischtem Salat.
2 Kleiner Auflauf von Pfirsichen in Papiertästchen.
2 Gewürzte Crême mit Früchten.
1 Brüsseler Torte.
  Gefrornes von Weichsein mit Bordeaux.
4 Teller verschiedenes Dessert.
4 Teller feines Tafelobst.

XV

Den alten Mathematikern ist es schwergefallen, sich mit dem Ungefähren abzufinden. Der Marquis Pierre-Simon Laplace beschloß vor zweihundert Jahren, uns zu beweisen, daß es nichts Unberechenbares gibt, eine Idee, die heute noch ein Heer von »Analysten« beschäftigt.

In seinem *Essai philosophique sur les probabilités* von 1814 behauptet er:

»Eine Intelligenz, die in einem gegebenen Augenblick alle Kräfte kennt, mit denen die Welt begabt ist, und die gegenwärtige Lage der Gebilde, die sie zusammensetzen, und die überdies umfassend genug wäre, diese Kenntnisse der Analyse zu unterwerfen, würde in einer Formel die Bewegungen der größten Himmelskörper und die des leichtesten Atoms einbegreifen. Nichts wäre für sie ungewiß, Zukunft und Vergangenheit lägen klar vor ihren Augen.«

Ein derartiger Kopf ist unter dem Namen »Laplacescher Dämon« in die Wissenschaftsgeschichte eingegangen.

Wir erlauben uns eine Bitte: »Durchlaucht«, denn dies ist die korrekte Anrede für einen Marquis, der zugleich *Pair de France* ist – »Exzellenz« genügt nicht –, »wie wäre es, wenn Sie uns die Form berechneten, welche diese kleine weiße Wolke, ja, genau, die da drüben über der Turmspitze, in elf Minuten annehmen wird. Oder wenn ein Sonnenstrahl auf den Rauchschleier Ihrer Zigarre fällt, können Sie vorhersehen, wie sich diese verführerische bläuliche Linie kräuselt? Eine Kleinigkeit für eine Leuchte der Wissenschaft wie Sie, nicht wahr?«

Nein, sagen Sie, das sei unmöglich. Wissen Sie auch, warum, Monsieur? Weil Sie keine Ahnung haben. Auf dem ganzen Planeten sind nämlich keine zwei gleichen Wölkchen zu finden.

Bingo! Und den mathematischen Dämon, den Sie glauben erfunden zu haben, gibt es nicht.

Mathematische Operatoren (Unicode)

	220	221	222	223	224	225	226	227	228	229	22A	22B	22C	22D	22E	22F
0	∀	∐	∠	∰	≀	≐	≠	≰	⊀	⊐	⊠	⊰	⋀	⋐	⋠	⋰
1	∁	∑	∡	∱	≁	≑	≡	≱	⊁	⊑	⊡	⊱	⋁	⋑	⋡	⋱
2	∂	−	∢	∲	≂	≒	≢	≲	⊂	⊒	⊢	⊲	⋂	⋒	⋢	⋲
3	∃	∓	∣	∳	≃	≓	≣	≳	⊃	⊓	⊣	⊳	⋃	⋓	⋣	⋳
4	∄	∔	∤	∴	≄	≔	≤	≴	⊄	⊔	⊤	⊴	⋄	⋔	⋤	⋴
5	∅	∕	∥	∵	≅	≕	≥	≵	⊅	⊕	⊥	⊵	⋅	⋕	⋥	⋵
6	∆	∖	∦	∶	≆	≖	≦	≶	⊆	⊖	⊦	⊶	⋆	⋖	⋦	⋶
7	∇	∗	∧	∷	≇	≗	≧	≷	⊇	⊗	⊧	⊷	⋇	⋗	⋧	⋷
8	∈	∘	∨	∸	≈	≘	≨	≸	⊈	⊘	⊨	⊸	⋈	⋘	⋨	⋸
9	∉	∙	∩	∹	≉	≙	≩	≹	⊉	⊙	⊩	⊹	⋉	⋙	⋩	⋹
A	∊	√	∪	∺	≊	≚	≪	≺	⊊	⊚	⊪	⊺	⋊	⋚	⋪	⋺
B	∋	∛	∫	∻	≋	≛	≫	≻	⊋	⊛	⊫	⊻	⋋	⋛	⋫	⋻
C	∌	∜	∬	∼	≌	≜	≬	≼	⊌	⊜	⊬	⊼	⋌	⋜	⋬	⋼
D	∍	∝	∭	∽	≍	≝	≭	≽	⊍	⊝	⊭	⊽	⋍	⋝	⋭	⋽
E	∎	∞	∮	∾	≎	≞	≮	≾	⊎	⊞	⊮	⊾	⋎	⋞	⋮	⋾
F	∏	∟	∯	∿	≏	≟	≯	≿	⊏	⊟	⊯	⊿	⋏	⋟	⋯	⋿

XVI

Die Herren Theo Blick und Christian Komposch haben sich die Mühe gemacht, alle Weberknechtarten Mittel- und Nordeuropas aufzuzählen. Die Liste endet mit der Nummer 1314. Das ist natürlich noch lange nicht alles. Weltweit sind etwa 6600 Arten von Weberknechten bekannt. Sie alle gehören der Ordnung der Spinnentiere an. Aber damit endet auch schon die Harmonie unter den Arachnologen. Kanker, Schuster und Schneider gehören derselben Gattung an. In der Schweiz ist dafür auch der Name *Zimmermann* geläufig, aber dort spricht man ja auch einen eigenen alemannischen Dialekt. Brett- und Schneckenkanker sind hingegen in der Systematik bloß Arten und Unterarten.

Die meisten Weberknechte sind mit dem Junggesellendasein zufrieden und haben lange Beine, mit denen sie die Schwerkraft ohne große Mühe überwinden. Manche können auf der Flucht notfalls sogar eines ihrer fadendünnen Beine abwerfen. Dann bleiben immer noch sieben übrig. Bewundernswert ist ferner, wie ihr kleiner, ovaler, grau oder farbig gemusterter Leib die Balance hält, obwohl er immer hin und her und auf und ab schaukelt. Weberknechte sind Einzelgänger. Manchmal muß man lange warten, bis einer aus seiner Ritze kommt.

Auch den schärfsten Kulturkritiker muß es optimistisch stimmen, daß es, allen angeblichen Sparzwängen zum Trotz, Wissenschaftler wie Blick und Komposch gibt, die an ihrer Mission unverdrossen festhalten.

XVII

Die Hochzeitsbranche ist unübersichtlich. Niemand kann ihren Umsatz beziffern. Die Heiratsvermittlung ist in § 656 BGB gesetzlich geregelt. Leider nur mit der lakonischen Feststellung: »Durch das Versprechen eines Lohnes für den Nachweis der Gelegenheit zur Eingehung einer Ehe oder für die Vermittlung des Zustandekommens einer Ehe wird eine Verbindlichkeit nicht begründet … Das auf Grund des Versprechens Geleistete kann nicht deshalb zurückgefordert werden, weil eine Verbindlichkeit nicht bestanden hat.«
Wie so oft hilft auch hier Wikipedia weiter. Mit einer Heiratsvermittlung, heißt es dort, helfen Dritte, heiratswilligen Männern und Frauen einen geeigneten Partner für die beabsichtigte Eheschließung zu finden. Eine durch Vermittlung geschlossene Ehe werde auch als arrangierte Heirat bezeichnet. Das Herbeiführen einer Heirat führe nicht immer zur vollen Zufriedenheit aller Beteiligten.
»Früher war es eine Kernkompetenz der Familien, für ihre Kinder passende Ehepartner zu finden; in traditionellen Gemeinschaften weltweit spielt die Familie bei der Heiratsvermittlung immer noch eine zentrale Rolle … In zahlreichen Kulturen, so auch in Europa, gibt es zur diskreten Erkundung und Sondierung professionelle Heiratsvermittler/innen (Brautwerber, Freiwerber, im Ostjudentum *Schadchen*). Sie konnten einer eine Braut oder einen Bräutigam suchenden Familie oder einem auf Brautschau befindlichen jungen Mann eine Beschämung durch Mißerfolg ersparen.«
Die Bezahlung kann, wie gesagt, vom Ehemakler nicht durchgesetzt werden. Aus diesem Grund ist die Zahlung per Vorkasse bei diesen Verträgen die Regel.

Aber der Kupplerdienst ist nur ein kleiner Teil der Hochzeitsbranche. Andere Bemühungen erbringen weit sicherere Gewinne. In großen Innenstädten wird der aufmerksame Passant nicht nur auf Geschäfte stoßen, die Brautmoden führen. Es gibt Friseursalons, die ausschließlich Bräute für die Trauung präparieren. Allerdings ist dieses Geschäftsmodell nicht ohne Risiko. Sobald der Hausbesitzer die Miete verdoppelt, muß die wagemutige Friseuse das Feld räumen, und ihr Unternehmen wird aus dem Handelsregister gelöscht.

Das mag bedauerlich sein. Dennoch handelt es sich, um mit Joseph Schumpeter zu sprechen, um eine »schöpferische Zerstörung«. Das geht schon aus der folgenden Ankündigung hervor:

»Brautfrisuren sind Gesamtkunstwerke. Zusammen mit Brautkleid, Make-up und Accessoires machen sie die Braut zum strahlenden Mittelpunkt der Hochzeit. Der Trend in Sachen Brautfrisuren reicht 2017 von klassischen Varianten wie dem Chignon oder dem Dutt bis hin zu fantasievollen Frisuren im Retro-Look: Wasserwellen oder aufgetürmtes Traumhaar erinnern an die Starfrisuren der zwanziger oder sechziger Jahre. Aber auch romantisches Flechtwerk schmückt die Köpfe trendbewußter Bräute. Ihr habt keine üppig wallende Traummähne? Kein Problem – viele der Brautfrisuren, die wir euch auf den nächsten Seiten vorstellen, täuschen Volumen mit Haarteilen und -polstern vor. Ein erfahrener Friseur vollbringt damit auch auf euren Köpfen wahre Wunder!«

Der *Ja-Hochzeitsshop* in Edingen-Neckarshausen ist kein Laden. Er existiert nur im Internet. Geleitet wird er von Frau Tanja Becker, die ihre Kunden grundsätzlich duzt. Was hier angeboten wird, sprengt alle Verlockungen, denen der Passant in den Schaufenstern des Einzelhandels ausgesetzt ist. Hier folgt nur ein kurzer Ausschnitt aus dem überwältigenden Katalog des Hochzeitsshops:

Pom Poms, Konfettikanonen, Stuhlhussen, Curlies, Brautschirme, Cupcake Stecker »Love«, Freudentränen-Banderolen, Ballonkarten Vintage rustikal, Ringkissen Goldene Eleganz, Wedding Bubbles und Strumpfbänder Spitze »Komfort«. Die meisten dieser Posten geben ahnungslosen Jungfrauen und Junggesellen Rätsel auf. Auch wer mit amerikanischen Gebräuchen nicht vertraut ist, wird die meisten Früchte der Arbeitsteilung, die ihm hier begegnen, überflüssig finden; doch wie die begeisterten Zuschriften aus dem Kundenkreis beweisen, finden sie dankbare Abnehmerinnen.

XVIII

Menschen, die gerne schwarzmalen oder schwarzsehen, gelten im alltäglichen Leben als Pessimisten. Ihnen ist ein Ausflug nach Aichstetten im Allgäu anzuraten. Es gibt dort eine Farbmühle, die von Georg Kremer 1977 gegründet wurde. Dort führt er bis heute die *Kremer Pigmente GmbH & Co. KG*, und man findet bei dieser Firma viele Dinge, die anderswo unerreichbar wären. Wem der Weg in die Nähe von Memmingen zu weit ist, der kann sich auch in Kremers Niederlassungen in München und New York kundig machen.

Ein winziges Beispiel für seine einzigartige Expertise gibt die alphabetische Liste seiner schwarzen Pigmente ab:

Andalusische Schwarze Erde, Anilinschwarz, Atramentum, Basaltschwarz, Beinschwarz, Bister, Bleiglanz, Chalcocite, Chalcopyrite, Covellin, Eisenoxidschwarz, Elfenbeinschwarz, Farbglas schwarz, Flammruß, Graphit-Schwarzpuder, Grauspießglanz, Holzkohlemehl, Kasslerbraun, Kirschkernschwarz, Lampenschwarz, Magnetit, Manganschwarz, Nano-F-Schwarz, Nero Bernino, Obsidianschwarz, Onyxschwarz, Pfirsichkernschwarz, Pyrit, Rebschwarz, Rhodonitschwarz, Schwarze Kreide, Schwarzer Turmalin, Sepia, Shungit, Spanisches Hämatit, Spinell-Schwarz, Traubenkernschwarz und Zementschwarz.

Nicht alle dieser Pigmente sind allzeit lieferbar. Doch kann sich jeder Künstler, selbst wenn er in abgelegenen Regionen lebt, etwa in Przemyśl oder in Australien, unter *www.kremer-pigmente.com* vergewissern, daß der Weltmarktführer ihn nicht im Stich lassen wird, egal welche Farben er bevorzugt. Es muß ja nicht immer Schwarz oder Weiß sein. Das menschliche Auge kann mehr als 50 000 Nuancen unterscheiden; Herrn Kremers trainierter Blick dürfte diese Durchschnittsleistung weit übertreffen.

/// Hohleisen

| 885077 | Hohleisen, Spatel mittel, 14 mm breit, Länge 22 cm | 1 St | 17,30 |

885079	Hohleisen, klein, 7 / 9 mm breit, Länge 20 cm	1 St	17,80
885080	Hohleisen, groß, 13 / 17 mm breit, Länge 21 cm	1 St	18,80
885081	Hohleisen, sehr groß, 14 / 18 mm breit, Länge 23 cm	1 St	21,00

/// Raspel

| 885610 | Raspel, groß, spitz / rund, 24 cm | 1 St | 21,00 |
| 885611 | Raspel, klein, spitz / rund, 18 cm | 1 St | 17,25 |

| 885620 | Raspel, groß, spitz / rund gebogen, 25 cm | 1 St | 21,00 |
| 885621 | Raspel, klein, spitz / rund gebogen, 18 cm | 1 St | 17,25 |

| 885640 | Raspel, groß, spitz / rund, 24 cm | 1 St | 21,00 |
| 885641 | Raspel, klein, spitz / rund, 18 cm | 1 St | 17,25 |

| 885650 | Raspel, groß, beide Seiten spitz, 25 cm | 1 St | 21,00 |
| 885651 | Raspel, klein, beide Seiten spitz, 18 cm | 1 St | 17,25 |

| 885660 | Raspel, groß, eine Seite gebogen, 25 cm | 1 St | 21,00 |
| 885661 | Raspel, klein, eine Seite gebogen, 18 cm | 1 St | 17,25 |

Im Notfall wird er dem Künstler auch mit dem nötigen Handwerkszeug aushelfen, beispielsweise mit Modlern, Schlägern, Schwertschleppern, Landschaftern und Chiqueteuren. Dabei scheint es sich um eine kleine Auswahl von speziellen Pinseln zu handeln.

Das Leben ist kurz, die Kunst ist lang.

XIX

In einer unansehnlichen Gegend im Norden der Stadt, zwischen Müllbergen und einer Moschee, war ein Tierfreund zu Hause. Sein Schaufenster zeigte eine Reihe von Plastikdosen, in denen es von merkwürdigen winzigen Kreaturen wimmelte. Der Besitzer nannte sich »Schaben-Lucky« und war Spezialist für Futter-Insekten, Kleintier-Betreuung und Terraristik. Der zufällige Spaziergänger, der nicht wußte, was es mit dieser Berufsbezeichnung auf sich hatte, wagte es, einzutreten. Der Inhaber war so freundlich, ihn über sein Sortiment aufzuklären. Mehlwürmer und Fruchtfliegen kannte er wenigstens vom Hörensagen. Doch wie Wachsmottenlarven, weiße Asseln und Ofenfischchen aussahen, das war ihm als Laie neu.

An Auskünften ließ Lucky es nicht fehlen, vielleicht, weil sich keine Laufkundschaft zeigte. Er bedauerte, daß derzeit weder Vogelspinnen noch Skorpione lieferbar waren. Dagegen seien frische Bienenmaden eingetroffen. Ein weitverzweigtes Netz von Züchtern sorgt nämlich dafür, daß Tierfreunde, vor allem Schlangen- und Amphibien-Liebhaber, in aller Regel auf ihre Kosten kommen. Wartezeiten müssen zwar manchmal in Kauf genommen werden, aber von Hungersnöten kann in Deutschland keine Rede sein.

Die Frage, wie er zu seinem Namen gekommen war, beantwortete Schaben-Lucky nur knapp. Mit gewöhnlichen Kakerlaken gebe er sich nicht ab. Auf der Welt lebten zwar mehr als viertausend Schabenarten, doch nur fünf von ihnen seien einheimisch. Er persönlich halte sich an die argentinische Waldschabe.

Auf die Frage, wie denn seine Geschäfte gingen, verdüsterte sich seine Miene. Damit sehe es immer schlechter aus. Überall machten sich Konkurrenten breit, die auf eine gemütliche Atmosphäre keinen Wert legten. Mit der Kundschaft verkehrten diese Händler nur noch über das Internet. Immer mehr Tierfreunde ließen sich die Ware mit der Post zusenden. Dabei müßten sie sich auf Enttäuschungen gefaßt machen. Wer weiß, klagte er, wie lange die traditionelle Terraristik überhaupt noch überleben könne. Vielleicht werde er sich bald zur Ruhe setzen. Denn ohne persönliche Beratung sehe er für seinen Beruf keine Zukunft mehr.

Und tatsächlich, als der Flaneur Schaben-Lucky nach Monaten wieder aufsuchen wollte, war er mit seinen Futterinsekten verschwunden. An seiner Statt war nun eine Altkleider-Sammelstelle eingezogen.

XX

Es gibt nur wenige Wissenschaften, die Nachforschungen über die Unendlichkeit anstellen: Theologen, Astronomen, Physiker und Mathematiker. Während bei der Wissenschaft vom lieben Gott die Ewigkeit kein Ende nimmt, sind es bei den Mathematikern die Zahlen. Dabei geht es nicht ohne riskante, ja sogar lebensgefährliche Kontroversen ab.

Ein hervorragender Experte für das Unendliche war Georg Ferdinand Ludwig Philipp Cantor, der Erfinder der Mengenlehre, 1845 in Sankt Petersburg geboren und verschieden 1918 in einer Heilanstalt in Halle an der Saale.

Er war leider kein glücklicher Mensch. Ein Bild von ihm, auf dem er lacht, gibt es nicht. Er war bärtig, doch mit der Zeit fielen ihm die Kopfhaare aus. Nicht nur, weil viele Kollegen versuchten, ihm Hindernisse in den Weg zu legen; er litt auch an Störungen, die von den Seelenärzten, wie es damals hieß, als manisch-depressive Psychose beschrieben wurden.

Die Mengen, die er entdeckte, hat er als transfinit bezeichnet und mit dem hebräischen Buchstaben Aleph numeriert. Die Potenzmenge – das ist die Menge aller möglichen Teilmengen einer Menge – nannte Cantor *Aleph 1*; aber damit nicht genug. Es stellte sich nämlich heraus, daß es nicht nur eine, sondern unendlich viele Unendlichkeiten gibt. Sein Berliner Lehrer und Förderer Leopold Kronecker warf ihm vor, er verderbe mit seinen Ideen die Jugend. Dieser ansonsten ganz vernünftige Professor behauptete steif und fest: »Die ganzen Zahlen hat Gott gemacht, alles andere ist Menschenwerk.« Darüber kam es zu einem giftigen Gelehrtenstreit. Kronecker sorgte dafür, daß Cantor nie auf einem Lehrstuhl Platz nahm.

Ganz nebenbei kam Cantor auch noch auf die Idee, daß es

Bijektive Abbildungen im natürlichen Zahlenbereich

Ob bijektive Abbildungen bis ins Unendliche hinein zulässig sind, zeigt das »?« an

1	2	3	4	5	6	7	...	n	Nachfolger	...	∞
↕	↕	↕	↕	↕	↕	↕	↕	↕	↕	↕	?
2	4	6	8	10	12	14	...	n_{gerade}	Nachfolger	...	∞
↕	↕	↕	↕	↕	↕	↕	↕	↕	↕	↕	?
1	3	5	7	9	11	13	...	$n_{ungerade}$	Nachfolger	...	∞
↕	↕	↕	↕	↕	↕	↕	↕	↕	↕	↕	?
1	4	9	16	25	36	49	...	n^2	Nachfolger	...	∞
↕	↕	↕	↕	↕	↕	↕	↕	↕	↕	↕	?
2	3	5	7	11	13	17	...	prim	Nachfolger	...	∞
↕	↕	↕	↕	↕	↕	↕	↕	↕	↕	↕	?
10^1	10^2	10^3	10^4	10^5	10^6	10^7	...	10^n	Nachfolger	...	∞

eine Menge geben muß, den bis dahin unbekannten *Cantor-Staub*, die bei der Bildung von Fraktalen eine wichtige Rolle spielt. Ohne ihn wären die allseits beliebten Apfelmännchen gar nicht denkbar.

Selbst einem genialen Kopf kann dabei schwindlig werden, besonders wenn er sich nicht nur für Zahlen interessiert, sondern auch für die Religion und für die Literatur. Cantor fragte sich, wer die Werke von William Shakespeare verfaßt hat. Ob es nicht doch Francis Bacon war? Hat der Schuster Jacob Böhme wirklich die *Morgenröte im Aufgang* verfaßt? Und was hatte es mit der Theosophie, mit den Rosenkreuzern und den Freimaurern auf sich?

Cantor bezweifelte nicht, daß ihm die Mengenlehre von Gott übermittelt worden war.

Kurzum, der große Forscher hat aus dem Labyrinth seiner eigenen Erfindungen nie wieder herausgefunden.

XXI

Wehe dem, der als Deutscher als Schöffe an einem Amts- oder Landgericht berufen oder ausgelost wird! Zwar ist das eine demokratische Einrichtung, die zu begrüßen ist, weil sie den Rechtsstaat stärkt. Manche Mitmenschen glauben, Schöffengerichte seien nichts weiter als eine Schaufensterdekoration für die Justiz. Das stimmt nicht; denn ein guter Schöffe kann den Ausgang eines Prozesses durchaus beeinflussen.

Allerdings nur dann, wenn er sich nicht nur mit dem Strafgesetzbuch, sondern auch mit der Strafprozeßordnung vertraut gemacht hat. Das ist freilich leichter gesagt als getan. Die StPO besteht nämlich aus acht Büchern mit 499 Paragraphen. Man wird sie in der neuesten Fassung studieren müssen; denn bei richtiger Zählung sind 24 Klauseln aus dem Gesetz, das 1877 erlassen wurde, gestrichen worden. Der dritte Abschnitt im zweiten Buch wurde sogar ganz abgeschafft.

Wer sich genauere Kenntnisse verschaffen möchte, dem ist die Lektüre eines Kommentars dringend zu empfehlen. Jederzeit lieferbar ist die 60. Auflage des maßgeblichen Werkes von Meyer-Goßner / Schmitt zum Ladenpreis von € 92,00. Leider ist es mit LXXIII plus 2512 Seiten ziemlich umfangreich ausgefallen.

Der ideale Schöffe wird sicher wissen wollen, was ein dinglicher Arrest ist und was es mit der Falschbezeichnung eines zulässigen Rechtsmittels auf sich hat. Ähnlich verhält es sich mit dem Adhäsionsverfahren, der Verordnungsermächtigung, der Verfolgung bei verwaltungsrechtlicher Vorfrage, der Ausschließungsentscheidung und der Herbeischaffung der Beweismittel von Amts wegen. Günstig kann sich für den Beklagten die Vollzugsaussetzung auswirken. Auch das Verbot der Verschlechterung nach § 331 kann Trost spenden.

Notfalls kann der skrupulöse Schöffe auch vorschlagen, von der Verfolgung bei Geringfügigkeit abzusehen oder das Verfahren wegen Mangels an öffentlichem Interesse schlichtweg einzustellen.

Auf diese Weise kann sich selbst der blutige Laie, wenn er nur fleißig genug ans Werk geht, zum Experten mausern.

XXII

Der Zeidler, der einst gut in seiner Zunft organisiert und mit mancherlei Privilegien ausgestattet war, ist nicht mehr da. Er hatte es nicht, wie der Imker, mit domestizierten, sondern mit Wildbienen zu tun. Der Honig war seine wichtigste Ausbeute. Zwar gab es seit dem 17. Jahrhundert den Rohrzucker aus den Kolonien, aber der war als teurer Luxus für die meisten Süßmäuler unerreichbar. Dann kam die Rübe, und so verloren Zeidler und Imker ihr Alleinstellungsmerkmal. Den Imker gibt es immer noch.

Außer dem Honig hatten Imker und Zeidler noch ein anderes Erzeugnis zu bieten: das Bienenwachs. »Es werde Licht!« Das war ein verbreiteter Wunsch, zuerst in den Palästen, aber bald auch in den besseren Hütten, ganz zu schweigen von den Kirchen, wo die Kerze für Riten und Opfergaben unentbehrlich war.

Diese Bedürfnisse befriedigte der Wachszieher. Auch sein Gewerbe ist fast ausgestorben. Nur wer sich nach Altötting und nach Bad Mergentheim begibt, kann hoffen, schwache Lebenszeichen von dieser Spezialität aufzuspüren.

Zumindest an diesen beiden Orten gab es noch zwei Läden, die sich der industriellen Revolution widersetzten. Eine über achtzigjährige, schwarzgekleidete Dame führte in dem fränkischen Kurort, der sich eines stattlichen Deutschordensschlosses rühmt, ein Geschäft am Marktplatz, in dem alles Wachsweiche zu finden war. Sie konnte von keinem Vermieter vertrieben werden, weil sie das ganze Haus geerbt hatte.

Auch in Altötting lebt mindestens ein Wachszieher, bei dem es nicht nur Kerzen für den Alltag, sondern auch für Hochämter, Taufen und Hochzeiten gibt. Auch Lebkuchen werden dort angeboten; das hängt damit zusammen, daß der Lebzelter, der auch Lebküchner hieß, auf den Honig des Imkers angewiesen war. Ferner hat sich der Inhaber auf den Handel mit Devotionalien für die Wallfahrer verlegt. Auch ein traditionelles *Ex Voto* kommt nicht ohne Wachs aus. Wer der Schwarzen Madonna die Heilung einer schweren Krankheit verdankt, kann ein aus rotem Wachs bestehendes Ohr oder ein Herz erwerben und es im Umgang der Gnadenkapelle zur Schau stellen, dort, wo übrigens auch die Herzen eines Kaisers, sechser Könige und dreier Kurfürsten bestattet sind.

XXIII

Daß die Feuerwehr ganz ohne Generalintendant, Generalse-
kretär und Präsidium auskommt, ist eine ihrer wunderbaren
Eigentümlichkeiten. Sie ist wahrscheinlich die beliebteste aller
öffentlichen Institutionen. Es gibt niemanden, der ihre Existenz-
berechtigung anzweifelt, nicht einmal die Pyromanen; selbst
Brandstifter wollen ja als Gaffer einem Schauspiel zusehen, das
eine Feuersbrunst bieten kann. Begierig mischen sie sich unter
die Menge und warten darauf, daß ein Löschzug mit Martinshorn und Blaulicht um die Ecke kommt. Der Angriffstrupp, der
freudig ausrückt, wird mit Applaus bedacht.

Erst nach langem Suchen gelang es, den Namen Jochen Stein
ausfindig zu machen. Herr Stein ist Diplomingenieur und nicht
nur Leitender Branddirektor der Stadt Bonn, sondern auch Vor-
sitzender der AGBF, das heißt, der Arbeitsgemeinschaft der
Leiter der Berufsfeuerwehren. Es wäre jedoch grundverkehrt,
ihn als Dienstherrn zu bezeichnen. Wem er eigentlich unter-
steht, sagt er nicht.

Noch herrenloser als er sind natürlich die freiwilligen Feuerwehren, der in Deutschland über eine Million Leute angehören,
ein Ehrenamt, vor dem sich zu drücken in einer Landgemeinde
nicht empfehlenswert ist. Wieder anders verhält es sich mit den
Werks- und Betriebsfeuerwehren sowie mit jenem älteren Vete-
ranen, der im Theater darüber befindet, ob sich der Vorhang
heben darf oder nicht. Wenn der Feuerwehrmann das verneint,
müssen Intendanten und berühmte Bühnenstars klein beige-
ben.

Allen Feuerwehren ist ein Motto gemeinsam, das »Retten,
Löschen, Bergen, Schützen« verspricht. Ebenso einvernehmlich
gilt in Europa eine bestimmte Telephonnummer, die 112, und

in den USA die 911. In Amerika wird die Feuerwehr wegen ihrer Tapferkeit allgemein verehrt.

Sie pflegt wie jede Organisation einen eigentümlichen Soziolekt. Auch Außenstehende wissen, was ein Schlauch, eine Brechstange, ein Hydrant, ein Helm und ein Eimer ist. Doch schon bei den Leitern gerät der Laie ins Grübeln. Hat man es mit einer Jakobs- oder gar mit einer Räuberleiter zu tun? Wo mögen in dem Durcheinander des Ernstfalls wohl Spreizer und Fluchthaube geblieben sein?

Wer sich auf solche Details verstehen will, sollte das *Feuerwehr-Magazin* abonnieren, das jeden Monat in Bremen erscheint und pro Jahr nur 60 € kostet. Eine andere Möglichkeit steht den Katholiken offen. Sie können den heiligen Florian um seinen Beistand bitten.

Wer einmal im Aufzug steckengeblieben ist oder Augenzeuge war, wie eines Abends vier Feuerwehrleute aus ihrem strahlend rot lackierten Hubrettungsfahrzeug gestiegen sind, um eine kleine Katze zu retten, die vom Dach zu rutschen drohte – ein solcher Beobachter wird sich der Rührung nicht erwehren können bei einer solch zarten Regung der europäischen Zivilisation.

Was die Feuerwehr alles benötigt! Allein ihre Leitern können sich sehen lassen. An speziellen Lieferanten fehlt es ihr nicht. Die Auswahl an Angeboten ist für den Laien verwirrend: Es gibt Sprossen-, Stufen-, Anlege-, Klapp-, Podest-, Teleskop-, Dreh-, Dach-, Flucht- und Steigleitern. Genauere Angaben liegen zur Schiebleiter vor: Sie ist dreiteilig, aus Leichtmetall gemäß Euronorm 1147 und DIN-Beiblatt 1, geprüft, mit Sprossen aus verstärktem 28 mm Vierkantprofil im Holm eingefräst und verschweißt. Die Reibung wird durch kunststoffgelagerte Rollen erheblich reduziert. Wenn auf dem Seil kein Zug mehr vorhanden ist, werden die Teile sofort gebremst. Alle Sprossen sind mit speziellen Kunststoffüberzügen versehen, die isolierend und gleithemmend wirken. Für eine Belastung von drei Mann ist diese Leiter geeignet. Mit zwei Mann kommt hingegen die Steckleiter aus Leichtmetall aus. Sie besteht aus hochlegiertem Aluminium Spezial-Kastenprofil und hat einseitig eingefräste Holme mit eingeschobenen 28 mm geriffelten Quadratsprossen, die unlösbar verschweißt sind. Sie ist mit allen gängigen Modellen kombinierbar. Auch die Hakenleiter aus Leichtmetall mit klappbaren Haken aus Stahl mit Sprossen, die im Holm eingefräst und verschweißt sind, hat alle Prüfungen bestanden. Mit mehr als einem Mann sollte sie nicht belastet werden.

Schließlich muß noch der Multifunktionsleiter aus Leichtmetall gedacht werden. Dieses Rettungsgerät ist für Rüstwagen und Rettungsfahrzeuge mit eingeschränktem Platzbedarf gedacht. Es kann fast überall eingesetzt werden. Dafür reichen zwei Mann aus. Mehr verträgt die Leiter nicht.

Das alles muß gründlich geschult werden. Nach einem entsprechenden Kurs ist der Anwärter mit Gesetzen, Vorschriften, Regeln und Normen, besonders mit der Technischen Betriebsregel TRBS 1203 vertraut und kann die Sicherheit von Feuerwehrleitern beurteilen. Alle diese Angaben sind ohne Gewähr.

XXIV

Nadler kann es erst geben, wo Drahtzieher vorhanden sind. Diese Handwerker bildeten einst eine angesehene Zunft, die an dem zweideutigen Ruf, den ihrer Arbeit in der Politik anhaftet, ganz unschuldig ist.

Name der Verrichtung	Arbeiter	Lohn per Tag
Drahtzieher	ein Mann	3 Schilling 3 Pence
Strecken des Drahtes	eine Frau	1 Schilling 0 Pence
	ein Mädchen	0 Schilling 6 Pence
Spitzen	ein Mann	6 Schilling 3 Pence
Herstellen der Köpfe	ein Mann	5 Schilling 4½ Pence
	ein Knabe	0 Schilling 4½ Pence
Aufsetzen der Köpfe	eine Frau	1 Schilling 3 Pence
Weißmachen	ein Mann	6 Schilling 0 Pence
	eine Frau	3 Schilling 0 Pence
In Papier stecken	eine Frau	1 Schilling 6 Pence

Zehn Arbeiter brauchen zusammen mehr als siebeneinhalb Stunden, um ein Pfund Nadeln, das sind 5546 Stück, herzustellen. Wenn eine einzelne Person das ganze Pfund allein produzieren wollte, müßte sie geschickt genug sein, um den Draht zu ziehen, die Köpfe abzuschneiden, die Nadeln zu verzinken und zu verpacken. Die Herstellungskosten würden dabei 46,34 Pence betragen. Das wäre 3,6mal soviel wie bei der arbeitsteiligen Produktion.

On the Economy of Machinery and Manufacture (1832)

Ein Briefchen mit diversen Nadeln kostet heutzutage nur einen Groschen, aber das war nicht immer so. Hans Sachs kannte sich mit diesem Handwerk aus. In seiner *Eygentlichen Beschreibung*

Aller Stände auff Erden erklärt er 1568 neben einem Holzschnitt von Jost Amman:

> Ich mach Nadel auß Eysendrat
> Schneid di leng jeder gattung glatt /
> Darnach ichs feyl / mach öhr vnd spitzn /
> Alßdann hert ichs in Feuwers hitzn /
> Darnach sind sie feil / zu verkauffn /
> Die Krämer holen sie mit hauffn /
> Auch grobe Nadel nemmen hin /
> Die Ballenbinder vnd Beuwrin.

Eine Drahtziehmühle auf den Hallerwiesen, durch das Wasser der Pegnitz angetrieben, ist auf einem Aquarell von Albrecht Dürer zu sehen.

Das Wort *Nadel* ist eine Instrumentalbildung zu dem Verbum *nähen*. Diese Fertigkeit hatte die Menschheit offenbar schon lange erworben, bevor der Draht erfunden war. Im Neolithikum behalf man sich mit kleinen Knochen und Gräten; in der Bronzezeit kam man auf die Idee, sich mit Fibeln zu schmücken. Die Nadel war ein kostbarer Gegenstand. (Vermutlich erklärt sich daraus die Sitte, daß bei einem Heiratsvertrag das Nadelgeld eigens ausgehandelt werden mußte.)

Erst im 19. Jahrhundert hat die Fabrikation von Nadeln Fahrt aufgenommen. Charles Babbage, ein Pionier der Informatik, der Erfinder einer tonnenschweren Rechenmaschine, die als ein Vorläufer des Computers gilt, teilte die Herstellung einer Stecknadel in sieben Einzelvorgänge auf: das Ziehen, Ausrichten, Spitzen, Drehen, Mit-einem-Kopf-Versehen, Verzinnen und Verpacken; den Lohnaufwand errechnete er bis auf einen millionstel Penny genau.

1991 war es auch in Deutschland so weit, daß ein einziger Arbeiter pro Stunde 30000 Nähnadeln verfertigen konnte. Je schneller er arbeitete, desto früher verlor er seinen Arbeitsplatz.

Im Heuhaufen der Konsumgesellschaft die richtige Nadel zu finden erfordert beträchtliche Vorkenntnisse. Hier folgt eine kleine Auswahl: Es gibt Steck-, Stopf-, Stick-, Häkel-, Strick-, Ansteck-, Pinnwand- und Sicherheitsnadeln. Buchbinder und Chirurgen, Polsterer, Lederarbeiter, Weber und Militärstrategen benötigen eigene Modelle, wenn sie Nägel mit Köpfen machen wollen. Nicht zu vergessen sind die speziellen Nadeln für die Nähmaschine, für Schallplatten und Grammophone. Die Massenfertigung von Nadeln ist längst in die sogenannten Billiglohnländer abgewandert. Nur in Schwabach bei Nürnberg scheint es nach wie vor einen Hersteller zu geben: die Firma *Staedler + Uhl*. Sie hat sich derart spezialisiert, daß sie auf ihrem Gebiet zu einem der heimlichen Weltmarktführer des deutschen Mittelstandes geworden ist. Wer ohne Injektions-, Breithalter-, Perforier-, Hechel-, Fibrillier- und Tätowiernadel nicht auskommen kann, möge sich getrost an diese 1783 gegründete Kommanditgesellschaft wenden.

Sehr zu empfehlen ist auch der *Zinkhütter Hof* in Stolberg. Ein dortiges Museum bietet zu einem Eintrittspreis von viereinhalb Euro nicht nur eine Nadelausstellung. Herr Sebastian Wenzler und sein Kollege Friedrich Holtz wissen viel über die Geschichte dieses nützlichen Gebrauchsgegenstandes zu berichten. Allein in Aachen, sagen sie, habe es anno 1900 noch neunundzwanzig Nadelfabriken gegeben, in denen viertausend Leute beschäftigt waren. Auch in Iserlohn blühte das Geschäft; störend für den Export machte sich allerdings der Weltkrieg bemerkbar.

Eine weitere Adresse für Nadelliebhaber gibt es im fränkischen Herzogenaurach. Zwar ist auch hier die Produktion schon lange eingestellt worden, doch Frau Heike Faber, eine gelernte Schneiderin und Schnittmeisterin, führt am Kirchenplatz 7 eine *Nähbar* mit Café, wo jeder, auch der ungeschickteste Anfänger, sich mit Handarbeiten aller Art vertraut machen kann.

XXV

War es wirklich Victor Reichsritter von Tschusi zu Schmidhoffen, der dem *k. u. k. Naturhistorischen Hofmuseum* seine Sammlung von 554 ausgestopften Vögeln und von beinahe sechstausend Bälgen hinterlassen hat? Und wie kommt es, daß Finken, Häher, Lerchen, Stare und Stieglitze so gut singen können? Dazu brauchen sie einen besonderen Stimmapparat, den Stimmkopf. Diese Syrinx wird auch als »*unterer Kehlkopf*« betrachtet. Singvögel haben dafür eine eigene Muskulatur.

Der Herr von Tschusi wollte es in dieser Beziehung genau wissen. Bei einem Tierpräparator des Wiener Museums hat er die Kunst der Taxidermie erlernt, in der er es zur Meisterschaft brachte. Anfangs begnügte er sich noch mit Dermoplastiken, aber dann ging er dazu über, Bälge von Singvögeln zu präparieren. Das entwickelte sich zu einer Leidenschaft, der er sich ohne Zögern hingab. Die Resultate dieser Obsession waren noch lange in Wien zu sehen: eine Ausstellung von winzigen Knöchelchen, die den Museumsbesucher eher erschreckte als beglückte.

Tschusi hat in seinem Leben über siebenhundert wissenschaftliche Arbeiten publiziert. Auf dem einzigen Photo, das im Internet erreichbar ist, erscheint er als ernst dreinblickender Herr mit einem auffällig schmalen, hoch aufragenden Kopf und sorgfältig gepflegter Schnurr- und Backenbarttracht. Unter Ornithologen galt er als international anerkannte Autorität.

Gewiß kann die Liebe zur Natur auch bizarre und widersprüchliche Formen annehmen. Der Reichsritter setzte sich mit derselben Beharrlichkeit für den Vogelschutz ein, mit der er seine Lieblinge ausstopfte, abzog, ausweidete, gerbte und konservierte.

Wer dem Herrn von Tschusi nacheifern möchte, sollte sich an Herrn Roman Reichert in Heusweiler-Obersalbach wenden, dessen Werkstätten zu einem zwanzigstündigen Kurs zur Vogelpräparation einladen, der für € 1.700 plus Mehrwertsteuer gebucht werden kann.

Daß Vögel immer nur singen, ist offenbar eine armselige Vorstellung. Sie können ja viel mehr, zum Beispiel lullen, girlen, zwirken oder deddern. Das geht aus Peter Kraussens *Handwörterbuch der Vogellaute* hervor, das vor kurzem unter dem Titel *Singt der Vogel, ruft er oder schlägt er?* in Berlin erschienen ist. Man erfährt aus diesem Band der Reihe »Naturkunden«, daß die Amsel der talentierteste Singvogel Mitteleuropas ist und daß sie nicht nur schnirpen und schackern kann, sondern auch ticksen und dacksen.

XXVI

Eine Wissenschaft vom Hemd gibt es offenbar noch nicht. Das bedeutet, daß ein großes Forschungsfeld, nicht nur in Deutschland, sondern auf der ganzen Welt brachliegt.

Zum Glück gibt es in München eine Expertin, die diesen Mangel wettmacht. Sie heißt Ines Schamberger und mißt jedem Kunden das ideale Hemd an. Prospektiven Interessenten versichert sie auf ihrer Website:»Vom Zuschnitt bis zum Annähen der Knöpfe werden meine Hemden für Sie in reiner Handarbeit angefertigt. In meinem Geschäft finden Sie eine große Auswahl von Stoffen in allen Farben und Mustern. Ich fertige Ihnen aber auch Hemden aus mitgebrachten Stoffen an.« Gemessen werden Kragenweite, Schulterbreite, Armlänge, Brust-, Taillen-, Hüft- und Armumfang. Auch die Länge des Hemdes steht zur Wahl.

Es kann nicht billig sein, daß bei diesem Aufwand jeder zu seinem eigenen, perfekt sitzenden Hemd kommt. Kein Wunder, daß die Preisfrage nur diskret aufgeworfen wird. Es stellt sich heraus, daß ein Maßhemd bis zu zwei- oder dreihundert Euro kosten kann. Mit den Preisen im nahe gelegenen Warenhaus kann und will Frau Schamberger, eine lebhafte blonde Dame mit blauen Augen, nicht konkurrieren. Auch strebt sie nicht danach, Sterbe-, Ketten-, Büßer-, Busch-, Polo-, Hawaii-, Chor-, Braun- oder Schwarzhemden zu schneidern.

Die seriöseste Hemdenfarbe ist und bleibt Weiß. Das Frackhemd, das strengen Regeln unterliegt, verträgt keine anderen Töne; es stellt übrigens eine der wenigen überlebenden Formen des Schlupfhemdes dar.

Dafür ist keine Art von Kragen, Knopfleiste und Manschette denkbar, die bei Frau Schamberger nicht zu finden wäre.

Kragenformen

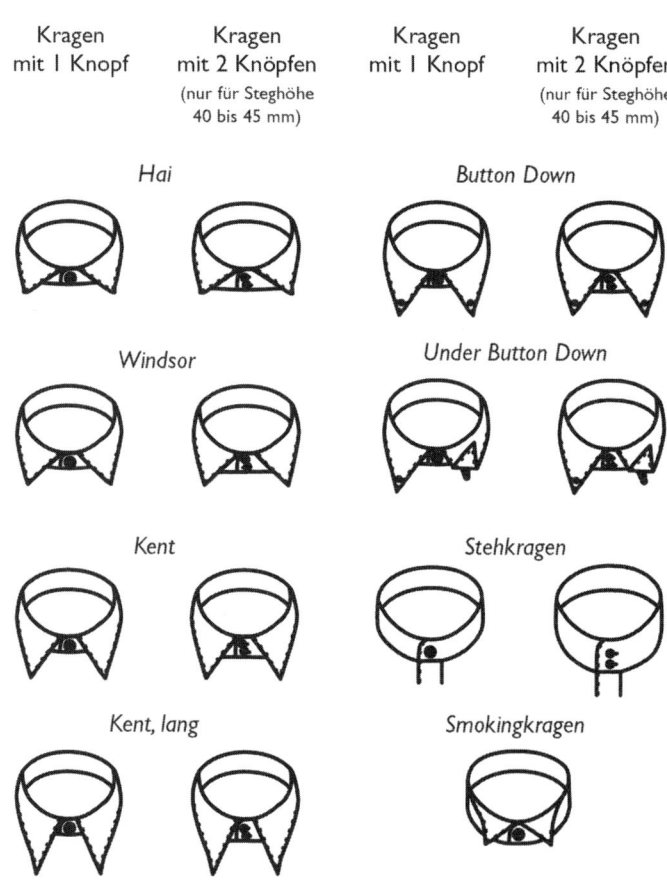

Kragen mit 1 Knopf	Kragen mit 2 Knöpfen (nur für Steghöhe 40 bis 45 mm)	Kragen mit 1 Knopf	Kragen mit 2 Knöpfen (nur für Steghöhe 40 bis 45 mm)

Hai

Button Down

Windsor

Under Button Down

Kent

Stehkragen

Kent, lang

Smokingkragen

Auch bei der Wahl der Knöpfe, Schöße und Brusttaschen tut der Klientel förmlich die Wahl weh.

Den Dialog mit der Schneiderin muß man sich um so ausführlicher vorstellen, je präziser der Besteller seine Wünsche äußert. Jeder wird zwischen Leinen, Seide und Baumwolle unterscheiden können, aber wie sieht es mit Batist und Popeline, Oxford und Seersucker aus? Die Wahl zwischen Jina, ägyptischer Giza und Vollzwirn kann nur der Kenner treffen. Twill und Twist, Piqué und Pinpoint zu unterscheiden setzt Kenntnisse in der Weberei voraus. Schließlich bleibt noch die Kragenfrage zu erörtern. Haifisch, Windsor, Kent, Winchester oder Button-Down? Abzuraten ist vom Steh- und vom Spitzkragen, die ebenso gründlich veraltet sind wie der Ärmelschoner. Kragenstäbchen gibt es aus Horn, Messing, Silber, Kunststoff und Perlmutt. Brusttaschen? Eine oder zwei? Offen oder mit Patten verschließbar? Geknöpft? Die Leiste glatt oder verdeckt? Schulterklappen? Sattel ein- oder zweiteilig ausgeführt? Mittel- oder zwei Seitenfalten? Und damit ist man noch weit entfernt vom Studium der Manschette, einer Wissenschaft, die hier nicht erschöpfend behandelt werden kann.

Hemden müssen immerzu gewechselt und gewaschen werden. Das ist, verglichen mit dem Bügeln, keine Kunst. Es ist unklar, woher das Wort *bügeln* kommt; die Etymologen vermuten eine Rückbildung aus dem Substantiv *Bügeleisen*, weil dieser Gegenstand einen Bügel hat, sind sich aber nicht ganz sicher. Bei den Norddeutschen wird dieser Vorgang auch Plätten genannt. Er erfordert ein Brett, erhöhte Temperatur und den Zugang zu Wasser. Ohne Geschick, Geduld und Vorsicht mißlingt das Bügeln. Ein leichtes Zischen verrät, daß dabei Dampf entsteht.

Die Geschichte des Hemdes ist nur lückenhaft erforscht. Das Wort scheint etwas Verhüllendes zu bedeuten. Fest steht nur, daß jedes Hemd eine Öffnung für den Hals und zwei für die Arme bereithalten muß. Offenbar hat das Ur-Hemd einmal den ganzen Körper bedeckt. Es wurde ohne Rock und Hose getragen. Wer das Nachthemd kennt, weiß, was das bedeutet. Beide Geschlechter nutzten früher dieses Gewand, das lange Ärmel hatte und bis zu den Knöcheln reichte. Eine Schwundform des Nachthemds ist das Négligé, das manche Damen bis heute auch tagsüber bevorzugen.

Das Herrenhemd, wie Ines Schamberger es zu einer späten Blüte bringt, ist erst im 16. Jahrhundert aufgekommen, und zwar in Westeuropa; dieser Erdteil hat nicht nur Verhängnisse über die Welt gebracht, sondern auch so willkommene Gaben wie den Badeanzug, die Brezel und das Hemd.

Solche Beispiele sprechen für die Hypothese, daß ein Gegenstand um so vielfältigere Formen annehmen kann, je gewöhnlicher er ist und je häufiger er vorkommt.

XXVII

Das Wort *Hobel* ist verwandt mit *Hügel* und *Höcker*. Ein »gebogenes, gekrümmtes Werkzeug« wird so genannt, freilich nur bei uns und in Skandinavien. Schon auf englisch heißt dieser Gegenstand *plane*, und dann geht es erst richtig durcheinander mit dem Hobel. Überall trägt er einen anderen Namen: lateinisch *runcina*, italienisch *pialla*, französisch *rabot* und spanisch *cepillo*. Nur die Schweden, Dänen und Norweger ziehen mit *hyvel*, *høvl* und *høvel* die germanische Wurzel vor.

Niemand weiß, wer den Hobel erfunden hat. Er ist über dreitausend Jahre alt. Fest steht, daß er ein Werkzeug zur spanenden Bearbeitung von Holz ist und daß er mit seinem Eisen oder seinem Messer Späne abtragen kann.

Aber wer weiß schon, was ein Hobelkörper, eine Hobelsohle, ein Hobelmaul, eine Hobelnase ist? Und wie sieht es mit dem Spandurchgang aus, mit der Spannvorrichtung, dem Schnittwinkel und dem Schlagknopf? Jedenfalls sitzt das Hobeleisen auf dem Frosch, der beim Blockhobel fehlt.

Nur ein tüchtiger Schreiner und ein versierter Zimmermann könnte durch das ganze Hobel-Arsenal führen, ohne sich zu verlaufen; er wüßte den Unterschied zwischen Schrupp- und Schlicht-, Doppel- und Putz-, Schiff- und Schweif-, Sims-, Falz-, Grat-, Vergatt- und Zahnhobel zu erläutern und würde auch die Raubank nicht vergessen.

Nicht als ginge es beim Hobeln nur um Holz und um Metall! Für den Rasierhobel ist der Schreiner nicht zuständig. *Mr. King Camp Gillette*, ein amerikanischer Handlungsreisender, erdachte 1901 ein dünnes Blättchen aus gehärtetem Stahl, die wiederverwendbare Rasierklinge, die mit eigenartig geformten Löchern genau in das Gerät paßte, das Mr. Gillette patentieren ließ. Dieser Apparat ist heute immer noch, selbst in entlegenen Regionen, anzutreffen und bei Naßrasierern auch hierzulande durchaus in Gebrauch.

Dagegen erfreut sich der Gemüsehobel geradezu einer Beliebtheit, die ungebrochen ist. Im besten Fall besitzt er auswechselbare Klingensätze für verschiedene Schnittstärken. Der V-Hobel, 1966 von Herrn Alfred Börner zum Patent angemeldet, ist in der Lage, das Schnittgut von beiden Seiten gleichzeitig anzuschneiden. Besonders hochwertige Hobel werden in der französischen Küche auch als *Mandoline* bezeichnet.

Einen Hobel benötigen nicht nur Schreiner oder Köche. Auch der Bergbau nutzt ihn. Beim Abbau von Flözen hat der Kohlenhobel Triumphe gefeiert, eine Maschine, die dazu dient, nicht Gurken, sondern Stein- oder Braunkohle zu schälen. Auch auf diesem Feld blühen viele Gattungen, Arten und Unterarten: der Anbau-, der Reißhaken-, der Rampen- und der Gleitschwerthobel, um nur einige Sorten zu nennen.

Eine besondere Bewandtnis hat es mit dem Käsehobel auf sich, der in den skandinavischen Ländern weit verbreitet ist. Man hat es mit dem seltenen Fall zu tun, daß der Urheber eines Hobels namentlich bekannt ist. Der norwegische Zimmermann Thor Bjørklund aus Lillehammer ist unstreitig sein Erfinder. Das beweist ein Patent aus dem Jahre 1925.

Solche Hobel bestehen in der Regel aus einem mehr oder weniger dekorativ geformten Stahlstück mit einem stufenlos verstellbaren Messer. Die skandinavischen Käsehobel haben statt einer Stellschraube eine geschliffene Öffnung, die sich leicht biegen läßt, um die Dicke des Schnittgutes geringfügig zu variieren.

Auch hier gilt natürlich die ciceronische Maxime *Variatio delectat.* Handgriff aus Edelholz? Stellschraube zur Regulierung der Scheibendicke? Spezielle Parmesan- und Trüffelhobel, die einen hauchdünnen Schnitt ermöglichen?

Der Käse, vorzugsweise der Parmesan, kann statt gerieben

auch in hauchdünne Scheiben geschnitten und über die Hauptspeise gegeben werden. Dieses Verfahren ist bei der weißen oder schwarzen Trüffel zu empfehlen.

Auch der Unkundige wird den Eindruck gewinnen, daß die Arbeitsteilung für alle denkbaren Bedürfnisse beim Hobeln gesorgt hat.

XXVIII

Es gibt nur wenige Porträts von Henry Mayhew, die auf Grund von Daguerreotypien als Stahlstiche überliefert sind. Die Bilder zeigen einen beleibten Herrn im bequemen Gehrock mit Weste und Plastron-Krawatte, dem die meisten Haare ausgefallen sind.

Er war der Sohn eines prominenten Londoner Anwalts. Mit dem Patriarchen, der ihn zum Juristen machen wollte, gab es die gewöhnlichen ödipalen Konflikte. Als Henry rebellierte, wurde er enterbt. Nach dem Tod des Vaters blieb ihm als Apanage nur ein Pfund pro Woche übrig. Er schlug sich als Journalist durch und war Mitbegründer einer Zeitschrift namens *Punch*, die hundertfünfzig Jahre lang zur englischen Folklore gehörte; leider mußten ihre Gründer sie schon nach zwei Jahren verkaufen, weil ihnen das Geld ausging.

Aber warum ist dieser viktorianische Gentleman für uns von Interesse? Das liegt an seinem Hauptwerk: *London Labour and the London Poor: A Cyclopaedia of the Condition and Earnings of Those that Will Work, Those that Cannot Work, and Those that Will not Work*, das 1851-1861 in vier Bänden erschienen ist. Diese Reportagen wurden zuerst als kleine, billige Hefte gedruckt, die es auf den Straßen von London für ein oder zwei Pennies zu kaufen gab.

Erst die gebundene Ausgabe wurde zu einem Klassiker der reflexiven Ethnologie, die, statt sich auf die Reise zu den angeblichen Naturvölkern zu begeben, die eigene Gesellschaft untersucht, und zwar gerade dort, wo sie dem Bürger am unbekanntesten ist, weil dieser, wie es in der »Moritat von Mackie Messer« heißt, die im Dunkeln nicht sieht. Mayhew hat als erster diesen schwarzen Kontinent inmitten der Metropole erforscht und beschrieben. Dabei war es sicherlich von Vorteil, daß er selber mehr als einen Bankrott überstanden hatte.

W. H. Auden porträtierte ihn als einen »äußerst neugierigen älteren Herrn«; er ging so weit, Mayhew zu den zehn größten Engländern der viktorianischen Epoche zu zählen. Auch Thackeray hat ihn bewundert. Was mag ihn zu seinen Forschungen bewogen haben? Er verstand sich weder als Missionar noch als Sozialarbeiter. »Als ich zuerst unter euch ging«, erklärte er, »war es nicht ganz leicht für mich, euch meine Absicht verständlich zu machen. Ihr glaubtet erst, ich sei ein Spitzel der Regierung oder der Polizei. Aber so einer bin ich nicht. Auch kein Pfarrer, kein Abstinenzler; ich bin bloß ein Schriftsteller, der wünscht, daß die Reichen mehr über die Armen erfahren.«

Auf diese Weise hat dieser Einzelgänger eine neue Völkerkunde begründet. Außerdem erfand er eine Methode, die sich inzwischen zu einem eigenen Genre der anthropologischen Forschung entwickelt hat: die *Oral History*.

Einerseits schleppt sein Werk eine Menge von statistischen und ökonomischen Daten mit sich; andererseits bringt er die Leute, über die er schreibt, selber zum Reden. Sie gehören jener Klasse an, die Karl Marx als Lumpenproletariat bezeichnet hat.

»Die Armen werden wir allezeit unter uns haben.« Zu diesem Schluß kommt Mayhew am Ende seiner Forschung. Viele davon sind Nomaden, Obdachlose und »fahrendes Volk«. Mayhew unterscheidet in dieser Schicht Dutzende von Clans und Stämmen, und die mannigfachen Berufe, mit denen damals mehr als eineinhalb Millionen Londoner mehr schlecht als recht überlebten.

Auf den Straßenmärkten wurde alles mögliche verhökert: Obst und Gemüse, Fisch und Tee, Schnürsenkel und Schirme, aber auch Flugschriften, Moritaten und allerhand Gifte für den Hausgebrauch. Es gab Trödler, Hausierer, Wanderarbeiter, Bettler, Landstreicher, Rattenfänger, Kloakenreiniger, Scherenschleifer, Strandläufer, Glaser, Akrobaten, Kaminkehrer, Lumpen-

und Knochensammler, Hundediebe, Musikanten, Taschenspieler, Huren, Strichjungen, Müllsammler, Schwindler, Straßenkehrer und Taschendiebe. Auch den Puppenspielern mit ihren blutrünstigen und anarchischen Darbietungen hat Mayhew eine Passage gewidmet.

Als Schlußwort mag eine Äußerung dienen, die verbürgt ist, obwohl sie nicht in seinem Buch steht. »Setze die ehrbaren Leute auf ein Floß aus, wo es nichts zu essen und zu trinken gibt, und laß sie aufs offene Meer hinaustreiben; sie würden bald auslosen, wer als erster aufgegessen wird. Die Moral am *Belgrave Square* bei fünftausend Pfund Rente ist eine Sache, aber mit der Moral der Leute, die im Arbeitshaus von *Bethnal Green* die Latrinen ausputzen, sieht es ganz anders aus.«

Der einzige Schriftsteller, der etwas mit Mayhews Pionierarbeit Vergleichbares zustande gebracht hat, ist Eric Blair, der sich George Orwell nannte, mit seinem unwillkommenen Bericht *Down and Out in Paris and London*. Achtzig Jahre später erlebte dieses Buch eine Neuauflage unter dem Titel *London Labour and the London Poor*, der natürlich eine höfliche Verbeugung vor Henry Mayhew ist.

XXIX

Wer sich für astronomische Uhren interessiert, hat in Europa eine lange Reise vor sich. Er kann in Prag und in Straßburg ebenso fündig werden wie in Bern oder Ulm.

Nur von der Stadt Münster in Westfalen war bis zum Mai 2018 abzuraten. Denn bis dahin verbarg sich die berühmte Uhr im Chorgang des Sankt-Paulus-Doms hinter einem Bretterverschlag. Sie war eingerüstet, weil das Domkapitel beschlossen hatte, sie von Grund auf zu restaurieren. Zu diesem Zweck mußten Spezialisten gefunden und beauftragt werden: Kunsthistoriker, Maler und vor allem erfahrene Uhrmacher.

Es ist schon ein Kreuz mit diesen wunderbaren Kunstwerken. Immer wieder werden sie durch Kriege beschädigt, von geizigen Ratsherren vernachlässigt, durch Kalenderreformen irritiert, umgebaut, zerstört, erneuert und rekonstruiert. Manchmal bleiben sie einfach stehen.

Die erste astronomische Uhr soll ein Italiener namens Giovanni de Dondi ab 1348 in Padua gebaut haben. Mit diesem Vorhaben brachte er sechzehn Jahre zu. Dondi konstruierte ein mehrfaches Gangwerk, baute die erste Spindelhemmung, nutzte elliptische Zahnräder und entwarf sieben Zifferblätter, die den Lauf der Planeten und den Tierkreis anzeigten. Das achte Blatt war unscheinbar und wies weiter nichts als die Stunde, den Tag und das Jahr.

Diese Uhr ist verlorengegangen; nur eine Skizze des Astrariums hat sich erhalten. Den meisten astronomischen Uhren war ein ähnliches Los beschieden. Das Wunderwerk, das sich heute im münsterischen Dom verbirgt, hatte einen Vorläufer. Eine erste Uhr soll dort ein Mönch bereits 1408 erbaut haben; von ihr gibt es keine Überreste. Sie fiel dem Bildersturm der Wiedertäufer zum Opfer; sie wurde »gantz totschlagen und in grundt vordorven«. Daraufhin wurde die heutige Uhr 1540-1542 neu erbaut. Man weiß sogar, von wem: Es waren der Buchdrucker und Mathematiker Dietrich Tzwyvel, der Domprediger Johann von Aachen und der Schlosser und Kunstschmied Nikolaus Windemaker, ohne den die Gelehrten nichts zustande gebracht hätten.

Eigentlich muß an einer solchen Uhr jede Generation weiterarbeiten. 1582 geschah dies wegen der Einführung des Gregorianischen Kalenders und im frühen 17. Jahrhundert wegen neuer Weltkarten. 1660 wurde die *Rete* ersetzt. Das ist eine drehbare, netzartig durchbrochene Scheibe im Astrolabium, deren Spitzen die Position besonders heller Sterne anzeigen. Später verlangte die Mode ein barockes Dekor. Das alte Uhrwerk begann zu lahmen und mußte erneuert werden. Ein vier Meter langes Pendel wurde eingebaut.

1927 sollte der Uhr das letzte Stündlein schlagen; man wollte sie ganz entfernen, doch ihre Rettung nahte in Gestalt des Diözesankonservators Theodor Wieschebrink und eines Journalisten namens Peter Werland. Die Herren Schulz und Hüttenhain vom Astronomischen Seminar der Universität sorgten für die Berechnungen. Der Uhrmeister Heinrich Eggeringhaus von der Turmuhrenfabrik *Korfhage* erneuerte die Uhr und stellte bis 1932 ein neues Werk fertig. Im Zweiten Weltkrieg wurde es ausgelagert; das Gehäuse erlitt nur geringe Schäden, und nachdem es geflickt war, wurde die ganze Uhr am vierten Advent 1951 wieder in Gang gesetzt.

Sie ist 7,80 Meter hoch, und allein das Zifferblatt hat einen Durchmesser von drei Metern. Wer wissen möchte, was eine *Mater*, eine *Kalenderscheibe* und ein *Intervallum* ist, muß sich an die Expertise des Herrn Wieschebrink und an sein illustriertes Werk über die Uhr in Münster halten. Es ist 1968 in erster, 1998 in zweiter, verbesserter Auflage erschienen und immer noch zu haben. Den heutigen Besucher mochte es über das zeitweilige Verschwinden des unschätzbaren Monuments hinwegtrösten.

XXX

Nach einer Statistik, auf die wie auf alle ihresgleichen nicht unbedingt Verlaß ist, gibt es auf der ganzen Welt nur noch dreißigtausend Falkner, die in siebzig Verbänden, Orden und Vereinen organisiert sind. Zweitausend davon sollen in Deutschland der Beizjagd huldigen. Die Wahrscheinlichkeit, einem von ihnen zu begegnen, liegt bei ungefähr 1 : 40 000. Sie ist also sehr gering.

Aber in jedem deutschen Telephonbuch finden sich reihenweise Einträge unter den Namen Falk, Falke und Falkner. Wo sind die vielen Anhänger dieser Jagd nur geblieben?

Einer von ihnen ist Herr Wolfgang Weller in der Nähe von Gschwend im Schwäbischen Wald. Er ist sechzig Jahre alt und von Beruf Betriebsratsvorsitzender in einer Metallfabrik. Vier bis fünf Stunden täglich und sein ganzes Wochenende widmet er der Falknerei. In seinem Garten leben Uhus, Bussarde, Milane und Falken. Er füttert sie mit Mäusen, Tauben, Ratten, Hühnern und Hasen.

Nur einem glücklichen Zufall ist es zu verdanken, daß der Berichterstatter die Ehre hatte, einem anderen Freund dieser Kunst zu begegnen: dem Professor Herbert Gericke. Ein ungetrübtes Vergnügen war das freilich nicht. Herr Gericke war nämlich von 1928 bis 1938 Direktor der *Villa Massimo*, vermutlich, weil er eine Enkelin des Stifters und Gründers dieses Hauses geheiratet hatte. Der jüdische Unternehmer Eduard Arnold war der Stifter und Mäzen dieser Institution. Er fand es beschämend, daß Frankreich seinen Künstlern mit dem *Prix de Rome* einen langen Aufenthalt in der *Villa Medici* zu bieten hatte, während die Deutschen leer ausgingen.

Die Villa Massimo, in einem großen Park an der Piazza Bologna gelegen, ist ein heißbegehrtes Anwesen, das bis heute deutschen Künstlern als römischer Aufenthaltsort dient. Sie wurde schon einmal von der italienischen Regierung konfisziert, als das Land im Ersten Weltkrieg die Seite wechselte. Die einst Verbündeten, vor allem Österreich-Ungarn, anfangs auch das Deutsche Reich, lieferten sich insgesamt zwölf Isonzo- und drei Piave-Schlachten, mit riesigen Verlusten auf italienischer Seite, was die alte Freundschaft der beiden Völker dauerhaft vergiftete.

Nach dem Bündnis, das Hitler mit Mussolini schloß, wurde Herr Gericke 1938 abgesetzt. Er konnte sein Amt als Direktor der Villa Massimo erst 1956 wieder ausüben; denn die italienische Regierung wollte das Haus nach dem Zweiten Weltkrieg nicht herausrücken. Außerdem gab es Krach wegen der Ateliers mit italienischen Künstlern aus der Resistenza und mit der römischen Kunstszene.

Endlich gelang es durch Konrad Adenauers diplomatische Winkelzüge, die Ansprüche der Bundesrepublik durchzusetzen. Haus und Park wurden dem *Ministero dell'Interno* unterstellt. Die Italiener gingen, die Ranküne blieb. Die Villa Massimo wurde lange Zeit zu einem rein deutschen Ort. Verwaltet wird sie vom bundesdeutschen Kulturministerium, das aber nicht so heißen darf, weil es sonst verfassungsrechtliche Probleme gäbe.

Der arme Herr Gericke, ein Mann von altmodischem, um nicht zu sagen wilhelminischem Zuschnitt, war deutlich überfordert und konnte mit seinen Stipendiaten nicht viel anfangen. Er führte ein strenges, etwas langweiliges Regiment. Das glich er mit seiner Leidenschaft für die Falknerei aus.

Jedem, der es hören wollte, erklärte er bereitwillig, daß die Beizjagd (die auf das mittelhochdeutsche *beizen*, ›beißen machen‹, zurückgeht) vor über dreitausend Jahren in Zentralasien entstanden ist und von Kleinasien bis nach China für die Herrscher ein unentbehrliches und prestigeträchtiges Vergnügen war.

Heute noch pflegen in Saudi-Arabien, in der Mongolei und in Kasachstan Prinzen und andere Machthaber diese Liebhaberei.

Zwar ließ in Europa die Beliebtheit der Beizjagd seit der karolingischen Zeit nach, sie erlebte jedoch im Hochmittelalter eine neue Blütezeit. Friedrich II., der sich in Sizilien Zugang zu den Fachkenntnissen der Araber verschaffte, verfaßte damals ein Buch *Über die Kunst des Beizens.* Für Herrn Gericke war das eine Bibel, die er seinen Besuchern gern zeigte. Der alte Herr klagte darüber, daß die Falknerei im 19. Jahrhundert zurückgegangen war, weil die industrielle Landwirtschaft ihr nicht wohlgesinnt war. Die Jäger verließen sich statt auf den Greifvogel eher auf ihre Flinte, und die Beiz wurde von Natur- und Tierschützern verunglimpft, die immer streitbarer vorgingen.

Was ist eine *Anwache?* Wie sieht eine *Falkenhaube* aus, ein *Federspiel*, ein *Balg?* Welche Vögel kann man aushorsten? Mit rührender Geduld gab der sonst so unzugängliche Direktor Auskunft. Ein Uhu kann, wenn ein Falkner gut für ihn sorgt, sechzig, ein Steinadler sogar achtzig Jahre alt werden. Eignet sich der *Ger-*, der *Saker-*, der *Wander-* oder der *Lanner*falke am besten dafür, Fasane, Moorschneehühner oder Enten zu jagen? Oder ist für die Beiz auf Feldhasen, Kaninchen, Elstern und Tauben eher ein Habicht oder ein Sperber geeignet? Allerdings nicht in Deutschland; dort ist nämlich die Jagd mit dem Sperber verboten.

Die UNESCO hat sich nicht entblödet, die Beizjagd in ihre endlose und völlig überflüssige Liste des »immateriellen Kulturerbes der Menschheit« aufzunehmen, zusammen mit der Echternacher Springprozession, dem argentinischen Tango, der belgischen Bierbrauerei, der mediterranen Küche, der Weberei des Strohhuts in Ecuador und den Hochzeitsriten in Tlemcen. Viele Kommissionen sind notwendig, um eine solche Liste aufzustellen, und der finanzielle Aufwand geht in die Millionen. Natürlich bleibt für die dort nominierten Kulturgüter kein Cent übrig. Was Herbert Gericke zu diesem prätentiösen Unfug gesagt hätte, müssen die Falkner unter sich ausmachen.

XXXI

Es gibt Leute, die sich ein Leben lang mit Primzahlen beschäftigen; die berühmtesten unter ihnen sind Euklid, der zeigte, daß es davon unendlich viele gibt, und Eratosthenes, der eine Methode angegeben hat, wie man sie aus den anderen natürlichen Zahlen aussieben kann. Das ist allerdings auf die Dauer mühsam, weil sie im Zahlenreich immer länger und immer seltener werden. Andere Zahlentheoretiker, ohne die kein Zahlentheoretiker auskommt, waren Fermat, Bernoulli, Gauß, Euler und Riemann.

Der Abbé Marin Mersenne hat sich im 17. Jahrhundert mit einer starken Vermutung hervorgetan. Er kam auf die Idee, daß es Primzahlen gibt, die der Formel $2^n - 1$ genügen, sofern n selbst eine Primzahl ist. Solche Zahlen tragen heute noch seinen Namen, obwohl Mersenne sich ab und zu verrechnet hat. Aber wie viele Mersenne-Zahlen wird es wohl geben? Sind es unendlich viele? Das weiß bis heute kein Mensch.

Aber mit Hilfe des Computers wurden immer neue Mersenne-Zahlen entdeckt. Der neueste Rekord wurde 2017 vom Projekt GIMPS vermeldet, zu dem sich weltweit Tausende von Rechnern zusammengeschlossen haben. Was soll denn das heißen: GIMPS? Das ist doch klar: *Great Internet Mersenne Prime Search*, eine Suche, die seit über zwanzig Jahren läuft. Nun weiß man endlich, was die bisher größte Mersenne-Zahl ist. Jonathan Pace hat sie 2017 entdeckt und damit Mr. Curtis Cooper von der *University of Central Missouri* übertroffen. Sie hat mehr als 28 Millionen Stellen, die, wenn man sie ausdrucken wollte, sechs Dünndruckbibeln ausfüllen würden. Man kann sie natürlich auch $2^{77\,232\,971} - 1$ schreiben. Das ist bequemer. Nur 50 solcher Zahlen sind bisher bekannt; drei davon hat der unermüdliche Mr. Cooper gefunden, ein überraschend jugendlich wirkender Herr im Polohemd, der keinen verbissenen, sondern einen glücklichen Eindruck macht, obschon jemand auf der Liste dieser Zahlen ein Fragezeichen hinter die letzten Einträge gesetzt hat.

Mit Rätseln dieser Art schlagen Mathematiker sich gern herum, und je hartnäckiger sie von solchen Mutmaßungen geplagt werden, desto höher ist ihr Ansehen. Ein gewisser Christian Goldbach, Pfarrerssohn aus Königsberg und Professor in Sankt Petersburg, nervt seit 1742 die Zahlentheoretiker mit der Behauptung, jede gerade natürliche Zahl, die größer als 5 ist, lasse sich als Summe von zwei und jede ungerade als die Summe von drei Primzahlen darstellen.

Die Sätze, die er aufstellte, legte er Leonhard Euler vor. Bis heute ist es niemandem gelungen, sie zu beweisen oder zu widerlegen.

Nun kann sich eine derartige Frage nur stellen, wer bereit ist, jahrelang herumzurechnen. Ein gewisser Derrick Norman Lehmer hat 1909 die Goldbachsche Vermutung für bis zu zwanzig Millionen Primzahlen auf dem Papier ausprobiert und jedesmal mit Erfolg. Aber damit geben sich Zahlentheoretiker natürlich nicht zufrieden.

Sie wollen unbedingt wissen, ob eine andere Vermutung zutrifft, auf die Bernhard Riemann gekommen ist. Sie besagt, daß alle nichttrivialen Nullstellen der Zeta-Funktion den Realteil ½ aufweisen. Was unter einer Zetafunktion zu verstehen ist, das zu erklären unterlassen wir lieber. Selbst die Experten konnten sich nicht einigen, als Riemanns Vermutung für die ersten siebzig Millionen bewiesen war.

Viele Mathematiker haben sich davon nicht abschrecken lassen. Gelehrte wie Richard Peirce Brent, J. van der Lune und Hermanus Johannes Joseph te Riele haben sich in Amsterdam und Canberra dieser brotlosen Kunst gewidmet.

XXXII

Das Wort Nase hat im Französischen eine Bedeutung, die im Deutschen fehlt, besonders im Plural, der *les nez* lautet. Damit ist ein ganzer Berufsstand gemeint. Alle, die einen Duft»komponieren«, sind also Nasen. Übersetzbar ist das nicht; wir müssen uns für dieses Metier mit dem Fremdwort *Osmologe* zufriedengeben, mit dem auch die Geruchsforscher gemeint sind, das sich aber völlig geruch- und geschmacklos anhört.

Nun kann man nicht bestreiten, daß auch jeder Weinkenner eine Nase hat. Aber das qualifiziert ihn keineswegs zum *parfumeur-créateur*.

Das älteste Parfum ist vermutlich der Weihrauch, eine Mixtur auf Harzbasis, die aus Arabien, aus Somalia, Äthiopien und dem Sudan stammt. Sie war schon bei den frühen ägyptischen Kulturen und im Orient zu kultischen Zwecken unentbehrlich. Als wichtiges Exportgut hat der Weihrauch ganze Handelswege reich gemacht. Es diente den römischen Patriziern auch dazu, *Miasmen*, also unliebsame und ungesunde Gerüche, zu vertreiben. Von da aus eroberte diese kostbare Substanz auch die Medizin. Die Apotheker nahmen sie in ihre Rezepturen auf. An einer der ersten medizinischen Fakultäten in Europa, der Universität von Montpellier, gehörte das Parfum zum Lehrstoff.

Wenig begeistert war ursprünglich die christliche Kirche von diesem Räucherwerk. Es dauerte lange, bis es Eingang in die Liturgie fand. Der Klerus sträubte sich gegen den Zauber, den der verführerische Duft auf die Frauen ausübte. In der Theologie galt die *vanitas* zwar nicht als Tod-, aber immerhin als Hauptsünde. Deshalb war nicht nur die Schminke, sondern auch das Parfum verpönt.

Das war natürlich ein Kampf, bei dem, ganz besonders im

Italien der Renaissance, an einen Sieg nicht zu denken war. Das *Kölnisch Wasser*, von einem Italiener namens Farina erfunden, erwies sich in Europa als so erfolgreich, daß es bis auf den heutigen Tag Abnehmer findet.

Sonderbarerweise war es die Zunft der Handschuhmacher, für die mit allerhand Düften ein neuer Geschäftszweig aufblühte. Parfumeur-Dynastien wie *Houbigant* und *Guerlain* verfolgen ihre Anfänge bis auf die Mode zurück, die Handschuhe der Damen zu parfümieren. Ihre Gilde war so angesehen und so erfolg- und einflußreich, daß die Franzosen in dieser Branche einen weltweiten, lange anhaltenden Siegeszug antraten.

Die provenzalische Stadt Grasse wurde zu einem Wallfahrtsort der »Nasen«, und Paris fing an, den Weltmarkt für Wohlgerüche zu beherrschen. Jean-François Houbigant eröffnete seinen Laden 1775 in der Rue du Faubourg-Saint-Honoré. Balzac hat in seinem Roman *Histoire de la Grandeur et de la Décadence de César Birotteau* eine solche »Nase« zum Helden gewählt. Wie in der Haute Couture begannen die Parfumeurs, in die Bourgeoisie aufzusteigen und sich als immer reichere »Schöpfer« aufzuspielen.

Zu Anfang des 20. Jahrhunderts schien das Prestige der Franzosen noch unangefochten. Ernest Beaux erfand die *N° 5* von Coco Chanel, Jean-Paul Guerlain feierte mit *Habit Rouge* und *Chamade*, Edmond Roudnitska mit dem *Eau Sauvage*, mit *Femme* und *Diorissimo* Triumphe.

Aber dann war Schluß. Heute ist das französische Monopol zur bloßen Fassade geworden. Das hatte zwei Gründe, für die keine sterbliche Nase verantwortlich ist, sondern zum einen die organische Chemie und zum andern die Konzentration des Kapitals.

Die Chemiker machten Fortschritte, klärten die molekulare Struktur der Geruchsstoffe auf und fingen bereits in den 1870er Jahren an, sie zu synthetisieren. Bald hatten Kräutersammler und Plantagenbesitzer das Nachsehen. Zweitens wurden immer mehr unabhängige, handwerklich orientierte Parfumeurs von großen, internationalen Luxus-, Waschmittel- und Chemiekonzernen übernommen. Nur ihre Namen werden noch in jedem Kaufhaus und an jedem Flughafen zur Schau gestellt. Orte wie die Flughäfen *Heathrow* und *Atlanta International* haben sich ohnehin in Reklameflächen und in Einkaufsmeilen mit ein paar angeschlossenen Schaltern und Gattern verwandelt. Eine Liste von über tausend Parfumnamen ist im Internet abrufbar. Es gibt eigene Agenturen, die ihr Geld damit verdienen, einen Namen ausfindig zu machen, der noch nicht kommerziell genutzt wird. In Paris residiert eine Behörde namens INPI, das *Institut national de la propriété industrielle*, bei dem bereits 89 000 Parfummarken registriert sind. Poesie und Inspiration, wie sie einst Coco Chanel an den Tag legte, können den multinationalen Konzernen mit ihrer Phalanx von Rechtsanwälten nicht mehr die Stirn bieten.

Nur in der Literatur überleben die Nuancen des Geruchssinns noch. In Deutschland hat dafür Patrick Süskind mit seinem Roman *Das Parfum* gesorgt; in Frankreich war es Alain Corbin, der 1984 eine Geschichte des Geruchs vorlegte, deren Übersetzung unter dem Titel *Pesthauch und Blütenduft* zu haben ist. Wem das nicht genügt, der muß sich an das Standardwerk von Élisabeth de Feydeau halten. *Les Parfums*, zwölfhundert Seiten stark, erzählt nicht nur die Geschichte der Düfte; es enthält auch eine Anthologie und ein Wörterbuch der Fachausdrücke, die jeder kennen muß, der sich mit den großen Nasen unterhalten möchte.

Absolu de Rochas, 2002.

Absolutely Irrésistible de Givenchy, 2008. Notes : fleur d'oranger, cèdre, baies rouges, héliotrope et jasmin2.

A*Men de Thierry Mugler, créé par Jacques Huclier, 1996. Le flacon est dessiné par Thierry Mugler. Notes : grain de café, cèdre et musc.

A*Men Pure Coffee de Thierry Mugler, 1998.

A*Men Pure Arabica de Thierry Mugler, 2008.

Acqua Allegoria de Guerlain.

Acqua Allegoria Pamplelune de Guerlain, créé par Mathilde Laurent, 1998.

Aqua Allegoria Herbafresca de Guerlain, créé par Mathilde Laurent, 1999.

Acqua Di Giò de Giorgio Armani, créé par Alberto Morillas et Jacques Cavallier, 1996.

Acqua Di Gioia de Giorgio Armani, 2011. Notes : cèdre, citron, menthe, sucre roux, labdanum et jasmin.

Acqua di Gioia Essenza de Giorgio Armani.

Adastra de Caron, 1939.

Agua Brava de Puig, 1968. Eau de cologne pour hommes.

Agua Lavanda de Puig, créé par Jean Carles, 1940.

Alchimie de Rochas, 1998.

Alien de Thierry Mugler, créé par Dominique Ropion et Laurent Bruyère, 2005. Notes : ambre.

Alien Eau Luminescente de Thierry Mugler, créé par Dominique Ropion. Notes : mandarine, fleur de tiaré, ambre.

Alien Sunessence de Thierry Mugler, 2011. Note : kiwi15.

Alix de Grès, 1982.

Alliage d'Estée Lauder, 1972.

Allure de Chanel, créé par Jacques Polge, 1996.

Allure Sensuelle de Chanel, créé par Jacques Polge, 2005. Flacon rouge métallisé. Notes : encens, vanille bourbon et patchouli ambré.

Allure Homme de Chanel, créé par Jacques Polge, 1999. Un boisé ambré, notes : ambre, bois, épices, agrumes.

Dies ist nur die erste Seite eines Registers der geschützten Namen.

XXXIII

»Ein reiches Begräbnis ist nur die eitle Prahlerei der Überlebenden.« Niemand hat auf Euripides gehört, der diese Mahnung am Ende seiner *Troerinnen* ausspricht. Ganz im Gegenteil! Die Menschen haben keine Mühe gescheut, um ihre Toten zu verewigen, ganz gleich, ob sie dem jüdischen, germanischen, muslimischen, hinduistischen oder irgendeinem anderen Glauben anhingen.

Schon die alten Ägypter beherrschten die Kunst, die Toten als Mumien zu konservieren und ihre Gräber mit kostspieligen Gaben zu schmücken. Bis heute ist die Bestattungsindustrie, besonders in den USA, eine blühende und profitable Branche. Das *funeral parlour* ist, wenn man es beim Wort nimmt, eigentlich ein Salon, den Jessica Mitford in ihrem Buch *The American Way of Death* weitläufig und mit makabrem Witz beschrieben hat.

Sprichwörtlich wurde im Altertum ein gewisser Maussolos aus Halikarnassos, der das Amt des Statthalters von Karien versah. Er ließ als Grabstätte ein Gebäude errichten, das so prächtig war, daß es in der Antike als eines der sieben Weltwunder galt. Sein *Mausoleum* existiert nicht mehr. Es wurde im 12. Jahrhundert durch ein Erdbeben beschädigt und 1523 abgebrochen.

Das hinderte seine Nachfolger nicht an Versuchen, es Maussolos gleichzutun. Viele sehnten sich sogar danach, ihn zu übertreffen. In Moskau ist das riesige Lenin-Mausoleum am Roten Platz bis heute ein beliebtes Touristenziel. In diesem Gebäude aus Stahlbeton wurde auch der Genosse Stalin 1953 einbalsamiert. Die Nachwelt war seinem Leichnam nicht hold. Nikita Chruschtschow ließ ihn 1961 entfernen und auf der Nekropole an der Kremlmauer verscharren.

In Sofia, wo es abgesehen von einigen Kirchen an Sehenswürdigkeiten fehlt, konnte man seit 1950 eine Art Tempel bewundern, in dem als Nachfolger Lenins die Leiche Georgi Dimitroffs in einem luftdichten Sarg bei 17 Grad Celsius aufgebahrt war. Dieses Mausoleum wurde 1989 geschlossen und 1999 abgerissen. Dabei stellte sich heraus, daß die Partei im Untergrund vorsorglich einen Atombunker für ihre Anführer eingerichtet hatte.

1975 wurde in Hanoi gegen den ausdrücklichen Willen dieses Volkshelden eine ähnliche Weihestätte für Ho Chi Minh eröffnet, zu der viele Vietnamesen bis heute pilgern. Ein ähnliches, nur viel größeres Denkmal gibt es in Beijing am Platz des Himmlischen Friedens, wo man einen vielfach ausgebesserten Mao mustern kann. Wieviel vom Leib des Großen Steuermanns nach den fälligen Reparaturen noch übrig ist, muß dahingestellt bleiben. Ungeachtet all dieser Bemühungen wird Euripides sicherlich recht behalten.

Woran der Dramatiker nicht gedacht hat, war eine andere, stillere Methode zur Konservierung der Verstorbenen, die sich als mächtiger und dauerhafter herausgestellt hat: Das ist die Überlieferung durch die Porträtmalerei.

In jedem guten Museum kann man verschwundene Personen beobachten, die, lange bevor Photographie und Wachsfigurenkabinett erfunden waren, wundersam erstarrt und wie vom Blitz getroffen, einen höchst lebendigen Eindruck machen. Mit ihrem Silberblick, ihren Locken, ihrem spöttischen Mienenspiel oder ihrer vorwurfsvollen Miene, der Frechheit der Jugend oder den Spuren des Alters sind sie ein für allemal fixiert, jedenfalls solange niemand die Schatzhäuser in Brand steckt, in denen sie verwahrt werden.

Wer hätte je von Ludwig zu Löwenstein gehört, einem unehelich geborenen Grafen, der einem Mordanschlag zum Opfer gefallen ist, wenn nicht Hans Baldung Grien ihn vor fünfhundert Jahren gemalt hätte? Auch die Condesa de Monterrey wäre gründlich vergessen, obwohl sie herrliche Kleider anhatte, hätte Diego Velázquez sie nicht auf die Leinwand gebannt. Schweigen wir von Lady Sunderlin, von Joanna Hiffernan und Valerie Susan Meux! Es waren Joshua Reynolds, Gustave Courbet und James McNeill Whistler, die das Andenken solcher Schönheiten gerettet haben. Und was ist mit Fritza Riedler in ihrem wallenden weißen Kleid, mit Emilie Flöge, der Tochter eines Wiener Meerschaumpfeifenfabrikanten, mit Hermine Gallia, Sonja Knips, Eugenia und Mäda Primavesi? Heiß begehrte Damen, aber nur in Öl auf Leinwand oder in Pastell auf Velin. Dafür bürgt Gustav Klimt, dem sie alle einst Modell standen.

Soll man daraus schließen, daß die Kunst die zuverlässigste Form der Einbalsamierung ist?

XXXIV

Bei dieser Könnerin kann der Berichterstatter leider auf die erste Person Singular nicht verzichten. Die Protagonistin dieser Nummer der Experten-Revue, Kathi S. aus der Gemeinde Vang i Valdres, ist nämlich die Schwester seines Schwiegersohnes. Ich ziehe es allerdings vor, diese Frau als meine Gevatterin oder Muhme zu bezeichnen. Sie lebt in einem westnorwegischen Tal an einem großen Binnensee, zusammen mit einem Pferd und einer Schar von Hühnern. Ansonsten benutzt sie ein aktuelles Mobiltelephon und einen Plotter, an dem sie im staatlichen Auftrag mittelalterliche Kulturdenkmäler kartographisch auf Meßtischblättern dokumentiert. Mit dem globalen Navigationssatellitensystem GPS vermißt sie aufgegebene Gehöfte, Pfade und Mühlen. Sie ist polyglott, spricht fließend englisch und deutsch und beherrscht außer den zwei offiziellen norwegischen Schriftsprachen auch noch eine Reihe lokaler Dialekte.

Im Sommer zieht sie auf eine Hochalm im Gebirge, wo sie am Ende einer langen, serpentinenreichen Stichstraße Kühe, Islandponys, Schafe und Ziegen hütet. Touristen, die Kathi bewirtet, dürfen die Privatstraße gegen Erlegung einer mäßigen Fahrzeugmaut benutzen. Dort leben außer ihr und ihrer Tochter auch Trolle, Huldren und andere Elementargeister, die es zu respektieren und diskret zu füttern gilt.

Die Besucher nehmen in der gemütlichen alten Blockhütte Platz und werden mit dem Kaffee, der auf dem Ofen brodelt, mit frischem Rahm, vor allem aber mit einer Reihe von selbsterzeugten Käsespezialitäten versorgt. Nur hier sind der echte *brunost*, der *geitost* und der *mysost* zu haben, Sorten, die sonst industriell von einem nationalen Kartell namens *Tine* tonnenweise fabriziert und in jedem Supermarkt angeboten werden.

Der echte Molkenkäse aus Kuh-, Ziegen- oder Schafsmilch ist braun. Sein Geschmack ist süßlich, weil die Molke so lange eingekocht wird, bis der Milchzucker unter kräftigem Umrühren karamelisiert. Die Süßigkeit hängt von der Länge des Kochprozesses ab. Die Farbe dieses Erzeugnisses ist hell- bis dunkelbraun. Nur so kann dieser schnittfeste, lange haltbare Käse entstehen. Wenn jedoch am Ende auch noch frischer Rahm eingemengt wird, hat man es mit *fløtemysost* zu tun, einer weichen Sorte, die aufs Brot gestrichen werden kann.

Von der Sennerin Kathi S. heißt es spätestens an dieser Stelle Abschied zu nehmen. Denn die Käserei ist ja weder eine norwegische noch eine neuzeitliche Erfindung. Sie ist seit dem 6. Jahrtausend vor Christus archäologisch belegt. Schon die Menschen der Jungsteinzeit wußten, was man aus der Milch alles machen kann.

Heute wird die Zahl der Käsesorten auf mehr als viertausend geschätzt. Sogar Charles de Gaulle hat sich blamiert, als er stolz verkündete, in Frankreich gebe es ihrer 246. Das war, wie die Proteste der Käseliebhaber zeigten, weit untertrieben.

Als die Europäische Kommission 1999 den Versuch wagte, den Rohmilchkäse zu verbieten, holte sie sich einen kräftigen Nasenstüber. (Natürlich steckte wie gewöhnlich eine Lobby hinter diesem Vorhaben, nämlich die der Marktführer, die auf ihren Millionen von Spanschachteln nicht ihre Maschinen abbilden, sondern idyllische, rustikale Szenen, gerne mit einem Pferdegespann oder einer Windmühle.)

Die Rohmilchspezialitäten haben vorläufig den Sieg davongetragen. Sogar ein normales, wenn auch teures deutsches Frühstücksbuffet bietet Sorten auf, die nicht jeder kennt: *Wallberger* und *Saint-Maur*, *Taleggio*, siebzig Tage gereifter *Rübli* und *Kümmel* aus roher Heumilch.

Ob das empörend ist oder ein Triumph, mögen die Gäste entscheiden.

XXXV

Dominik P., ein schlanker, empfindsamer, knapp dreißigjähriger Mann, dem es an Selbstzufriedenheit fehlt, hat gute Ohren. Er spielt Gitarre, Baß und Klavier. Erst nach längerer Nachfrage gibt er zu, daß er auch flöten und geigen kann und daß ihm auch das Akkordeon nicht fremd ist. Schließlich rückt er sogar mit der Tabla heraus. Das ist eine indische Trommel, die er vermutlich auf seinen weiten Reisen kennengelernt hat.

Ob er die seltene Gabe des absoluten Gehörs habe? Davon gebe es, sagt er, viele Grade. Man brauche nur an die verschiedenen historischen Stimmungen und die Tonleitern in der Weltmusik zu denken, um einzusehen, wie relativ unser Gehörsinn ist.

Von Beruf ist Dominik Tonmeister. Dieses Fach studiert er seit über zehn Semestern. Das sagt sich natürlich leicht dahin. Faktisch nämlich kann sich jeder beliebige Anfänger Tonmeister nennen, weil diese Berufsbezeichnung nicht gesetzlich geschützt ist. (Das gilt auch für viele andere Tätigkeiten, die des Maklers, Hedgefonds-Managers und des Diebes. Wer genug Lust, Energie, Ehrgeiz und Gier verspürt, kann jederzeit Berater, Werbegraphiker, Unternehmer, Sprecher oder Produzent auf sein Klingelschild schreiben.)

Anders verhält es sich mit dem Diplom-Tonmeister in Deutschland und mit dem Musikregisseur in der Schweiz. Den *Audio-Engineer*, Toningenieur, Tonoperateur und Tontechniker läßt man besser beiseite, um nicht noch mehr Verwirrung zu stiften.

Bis die Spitze dieser Berufsbilder erreicht ist, bedarf es einer Ausbildung, die wahrscheinlich nur der legendäre Renaissancemensch vollständig durchlaufen könnte. Voraussetzung ist die allgemeine Hochschulreife. Um aufgenommen zu werden, ist eine Aufnahmeprüfung zu bestehen. Verlangt wird ferner ein vollwertiges Musikstudium (Klavier ist üblicherweise Pflichtfach), inklusive Musiktheorie, Instrumentation, Partiturkunde, Musikgeschichte, Stilkunde und Vokalpraxis. Dazu kommen Kleinigkeiten wie die Dramaturgie und die Vertrautheit mit akustischen und elektronischen Geräten.

Unerläßlich sind fundierte technische Kenntnisse in der Mathematik, der Elektro-, der Ton-, Studio- und Digitaltechnik. All diese Fähigkeiten lassen sich offenbar in Detmold, Berlin, Potsdam, Zürich, Wien und Graz erlernen.

Abklingzeit, Brummen (mit der Brummschleife und dem Netzbrummen, die dazugehören), Druckstau, Equalizer, Fader (darunter Kanal- und Masterfader), diverse Filter (Badewannen-, Kamm- und Kuhschwanzfilter), Flanger, Hochpaß, Näselformant, Nutzschall, Panoramaregler, Phantomspeisung, Poppschutz, Powermixer, Schall mit Körper- und Störschall, mit Schluckgrad, Schwebung und Schwingungsbauch. Erst gegen Ende des Alphabets tauchen noch dazu die Splitkonsole, die Stagebox und das Steckfeld auf.

Vor dem Anbruch des 20. Jahrhunderts gab es keine Tonmeister. Der Beruf wurde erst erfunden, als Schellackplatten gepreßt wurden und die Menschheit anfing, Radiowellen zu senden und zu empfangen.

Geld kann man inzwischen als Aufnahmeleiter für Musik, Hörfunk, Film und Fernsehen verdienen, aber auch bei beliebigen Veranstaltungen in einem Schuppen, einer Halle oder auf einer Bühne. Verantwortlich ist der Tonmeister für alles: Klangregie, Tontreue, Phrasierung, Balance, Rhythmus, Einhaltung des Tempos, hochwertige »Beschallung«, Geräteinstallation und Wartung, Sounddesign, Synchronisation und Endmischung. Die Auftraggeber betrachten den Tonmeister zweifellos als einen Übermenschen.

Der echte Tonmeister kann sich, weil er ein Experte ist, mit der Umgangssprache nicht begnügen. Er hält, wie jeder Mediziner, einen einzigartigen Soziolekt bereit, der den Laien verdutzt und erschreckt. Was ist eine Löschdrossel, ein Dämpfungsglied, ein Diffusfeld, ein Absenz- oder ein Badewannenfilter?

Dominik P., ein Mann, der alles andere als beredt oder gar vorlaut ist, nickt, ohne mit der Wimper zu zucken, wenn er gefragt wird, ob ihm Vokabeln bekannt sind, die in seinem Beruf üblich, aber für alle anderen unverständlich sind.

Kaum tritt im Wohnzimmer Stille ein, da fängt es auf einmal an zu rauschen. Woran mag das liegen? Dem Unwissenden wird es schwerfallen zu entscheiden, ob es am roten, am weißen, am braunen, am Grund- oder am Eigenrauschen liegt, für das vermutlich die eigenen Ohren verantwortlich sind.

Leicht hat man es nicht gerade mit den Tönen, die sich in der Luft ausbreiten. Wohl uns, daß es Mitmenschen gibt, die sie bemeistern.

XXXVI

Was ist ein Bus? Ein Wort, das aus dem Griechischen und dem Lateinischen stammt und in der Umgangssprache auf eine einzige Silbe geschrumpft ist. Es wäre viel zu unbequem, jedesmal zu sagen, daß es sich um einen Automobil-Omnibus handelt, der sich selbst bewegen kann und für alle da ist. Nicht jeder, der ihn besteigt, wird die Leidenschaft teilen, von der Stefan Burgstaller schon als junger Mann beseelt war und die er nie fahrenließ. Als Schwabe war ihm weder das Fernweh fremd noch die Begabung zum Tüfteln und Basteln, für die dieser deutsche Stamm bekannt ist. Er ging in Stuttgart zur Schule, ein blonder, blauäugiger, kleiner und schlanker Junge, der so begabt war, daß die Lehrer ihn beschworen, er müsse unbedingt die sogenannte Hochschulreife erlangen. Das lehnte er entschieden ab, mit der Begründung, er wolle Busfahrer werden.

Gesagt, getan. Er verdingte sich nicht bei einem kommunalen Betrieb, der nur die Routine des Nahverkehrs zu bieten hat, sondern bei einem Unternehmen, das weite, abwechslungsreiche Fahrten für schwäbische Touristen organisierte, die ebenso unternehmungslustig waren wie er. Auf diese Weise lernte Herr Burgstaller auf der Langstrecke halb Europa bis nach Kleinasien und bis zum Polarkreis kennen.

Er war mit diesem Lebenswandel sehr zufrieden, bis er heiratete und seine Frau ihm drei Kinder gebar. Nach zwei Jahren fing sie an, sich zu beklagen. Er bringe seine Zeit größtenteils im Ausland zu und sei selten zu Hause. Das sah er ein. Seiner Freude am Bus zu entsagen, brachte er aber nicht übers Herz. Zwar kündigte er bei seinem Reiseunternehmen und zog sich auf sein heimatliches, geräumiges Einfamilienhaus zurück; doch sann er auf eine Lösung, die es ihm ermöglichen würde, seiner Passion weiter zu frönen.

Diese Möglichkeit bot der Modellbau im Maßstab 1:87. In dieser Branche gab es einen fränkischen Weltmarktführer, der perfekte Nachbildungen von Originalfahrzeugen aus hundert Jahren Automobilgeschichte herstellte und vertrieb. Stefan Burgstaller kannte sich ja praktisch und theoretisch mit vielen europäischen Omnibussen aus, sogar mit seltenen, längst ausgestorbenen Modellen. Wer wäre wie er in der Lage gewesen, filigrane, hochdetaillierte und originalgetreue Miniaturbusse zu bauen? Einen solchen Glücksfall konnte es in der Bundesrepublik Deutschland kein zweites Mal geben. Die Folge war eine lang anhaltende, für beide Seiten lohnende Geschäftsbeziehung.

Ob Herr Burgstaller, der sich der Kohorte der Siebzigjährigen nähert, inzwischen den verdienten Ruhestand genießt, wiewohl er kaum zu ersetzen sein wird, weiß keiner seiner ehemaligen Stuttgarter Schulkameraden zu sagen.

XXXVII

»Sauber ist schön und gut. Sauber ist hell brav lieb. Sauber ist oben und hier, schmutzig ist häßlich und anderswo. Sauber ist doch das Wahre, schmutzig ist unten und übel, schmutzig hat keinen Zweck. Sauber hat recht. Schmutzig ist demgegenüber, sauber ist da denn doch, schmutzig ist wie soll man sagen, schmutzig ist irgendwie unklar, schmutzig ist alles in allem, sauber ist wenigstens noch, aber schmutzig das ist also wirklich.« Mit diesen Sätzen leitet Christian Enzensberger seinen *Größeren Versuch über den Schmutz* aus dem Jahr 1968 ein.

Nur, wie war das mit Martin Luther, Heinrich dem Achten, Ludwig dem Dreizehnten? Sie litten, wie ein paar Millionen unserer Mitbürger, Genaues weiß man nicht, an Hämorrhoiden. Das ist griechisch und bedeutet, daß Blut fließt. Heinrich der Achte soll sogar daran gestorben sein, und Bonaparte sagt man nach, daß ihn am Tag der Schlacht von Waterloo ein akuter Gefäßverschluß ereilte. Karl Marx hingegen hatte es mit Furunkeln und Ekzemen zu tun. Seinen Freund ließ er wissen, daß ihm das Jucken und Kratzen zwischen den Hoden und dem Podex zu schaffen machte; er hoffe jedoch, daß »die Bourgeoisie ihr ganzes Leben lang an meine Karbunkeln denken wird«.

Der Schutzpatron solcher Patienten, egal, ob sie Kirchensteuer zahlen oder nicht, ist der heilige Fiacrius, ein irischer Eremit, der im 7. Jahrhundert in Frankreich wirkte und nach wie vor für die Mietkutscher zuständig ist, weshalb sie auch Fiaker genannt werden.

Glücklicherweise gibt es außer ihm auch eine Wissenschaft, die sich der geplagten Menschheit annimmt, soweit sie versichert oder zahlungsfähig ist. Sie heißt Proktologie, und ihre Jünger sind in den Gelben Seiten oder mit Hilfe einer Suchmaschine leicht zu finden. Wer jedoch glaubt, mit dem Juckreiz, mit einem Kräutertee, mit ein paar Globuli aus der Homöopathie oder mit der einen oder anderen Salbe habe es sein Bewenden, der lehnt sich gewiß zu früh zurück.

Die Stuhlinkontinenz, die viele Ursachen haben kann, etwa einen Schlaganfall, die multiple Sklerose, den Morbus Alzheimer, einen Gehirntumor, eine Querschnittlähmung, einen Rektumprolaps, eine Colitis, einen Dammriß, eine Fistelspaltung oder auch bloß eine chronische Obstipation, was unerfreulich genug ist; die Fisteln, Abszesse und Ekzeme, die perianalen Thrombosen, Marisken und Analkarzinome; und schließlich die Condylomata acuminata, bei der es sich um eine sexuell übertragbare Erkrankung handelt. Sie wird von einem Papillomvirus verursacht und im Volksmund mit dem Namen Feigwarzen bedacht. Bei vielen dieser Malaisen ist umstritten, wenn nicht gänzlich unbekannt, woher sie rühren.

Denn der Proktologe nimmt es mit zahlreichen anderen und weit gefährlicheren Beschwerden auf. Das Patientengut, das sich alljährlich an die deutschen Vertreter dieses Faches wendet, wird auf dreieinhalb Millionen geschätzt. Manche Statistiken geben sogar an, daß sieben bis acht Zehntel der Bevölkerung im Lauf des Lebens mit Komplikationen rechnen müssen. Ja, wenn es nur die Hämorrhoiden ersten, zweiten, dritten und vierten Grades wären! Aber da lauern noch ganz andere Gefahren, Fisteln und Fissuren, Abszesse und Marisken, Kryptitis und Prolaps, Pruritus und die ansteckende Feig- oder Feuchtwarze. Das ist entmutigend, schon weil bei vielen Leiden die Ursache nicht feststeht.

Dennoch machen die wenigsten Fachärzte, die sich um diese bedeutende Minderheit bemühen, einen lustlosen oder gar abweisenden Eindruck. Das mag mit ihrem ästhetischen Empfinden zu tun haben. Zu vermuten ist, daß sie sich einer anderen

Disziplin verwandt fühlen, der Schönheitschirurgie. Ihr Ehrgeiz geht nicht allein dahin, das Schlimmste zu verhüten. Sie streben danach, die Beeinträchtigungen ihrer Mitmenschen so weit zu lindern und zu heilen, daß die unvermeidlichen Tabus, die ihre Kunst und ihre Patienten belasten, so sanft und so weit wie nur möglich entkräftet sind.

XXXVIII

In den Jahren 1862 und 1863 hat Karl Marx dreiundzwanzig Hefte vollgeschrieben. Wieder einmal war ihm in diesen Jahren das Geld ausgegangen. Seine Kinder waren krank. Aber die tausendvierhundertzweiundsiebzig durchnumerierten Seiten dieser Manuskripte zeugen davon, daß dem über Vierzigjährigen an diesem Vorhaben sehr viel gelegen war.

Anfangs kam ihm sein Plan nicht allzu schwierig vor. Klassenkämpfe waren ihm nicht neu. Er war überzeugt davon, daß die Klassenanalyse wenige Geheimnisse für ihn barg. Er dachte an eine Fortsetzung der ersten Lieferung seiner Arbeit *Zur Kritik der politischen Oekonomie*. Heute ist das ganze Konvolut unter der Überschrift *Theorien über den Mehrwert* bekannt und berüchtigt. Von wem wohl mag dieser Titel herrühren? Von Friedrich Engels? Von einem Redakteur? Jedenfalls stammt er nicht vom Autor.

Bestenfalls handelt es sich um eine Rohfassung, die erst lange nach dem Tod der beiden verbrüderten Klassiker veröffentlicht wurde; man findet sie am leichtesten in den Bänden 26.1 bis 26.3 der »blauen Bände«. Es ist anzunehmen, daß selbst die eifrigsten Teilnehmer an den *Kapital*-Lesekursen, die in den späten 1960er Jahren an manchen deutschen Fakultäten obligatorisch waren, vor der Lektüre dieser Seiten kapitulierten. Ganz falsch lagen sie damit nicht; denn diese Hefte brüsten sich zu Unrecht mit dem Anspruch, sie seien der verlorengeglaubte vierte Band des Hauptwerks.

Von den Physiokraten bis zu den aktuellsten Ökonomen seiner Zeit hat Marx die ganze maßgebliche Literatur durchstudiert. Zu Hause war es ihm zu eng und zu laut. Deshalb nahm er jahrzehntelang Platz im kreisrunden Lesesaal der *British*

Library. Unter ihrer blauen Kuppel nahm er sich nicht nur Adam Smith und David Ricardo, Malthus und John Stuart Mill vor, sondern plagte sich auch mit Autoren ab, auf deren Namen man nur noch in den minutiösen Registern der MEGA stoßen kann. Wer mag Monsieur Cherbliez oder Herr Rodbertus-Jagetzow gewesen sein? Alles Experten, über die Karl Marx seine kritischen Expertisen verfertigt hat.

Bernard de Mandeville schätzte er mehr als diese Randfiguren. Das hat die Marxisten befremdet, denn dieser Schriftsteller war ihnen nicht geheuer. In einer »Abschweifung über produktive Arbeit« hat der Marxist, der bestritt, einer zu sein, die *Bienenfabel* seines englischen Gewährsmannes nicht nur zitiert, sondern zugespitzt:

»Ein Philosoph produziert Ideen, ein Poet Gedichte, ein Pastor Predigten, ein Professor Kompendien usw. Ein Verbrecher produziert Verbrechen. Betrachtet man näher den Zusammenhang dieses letzten Produktionszweigs mit dem Ganzen der Gesellschaft, so wird man von vielen Vorurteilen zurückkommen. Der Verbrecher produziert nicht nur Verbrechen, sondern auch das Kriminalrecht und damit auch den Professor, der Vorlesungen über das Kriminalrecht hält, und zudem das unvermeidliche Kompendium, worin dieser selbe Professor seine Vorträge als ›Ware‹ auf den allgemeinen Markt wirft.«

Es führt kein Weg daran vorbei, daß diese Überlegung auch auf den Verfasser des *Kapitals* zutrifft. Schließlich wurde auch dieses Werk auf den Markt geworfen.

»Das *Kapital* wird mir nicht einmal so viel einbringen, als mich die Zigarren gekostet, die ich beim Schreiben geraucht.« Das sagte Marx seinem Schwiegersohn Paul Lafargue, der von dieser pessimistischen Erfolgsprognose in seinen *Erinnerungen* berichtet.

Mit dem Versuch, zwischen produktiver und unproduktiver Arbeit einwandfrei zu unterscheiden, hat der geniale Verfasser sich dergestalt verheddert, daß ihm kein Ausweg blieb. Die Astrologen weisen darauf hin, daß Marx ein Stier war; sie meinen, daß er, wie der Minotaurus, aus dem Labyrinth nicht wieder herausfinden konnte. Auch wer ihren Sternglauben nicht teilt, sollte zugeben, daß der Prophet auf die Krönung seiner Theorie verzichten mußte.

XXXIX

Unfaßbar, was der Apfel alles bedeutet, wofür er herhalten muß, wenn die menschliche Phantasie ihre Zügel abwirft und durchbrennt! Sie verbindet ihn mit Adam, mit dem Zank und dem Reich, der Erde, dem Roß, dem Auge, der Galle, dem Holz, der Liebe, dem Paradies. Bald wird er gebraten, bald sticht er. Dann steht er plötzlich für die Jugend, das ewige Leben, für Gift und Versuchung, Erbsünde und Erlösung. Nur der Schönsten wird nach dem Urteil des Paris nicht das überreicht, was wir unter einem Apfel verstehen. Venus gibt sich mit dem Genuß einer anderen goldenen Frucht zufrieden: des Granatapfels.

Schon mit dem Wort fängt die Mehrdeutigkeit an: »Eine einheitliche indoeuropäische Grundform läßt sich nicht erschließen«, sagt der Etymologe. Man wird sich statt an Mythen und Metaphern an Tatsachen halten müssen. Der Apfel gehört zur Familie der Rosengewächse. Heute gibt es in Deutschland etwa tausendfünfhundert Apfelsorten. Im Supermarkt an der Ecke werden nur noch fünf oder sechs Varianten dieser Frucht angeboten. Sie führen Namen wie *Golden Delicious*, *Gala* oder *Jonagold*, blödsinnige Bezeichnungen, die irgendein Kartell beim Patentamt registriert hat. Daran kann auch »Der Tag des deutschen Apfels« nichts ändern, ein Reklameschwindel, der, wie eine Agentur versichert, auf den 11. Januar fällt.

Zum Glück gibt es Spezialisten, die das Obst verteidigen. Das sind die Pomologen. Die Obstbaukunde ist die Lehre der Arten und Sorten von Schalen-, Stein- und Kernfrüchten, von ihrer Bestimmung und ihrer Systematik. Diese Wissenschaft ist nach der *Pomona*, der Göttin der Gartenfrüchte, benannt.

Der Name ihres Erfinders ist nur wahren Kennern geläufig.

Johann Hermann Knoop, so hieß er, stammte aus Deutschland. Geboren zu Anfang des 18. Jahrhunderts, wurde dieser hochverdiente Gärtner von einer verwitweten Prinzessin aus dem Hause Oranien nach Leeuwarden in den Niederlanden berufen. Als ihr Gartendirektor war er für eine Anlage verantwortlich, zu der neben Zier- auch umfangreiche Obstpflanzungen gehörten. Er verstand nicht nur viel vom Obst, er führte auch die Kultivierung der Kartoffel ein. Leider war er dem Trunk ergeben, wurde entlassen und mußte, um zu essen, viele Bücher schreiben. Trotzdem ist er, wie es heißt, in einem Armenhaus zu Amsterdam gestorben.

Seinen Nachruhm verdankt er der *Pomologia.* Dieses Werk aus dem Jahr 1758 ist die »Beschreibung und Abbildungen der besten Sorten der Apfel und Birnen, welche in Holland / Deutschland / Frankreich / Engeland und anderwärts in Achtung stehen, und deswegen gebauet werden. Beschrieben, nach dem Leben abgebildet und mit ihren natürlichen Farben erleuchtet«. Knoops Buch fand weite Verbreitung. Aber damit nicht genug! Er ließ ihm eine *Fructologia* folgen, in der er Quitten, Kirschen, Pflaumen, Reben, Beeren, Aprikosen, Pfirsiche und sogar eine Nuß vorstellte, sowie eine *Dendrologia* über Ziergärten und Parkanlagen.

Knoops Nachfolger in der Pomologie zeichnen sich, wie die meisten Experten, durch Beharrlichkeit und Eigensinn aus. Zwei Beispiele müssen hier genügen. André Leroy war der Erbauer der größten Baumschule Europas, die über mehr als tausend Birnen- und sechshundert Apfelsorten gebot, und der Verfasser eines vierbändigen *Dictionnaire de pomologie;* und Korbinian Aigner hieß ein katholischer Pfarrer und Pomologe aus Bayern, der im Konzentrationslager Dachau Apfelbäume züchtete, eine seiner Sorten lebt ihm zu Ehren als Korbiniansapfel fort. Er soll auf seinen Aquarellen viele hundert Birnen und Äpfel verewigt haben.

Die meisten Pomologen begnügten sich nicht mit der Beschreibung von Obstsorten; sie taten sich auch als Züchter hervor. Heute widmen sich viele der Sammlung und Erhaltung von Hybriden und Geschmäckern, einer genetischen Vielfalt, die vom Aussterben bedroht ist.

»Wenn ich wüßte, daß morgen die Welt unterginge, würde ich heute noch mein Apfelbäumchen pflanzen.« Gegen diesen berühmten Spruch Martin Luthers hat Martin Schloemann, der selbst ein Freund des Obstes ist, inhaltlich wenig einzuwenden. Er ist aber auch emeritierter Professor der Theologie und ein gelehrter Philologe. Als solcher paßt es ihm nicht, daß die Medien bloße Gerüchte voneinander abschreiben. Er hat in seinem Büchlein *Luthers Apfelbäumchen? Ein Kapitel deutscher Mentalitätsgeschichte* (Göttingen 1994) bewiesen, daß der Reformator einen solchen Satz nie geschrieben hat; auch eine mündliche Äußerung läßt sich nirgends nachweisen.

Zum ersten Mal war von diesem Bäumchen 1944 in einem Rundbrief der Bekennenden Kirche in Hessen die Rede. Seitdem sprießt und wuchert es unaufhaltsam weiter. Ein Landesbischof und ein Bundespräsident konnten der erbaulichen Wendung nicht widerstehen. Eine bunte Schar von Rednern hat es ihnen nachgeplappert: Otto Grotewohl, einst Ministerpräsident der DDR, Rita Süssmuth, Olof Palme, Wolfgang Schäuble, Helmut Kohl und der eine oder andere erklärte Sympathisant der sogenannten Roten Armee Fraktion. Natürlich kann eine Reformationsbotschafterin wie Frau Käßmann in dieser Liste nicht fehlen.

Mit den strengen Regeln, an die sich Pomologen halten, ist ein so leichtfertiger Umgang mit der Gattung *malus* unvereinbar.

XL

Es ist Frau Martina Berg, eine Buchhändlerin aus Barntrup-Al-
verdissen bei Detmold, der die meisten Nachrichten aus dem
Wunderreich der Bierdeckelsammler zu verdanken sind. Kunden, die ihren Rat suchen, sehen sich den blauen Augen einer
kräftigen, entschlossenen Brünetten gegenüber. Sie trägt gerne einen braunen Filzhut und ist auch als Photographin und
Bogenschützin tätig. Über diesen Sport hat sie fünf Bücher verfaßt.

Über die Archäologie ihres Lieblingsobjektes sagt Frau Berg:
»Die ältesten Bierdeckel oder Bierfilze, die man heute in einer
der zahlreichen Sammlungen findet, stammen aus der Zeit um
1900. Wann genau der erste Bieruntersetzer hergestellt wurde,
wird sich wohl nie mehr ganz klären lassen. Eindeutig datieren
läßt sich aber die Eintragung des Reichspatents mit der Nummer 68 499.«

Es wurde erteilt für »Platten, die zu runden oder kantigen
Deckeln ausgestanzt oder ausgeschnitten werden, welche sich
wegen ihrer Saugfähigkeit als Bierseideluntersetzer usw. eignen.
Die zerschnittenen Platten lassen sich mit Verzierungen, Fir-
men- oder anderweitigen Aufschriften bedrucken«.

»Diese schon früh entdeckte Werbewirksamkeit von Bierdeckeln wird bis heute eifrig genutzt«, berichtet Frau Berg. »Und
dies nicht nur von Brauereien, sondern auch von zahlreichen
anderen Firmen. Früher wurden zur Schonung der Tischplat-
ten runde Scheiben aus echtem Filz unter die Biergläser gelegt.
Daher stammt wahrscheinlich die häufig benutzte Bezeichnung Bierfilz.

Die meisten Bierdeckel sind achteckig, quadratisch mit abgerundeten Ecken oder rund. In den letzten Jahren gibt es aber auch mehr und mehr Bierdeckel in Sonderformaten – beliebt sind solche in Bierkrugform oder ovale Deckel. Der Durchmesser bewegt sich zwischen zehn und zwölf Zentimetern. Es gibt aber ganz kleine von nur 6 Zentimetern Durchmesser und große von bis zu 32 Zentimetern. Die Riesen-Bierdeckel in Langspielplattengröße stammen aus England. Auf ihnen findet ein ganzes Dutzend Gläser Platz.«

Frau Berg weiß, daß es bei der unendlichen Anzahl von Bierdeckeln sinnvoll ist, sich auf ein Motiv- oder Teilgebiet zu konzentrieren. »Sonst wächst eine Bierdeckelsammlung schnell ins Unermeßliche und ist kaum noch überschaubar. Puristen sammeln nur die Bierdeckel einer bestimmten Brauerei, andere nur Bierdeckel aus Hawaii (ja, auch da gibt es Bier) oder Untersetzer … Denken Sie immer daran, mindestens zwei Exemplare eines Bierdeckels mitzunehmen, damit Sie immer Vorder- und Rückseite gleichzeitig präsentieren können. Und natürlich sollten es möglichst gut erhaltene Stücke sein – Flecken, Einrisse und Strichlisten für die konsumierten Biere stören den Gesamteindruck und schmälern den Wert. Aufgrund ihrer Beschaffenheit sind Bierdeckel sehr anfällig für Knicke und empfindlich gegen Nässe. Sie verdrecken und vergilben auch sehr leicht. Zur Aufbewahrung haben sich daher einfache Schuhkartons als praktikabel erwiesen ... Eine edlere Form der Aufbewahrung bieten spezielle Sammelalben, die aber recht teuer sind.«

Fast alle ernsthaften Deckelsammler sind Mitglied in einem Verein, etwa im IBV, dem Internationalen Brauereikultur-Verband, oder sie gehören der Fördergemeinschaft von Brauerei-Werbemittel-Sammlern e.V. (FvB) an. Beide veranstalten regelmäßig Tauschtreffen im ganzen Bundesgebiet. Manche Teilnehmer reisen von weit her an und bringen große Koffer mit, in denen sie ihre Tauschware verstaut haben.

Weltmarktführer in der Deckelbranche ist immer noch die Papierfabrik August Koehler in Oberkirch.

Außer Manuela Berg gibt es einen zweiten Gewährsmann, an den sich Auskunftheischende wenden können: Herrn Vladimir Gerlich aus Zlín in der Tschechischen Republik. Er gebietet über eine Sammlung von mehr als 39 000 Stück aus 120 Ländern und kann die Deckel von mehr als viertausend Brauereien vorzeigen. Es gibt einen belgischen Sammler, der mit mehr als hunderttausend Objekten einen Weltrekord aufgestellt hat.

Soll man es begrüßen oder bedauern, daß sich auf diesem eher bescheidenen Terrain immer mehr krude Konzerne breitmachen? Eine amerikanische Firma namens *eBay* rühmt sich, im Jahre 2008 einen Deckel des Post-Bräus aus Schmidmühlen für € 782 versteigert zu haben. Es gibt Investoren, die noch weiter gehen, indem sie sogenannte *Collectibles* auf den Markt bringen. Das sind Gegenstände, die keinerlei Nutzwert abwerfen, sondern eigens für Sammler hergestellt werden.

Der seriöse Freund echter Bierdeckel wird sich kaum von einem Unternehmen ins Bockshorn jagen lassen, das sich *Colnect* nennt und behauptet, daß, eine Registrierung mit hoher Datenausbeute vorausgesetzt, bei ihm ein Katalog mit beiläufig

52 255 Bierdeckeln eingesehen werden kann. Diese Firma hütet sich wohlweislich, eine Post- oder eine elektronische Adresse anzugeben.

Selber schuld ist, wer dort die Blaue Mauritius aller Bierdekkel zu finden hofft.

XLI

Salz, vulgo *NaCl* oder Natriumchlorid, ist ein für viele Wirbeltiere, darunter den Menschen, unentbehrlicher Stoff, der zu allen möglichen Zwecken dient. Man kann damit würzen, handeln, gurgeln, pökeln, streuen, heilen und das Vieh versorgen. Es hat auch, wie das Wort *Salär* bezeugt, als Währung und Belohnung von Soldaten herhalten müssen. Der Fiskus hat sich diese Einnahmequelle nicht entgehen lassen. Das Salzregal war ein staatliches Monopol; bis heute sind auf italienischen Läden Schilder zu sehen, auf denen *Sale e tabacchi* steht. Dort wird allerdings nicht nur Salz und Tabak verkauft; man kann dort auch *valori bollati*, nämlich Briefmarken, Stempelpapiere und allerhand Kleinkram erwerben. Das staatliche Monopol ist, ähnlich wie in Deutschland, wo bis 1993 eine Salzsteuer erhoben wurde, erloschen.

Seither ruft der weiße Kristall gemischte Gefühle hervor, genauer gesagt: sowohl Panik wie kultische Verehrung.

In manchen Küchenregalen findet man, über das gewöhnliche Kochsalz hinaus, allerhand raffinierte Spezialitäten, beispielsweise Himalaya-, persisches Blau- und indisches Schwarzes Salz für die Küche der Ayurveda-Anhänger. Besonders verwöhnte und gewissenhafte Epikureer bevorzugen ein Salz, das *Herbamare* heißt und gesetzlich geschützt ist. Auf der mit Dosieröffnungen versehenen Schachtel ist viel zu lesen, was den Salzliebhaber interessieren wird:

»Würzen mit purem Genuß. Frischkräuter-Meersalz mit zwölf erntefrischen Kräutern und Gemüsen aus kontrolliertem biologischen Anbau. Frei von Gluten, Laktose, Milchprotein, Zusatzstoffen. Referenzmenge für einen durchschnittlichen Erwachsenen: 150 μg. Rohkostqualität.« Wer noch mehr wissen will, erfährt, daß sich die Firma A. Vogel in Teufen als *Pioneer in Natural Health since 1923* bezeichnen darf und daß sie unter dem Namen *Bioforce AG* registriert ist. Für die Echtheit von Herbamare bürgt der Gründer, Monsieur A. Vogel, mit seiner Unterschrift. Andererseits genießt das Natriumchlorid einen Ruf, der sehr gelitten hat. Man sagt ihm nach, daß es höchst gefährlich ist.

Jeder Sterne-Koch wäre gekränkt, wenn ein Gast nach einem Salzfäßchen riefe, so als hätte er etwas an seinem Abschmecken auszusetzen oder als würde er einen Aschenbecher verlangen. Die zuständigen Behörden halten solche Wünsche für ebenso verwerflich wie den Konsum von Tabak, Zucker, Fett, Cannabis und Kokain. Das hindert sie zwar nicht daran, immer höhere Mehrwert- und Tabaksteuern zu erheben, Subventionen zu gewähren und Geldstrafen für den Schmuggel zu verhängen. Aber die zuständigen Suchtbeauftragten werden nicht müde, uns zu versichern, daß das alles und noch weit mehr nur zu unserem Besten geschehe.

Eine solche Praxis mutet, zumindest was das Salz betrifft, wunderlich an; denn Trinkkuren und Solebäder werden bis heute als Heilmittel eingesetzt und von manchen Krankenkassen bezuschußt; solche Kuraufenthalte seien der medizinischen Behandlung von Erkrankungen der Atemwege und der Wiederherstellung der Arbeitskraft dienlich.

Gleichwohl wird der Genuß von Salz seit den 1970ern für den alarmierend erhöhten Bluthochdruck des Publikums verantwortlich gemacht. Die Gesundheitsforschung will gezeigt haben, daß eine Halbierung des Salzverbrauchs die Zahl der Schlaganfälle um ein Viertel und die der koronaren Herzkrankheiten um rund ein Fünftel senken würde. Fünf Gramm pro Tag, das sei für einen erwachsenen Menschen doch wirklich genug!

Das europäische Büro der Weltgesundheitsorganisation hat die Reduzierung der Salzzufuhr zu einer der fünf vorrangigen

Interventionen in ihrem neuen Aktionsplan erklärt. Doch werden so vernünftige Sorgen einem Hund oder einem Rindvieh schwerlich einleuchten.

XLII

Das Buchstabieren ist eine diabolische Kunstfertigkeit. Damit ist nicht gesagt, daß Analphabeten glücklichere Menschen sind. Auch dem, der jahrelang geschult ist, fällt es schwer, Hieroglyphen, Keil- und Knotenschriften zu entziffern. Chinesen sind schlimmer dran; sie müssen mindestens fünftausend Zeichen lernen, wenn sie etwas schreiben oder lesen wollen.

In der ägyptischen Mythologie ist Thot einer der ältesten Götter. Er sieht wie ein Pavian in Menschengestalt aus; zuweilen trägt er auch einen Ibiskopf. Thot ist der Gott des Mondes, der Magie, der Wissenschaft, der Weisheit, der Schreiber und des Kalenders. Seine Attribute sind die Binse und die Schreibtafel. Er soll die Sprache und die Schrift, nämlich die Hieroglyphen, erfunden haben. Die Griechen nahmen ihn in ihren Olymp auf und nannten ihn Hermes. Der war auch der Gott der Diebe und der Wahrsager.

Aus dieser zweideutigen Verwandtschaft erklärt sich wahrscheinlich auch der Druckfehlerteufel. Jakob Hegner, einst als »Erster Drucker und Typograph Deutschlands« gerühmt, gab sich Peter Schifferli zufolge der Hoffnung auf ein himmlisches Alphabet hin. Das ist eine hebräische Himmelsschrift, die sich aus bestimmten Sternkonstellationen ergibt. Es verwundert nicht, daß ein diabolischer Dämon diese Aussicht immer wieder zunichte macht.

Daran sind nicht nur die Aberhunderte von Schriften schuld, die auf der Welt gebraucht werden, sondern auch die Traditionen, die Schlamperei und die Willkür, auf die viele Sprachgemeinschaften sich etwas einbilden. Das Englische, immerhin eine Weltsprache, treibt es damit besonders bunt. Kaum ein Wort wird auf britisch, amerikanisch, *Black*, *Indian*, *Business* oder *Airport English* so geschrieben, wie man es spricht.

126

Ein Pangramm besteht aus einer mehr oder minder sinnlosen Folge von Wörtern, oft auch nur aus wortähnlichen Silbenfolgen. Ein bekanntes Beispiel dafür ist das pseudolateinische *Lorem ipsum dolor sit amet* ... Komponisten von Liedern benutzen solche Blindtexte beim Komponieren von Melodien und singen diese, bevor der Liedtext gedichtet wird.

Andere Texte dienen dazu, die Eigenheiten der Schriftarten miteinander zu vergleichen. In solchen Pangrammen werden möglichst alle Buchstaben und Sonderzeichen des jeweiligen sprachtypischen Alphabets verwendet. Beispielsweise:

»Franz jagt im komplett verwahrlosten Taxi quer durch Bayern.«
»Falsches Üben von Xylophonmusik quält jeden größeren Zwerg.«
»The quick brown fox jumps over the lazy dog.«
»Jackdaws love my big sphinx of quartz.«
»Zwölf Boxkämpfer jagen Viktor quer über den großen Sylter Deich.«
»Die heiße Zypernsonne quälte Max und Victoria ja böse auf dem Weg zur Küste.«
»Fix Schwyz! quäkt Jürgen blöd vom Paß.« Dieser besonders blöde Satz ist das einzige im Deutschen bekannte Pangramm, das jeden Buchstaben, einschließlich der Umlaute und des ß, genau einmal enthält.

Umgekehrt gibt es Orthographien, die sich mit dem Ehrgeiz hervortun, vollkommen logisch zu verfahren. Erkauft wird dieser Vorzug mit zahlreichen Komplikationen. Sie benötigen dazu ein System von diakritischen Zeichen: die Tilde, das Trema, die Diaresis, das Ogonek, das Haček oder Caron, den Ring und Scharen von anderen Akzenten.

Ahnungslose Politiker mischen sich gerne mit »Reformen« ein, um diesen Wirrwarr noch zu überbieten. Eines Tages riß den Händlern, Militärs, Kapitalisten und Ingenieuren, also Leuten, die auf die Globalisierung setzen, die Geduld. Mr. Samuel Morse, ein amerikanischer Pionier, ergriff beherzt die Initiative und entwarf um 1840 herum einen neuartigen Code. Seine

Morseschrift kam mit zwei Zeichen aus: kurz und lang, Punkt und Strich.

Das war zwar einfach, paßte aber nur den Amerikanern und den Europäern. Japaner, Araber und Koreaner konnten mit dieser lakonischen Chiffrierung nichts anfangen. Es hat über ein Jahrhundert gedauert, bis die Vereinigten Staaten in die Bresche sprangen. Ohne eine unverständliche Abkürzung ging es dabei nicht ab. Was ASCII bedeutet, wußten nicht einmal die Linguisten. Der neue Schlüssel war der *American Standard Code for Information Interchange*.

Dabei konnte es nicht bleiben. Programmierer neigen dazu, immer neue Versionen ihrer Programme zu erzeugen, die sie mit Vorliebe numerieren, von 1.0 über 1.01, 1.012 und so weiter bis 2.0 und immer so fort. Aktuell haben sie sich auf den *Unicode* geeinigt, der mehr als 130 000 Zeichen umfaßt und bisher über 139 Schriften verfügt. Gar nicht gerechnet und schwer abzählbar ist sein Vorrat an Symbolen. Dort sind nicht nur Pfeile und Noten, Tierkreiszeichen, sogenannte *Wing-* und *Webdings*, *Emojis* oder *Emoticons*, mathematische und Währungssymbole zu finden, sondern auch allerhand Liebesherzchen.

Das *Unicode Consortium* ist steuerlich als gemeinnützig anerkannt. Es residiert in *Mountain View*, Kalifornien, und macht den Eindruck eines Magnet- oder Zauberbergs. Völlig unerreichbar ist es nicht. Wer unbedingt Kontakt zu ihm aufzunehmen wünscht, möge sich an Ms. Ellen Mastros wenden. Die letzte Adresse dieser Dame stammt aus dem Jahr 2016. Diese Angaben sind ohne Gewähr.

Flaggenalphabet

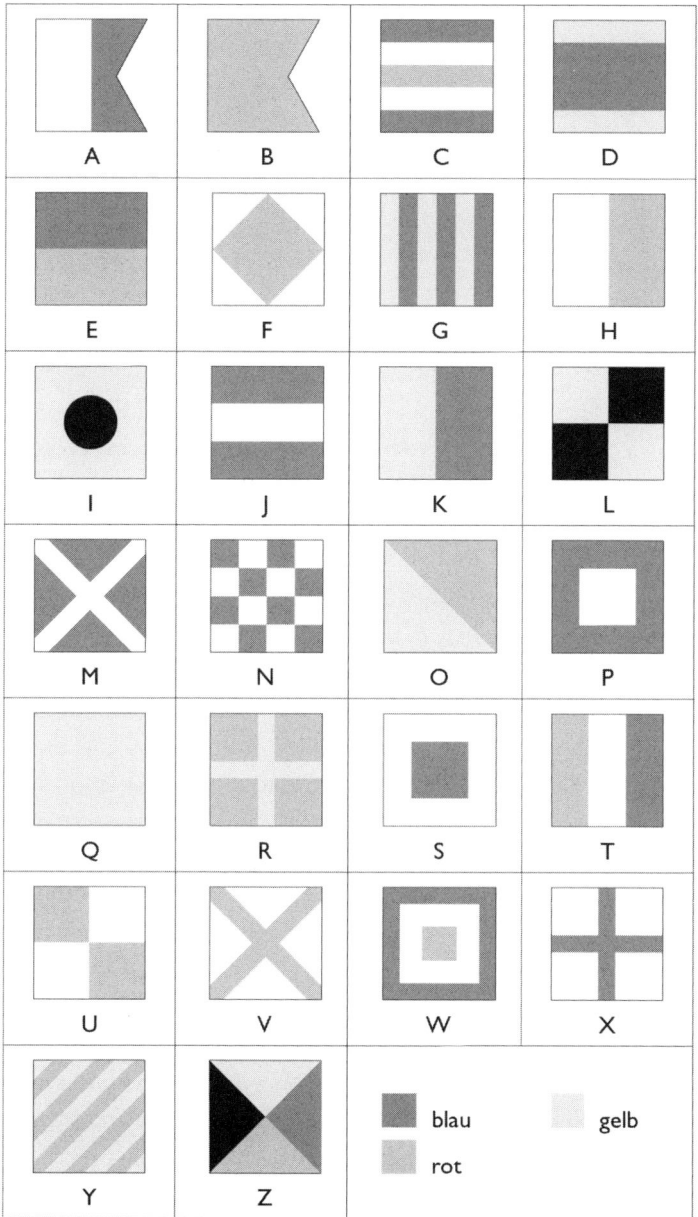

XLIII

Josef Winkler ist Glaser in der vierten Generation, ein drahtiger, selbstbewußter, schlanker Mann in den Dreißigern, der sieben bis acht Mitarbeiter beschäftigt und viele Dinge gleichzeitig im Kopf hat. Er weiß, was er will. Neubauten überläßt er den Firmen, die im Fassadenbau tätig sind. Mit Kristall-, Preß-, Labor-, Auto-, Hohl- und optischem Glas hat er nichts am Hut. Auch Jenaer Glas überläßt er anderen. Man kann sich aber für den Fall an ihn wenden, daß bloß eine Scheibe im Bad zerbrochen ist oder wenn man ein Schaufenster oder eine Vitrine braucht. Reparaturen gehören zum täglichen Brot des Glasers.

Nach altem Herkommen befaßt sich die Glaserei Winkler, obwohl das nur fünf Prozent des Umsatzes ausmacht, auch mit Spiegeln. Das ist eine alte Verbindung; schon bei den Römern standen der Glasbläser, der *vitriarius*, und der Spiegelmacher, der *specularius*, einander nahe.

Das Glaserhandwerk ist heute hoch differenziert und verfügt in Europa über eine entwickelte Infrastruktur. Das Flachglas wird nicht direkt von der Großindustrie (die traditionellen Marktführer heißen *Saint-Gobain* und *Pilkington*), sondern über den Großhandel geliefert, und zwar meist im Bandmaß von 6 × 3,20 Metern. Für den Transport gibt es spezielle Lastwagen. Die großen Scheiben werden senkrecht oder schräg aufgebockt. Geschnitten werden sie nicht mehr, wie früher, mit Diamanten, sondern mit einem Hartmetallrad oder einem Laser. Schliff und Politur sind mechanisiert.

Die Vielfalt von neuen Glassorten aufzuzählen wäre ermüdend. Es gibt Verbundgläser aller Art, zur Wärmedämmung, zur Isolation, zum Sonnenschutz, zur Unfallverhütung. Das Panzer- wurde in »angriffshemmendes Glas« umgetauft. Alle möglichen Verordnungen, EU-Normen und Sicherheitsbestimmungen müssen eingehalten werden. Josef Winkler nimmt das alles ohne einen Seufzer hin.

Glas ist ein ziemlich geheimnisvoller Stoff. Seine Chemie und seine Physik sind nicht leicht zu fassen. Der Ursprung der Glasmacherkunst, sagt ein altes Lexikon, sei nicht bekannt. Früher war Glas ein teures, um nicht zu sagen luxuriöses Material. Schon in Rom und in Pompeji hatte, wer es sich leisten konnte, kleine Glasfenster. Daran erinnern bis heute die bleigefaßten Butzenscheiben und die Sprossen.

Das Ständebuch von Hans Sachs und Jost Amman gibt 1568 knappen und einleuchtenden Bescheid:

> Ein Glasser war ich lange jar /
> Gut Trinckgläser hab ich fürwar /
> Beyde zu Bier vnd auch zu Wein /
> Auch Venedisch glaßscheiben rein /
> In die Kirchen / und schönen Sal /
> Auch rautengläser allzumal /
> Wer der bedarff / thu hie einkern /
> Der sol von mir gefürdert wern.

Im *Deutschen Museum* in München und in Neugablonz im Allgäu gibt es über seine Künste viel zu sehen.

XLIV

Im Norden der bayerischen Landeshauptstadt kann sich ein Wandersmann leicht verirren. Zwischen einem Euro-Industriepark, der nicht nur hält, was sein Name verspricht – ein Meer von Parkplätzen –, bietet die Gegend auch alle denkbaren Einkaufsparadiese. Mitten in der Peripherie gibt es Möbel-, Medien-, Versicherungs- und Küchengeschäfte, die sich, wer weiß warum, allesamt als Zentren ausgeben. In dieser Gegend wird von Investoren, die nicht wissen, wohin mit ihrem Geld, derart viel gebaut, daß der Weg zwischen aufgegebenen Bahngleisen, abgesperrten Fußballplätzen und denkmalgeschützten Industrieruinen einem Hürdenlauf gleicht.

Unversehens stößt man dort auf ein Grundstück, auf dem sich Hunderte von Sechzehn- bis Dreißigjährigen versammelt haben. Sie hören Musik, trinken ein Bier, liegen in der Sonne oder stehen Schlange, um Eintrittskarten für eine bevorstehende Attraktion zu kaufen. Wer hat dieses Wochenendtreffen veranstaltet? Das kann man auf einer Reihe von bunten Fähnchen lesen, die am Eingang flattern. Wir befinden uns mitten in der *Motorworld*, die hier einen »Raum für mobile Leidenschaft« eröffnet. Der Zweck der *Motorworld Trademark Management AG* ist, wie es etwas gewunden heißt, »das Erwerben, Verwalten und Verwerten von Immaterialgüterrechten im Zusammenhang mit der Entwicklung und dem Betrieb von Mobilitätszentren, insbesondere für Oldtimer und Sportwagen wie auch Luftfahrzeuge, mit Gastronomie und Hotels sowie Tagungsräumen und Eventlocations sowie Betrieb von Messen.« Diese Aktiengesellschaft hat eine richtige Adresse, nämlich Marktplatz 4 in Sankt Gallen. Dort ist sogar, wenn es gar nicht anders geht, ein Verwaltungsrat, Herr Hans Hofstetter, anzutreffen.

Ein persönlicher Besuch bei der Motorworld AG in Sankt Gallen ist für Benzingespräche kaum zu empfehlen. Lohnender ist eine Fahrt nach Köln oder nach Herten im Ruhrgebiet, wo es Motorwelten gibt. Man könnte vielleicht auch Manufakturen aufsuchen, die in Berlin und in Metzingen bei der Restaurierung gebrauchter Fahrzeuge behilflich sind. Auch sie werden von der Sankt Gallener AG betrieben. Ihr Motto lautet:»Schöner Schrauben«.

Weitere Motorwelten gibt es auf Mallorca, so daß man auch im Urlaub nicht auf Oldtimer, Zubehör und Events verzichten muß, und in Stuttgart, wo ehemalige Flughafenhallen für »autoaffinen Charme« sorgen.

Damit wird es die Motorwelt in München-Freimann zweifellos aufnehmen können. Denn hier geht es um ein 45 000 Quadratmeter großes Event-Ensemble, das sich bald in einem ausgeweideten Ausbesserungswerk der Deutschen Reichsbahn breitmachen soll. Dort wird Liebhabern »hochwertiger Fahrkultur« künftig alles geboten werden, was das Herz begehrt. Dies kann ein Stammtisch, aber auch ein Flugsimulator sein.

Aber ganz soweit ist es in Freimann noch nicht.

Die meist jungen Besucher haben, wie aus ihren Nummernschildern erhellt, stundenlange Anfahrten auf sich genommen. Sie verschmähen öffentliche Verkehrsmittel und Fahrzeuge wie das Automobil und das Fahrrad. Auf Befragen räumen sie ein, daß es das Motorrad ist, was sie anfeuert. Krach, Abgas und übler Geruch, den ihre Maschinen verursachen, stören sie nicht. Auch die Lebensgefahr, mit der ihr Vehikel sie und andere bedroht, schreckt sie nicht ab. Die einzigen, die solche Schäden mit Fassung erwarten, sind vermutlich die Transplantationsmediziner.

XLV

Mein Großvater war nicht berühmt. Ob er darunter litt, daß er selten in der Zeitung stand, weiß ich nicht. Aber damit, daß er ein tüchtiger Lehrer, Oberhaupt und »Haushaltsvorstand« einer zahlreichen Familie war, gab er sich nicht zufrieden. Gerne hätte er sein strenges, hingebungsvolles Regiment auch anderswo geführt.

Einmal im Leben ist ihm das gelungen. 1923 hat er es zum Vorsitzenden der deutschen Sektion einer weltumspannenden Gemeinschaft gebracht. Das war die *Universala Esperanto-Asocio*. Der Esperanto-Weltbund hielt damals seinen alljährlichen Weltkongreß am Wohnort meines Großvaters ab. Das war kein Zufall; denn Nürnberg war im Kaiserreich die Stadt, wo die Zeitschrift *La Esperantisto* das Licht der Welt erblickte. Die Nürnberger Gruppe gehörte zu den stärksten der Welt, und ihr Anführer war mein Großvater, der sich unter den fünftausend Teilnehmern durch seinen Eifer hervortat.

Er bewunderte den Erfinder dieser neuen Weltsprache, Dr. Ludwik Lejzer Zamenhof, geboren 1859 als Eliezer Levi Samenhof in Białystok. Der war nicht nur ein angesehener Augenarzt, sondern auch ein zu allem entschlossener Linguist. Die Muttersprache seines Vaters war Russisch, die seiner Mutter Jiddisch. In Warschau wird er Polnisch gelernt haben. Aber das reichte ihm bei weitem nicht. Er nahm es mit dem Deutschen, dem Französischen, dem Griechischen, Lateinischen und Englischen auf und verstand auch Hebräisch; sonst hätte er später das Alte Testament nicht ins Esperanto übersetzen können.

Der Erbauer dieser Sprache hatte einen verwegenen Plan. Er wollte die Verwirrungen aufdröseln, mit denen die Menschheit nach dem Turmbau von Babel geschlagen war. Danach gab es keine Universalsprache mehr wie die, mit der sich Adam und Eva im Paradies unterhielten. Eine solche Sprache mußte her, um die ewigen Konflikte zwischen den Nachbarn ein für allemal zu befrieden. Dieses Projekt taufte Zamenhof auf den Namen *Lingvo internacia*.

Nach mehrjähriger Erprobung veröffentlichte er 1887 in Warschau *Unua Libro*, eine Broschüre mit den Grundlagen seiner neuen Sprache. Die Ziele, die er damit verfolgte, drückte er unverhohlen in einer deutschen Übersetzung aus: »Die Sprache muß sehr leicht sein, so daß sie jeder sozusagen spielend erlernen kann.

Jeder, der diese Sprache erlernt hat, muß sie sofort zum Verkehr mit anderen Nationalitäten benutzen können, ganz abgesehen davon, inwiefern diese Sprache von der Welt anerkannt wird, ob sie viele, wenige oder gar keine Anhänger hat, d. h. daß die Sprache gleich von vornherein, in Folge ihres besonderen Baues, als Mittel zum internationalen Verkehr dienen kann.«

Vielleicht aus diesem Grund sieht seine Grammatik, anders als die natürlichen Sprachen, nur ein Minimum von Regeln vor, ganze sechzehn an der Zahl. Die meisten Esperanto-Wörter sind lateinischen oder romanischen Ursprungs, aber auch germanische und slawische Wurzeln sind diesem Idiom nicht fremd. Sogar griechische Lehnwörter hat Zamenhof berücksichtigt. Die Schrift richtet sich nach dem lateinischen Alphabet. Aber auch in dieser Beziehung geht es recht ordentlich zu: Jedem Laut entspricht ein Buchstabe und jedem Buchstaben ein Laut.

Da er um seinen guten Ruf als Arzt fürchtete, gab er seine erste Broschüre unter dem Pseudonym Dr. Esperanto, das heißt »der Hoffende«, heraus. Der Geburtstag dieses polyglotten Vereinfachers wird heute bei seinen Verehrern als Zamenhof-Tag gefeiert. Bis kurz vor seinem Tod hielt er seine Sprechstunde als Augenarzt ab, obwohl er unter Herz- und Atembeschwerden zu leiden hatte. Als er 1917 starb, folgte eine große Menschenmenge dem Leichenzug. Es waren nicht nur Esperantisten, die ihm die letzte Ehre erwiesen, sondern auch seine armen jüdischen Patienten.

1908 wurde in der Schweiz der Esperanto-Weltbund UEA gegründet. Fünf Jahre später existierten bereits Verbände und Sektionen auf allen fünf Kontinenten. Aber nicht überall war die Macht Zamenhofs Erfindung wohlgesinnt. Eine zweite synthetische Sprache, das glücklose *Volapük*, rivalisierte mit dem Esperanto. Weniger harmlos ging es im Dritten Reich zu. Mein Großvater mußte auf Amt und Mitgliedschaft bei der *Universala Esperanto-Asocio* verzichten, weil die Gestapo diesen Bund auflöste. In der Sowjetunion verdächtigte das NKWD »alle Menschen mit Auslandskontakten«, selbst wenn es nur harmlose Briefmarkensammler waren. Auch Esperantisten wurden verhaftet und deportiert.

Heute sieht es damit besser aus. Der Esperanto-Weltbund, mit 5500 Mitgliedern die größte Dachorganisation, ist am Nieuwen Binnenweg 176 in Rotterdam, Nederlando, zu finden. Er scheint Landesverbände in 63 Ländern zu haben und richtet nach wie vor die alljährlichen Esperanto-Weltkongresse aus. Radiosender in Österreich, Brasilien, China, Kuba, Estland, Ungarn, Italien, in Polen und im Vatikan senden unverdrossen auf esperanto.

Professor Erich-Dieter Krause aus Leipzig hat nicht nur Wörterbücher für das Indonesische, sondern auch für Esperanto verfaßt. Mehr als hundert Magazine und Zeitschriften in dieser Sprache soll es geben. Auch bei Wikipedia existiert eine Sparte, die sich korrekterweise *Vikipedio* nennt und inzwischen mehr als 240 000 Einträge aufweist. Es gibt Organisationen für alle möglichen Fachgruppen. Auch Pfadfinder, Blinde, Schach- und Go-Spieler finden dort eine anheimelnde Nische.

Wer sich nach der Anzahl der heutigen Esperantosprecher erkundigt, dem erklären die Statistiker ungerührt, eine solche Frage löse leicht Verlegenheit aus und gerate »unversehens zum Schätzungsabenteuer«. Von bis zu zwei Millionen ist die Rede.

Meinem Großvater, der wie Dr. Zamenhof ein knallharter, unverbesserlicher Träumer war, wäre es auf eine Million mehr oder weniger nicht angekommen.

L.-L. ZAMENHOF

Fundamento
de Esperanto

GRAMATIKO, EKZERCARO, UNIVERSALA VORTARO

FRANCUJO. — HACHETTE et Cⁱᵉ, *PARIS.*

ANGLUJO. — « REVIEW of REVIEWS », *LONDON*
DANUJO. — ANDR.-FRED. HÖST & SÖN, *KJOBENHAVN.*
GERMANUJO. — MÖLLER & BOREL, *BERLIN.*
HISPANUJO. — J. ESPASA, *BARCELONA.*
ITALUJO. — RAFFAELLO GIUSTI, *LIVORNO.*
POLUJO. — M. ARCT, *WARSZAWA.*
SVEDUJO. — ESPERANTOFÖRENING, *STOCKHOLM.*

1905

XLVI

Nicht eines einsamen Experten soll hier gedacht werden, sondern einer ganzen Schar von sachverständigen Menschenfreunden.

In den 1720er Jahren erfand Monsieur Pierre Fauchard in Paris nicht nur das Wort *dentiste*, sondern einen neuen Beruf, der an die Stelle seines Vorgängers, des Baders, trat. Fauchard kam auf die Idee, daß es sinnvoller sein könnte, Zähne zu erhalten, statt sie herauszureißen. (Wie drastisch es dabei zuging, zeigt der niederländische Meister Lucas van Leyden auf seinem Stich *Der Zahnarzt* von 1523.)

Durch Fauchard ist Paris für einige Jahrzehnte zur Hauptstadt der Zahnmedizin geworden. Ein anderer Pionier, Nicolas Dubois de Chémant, erfand das künstliche Gebiß aus Porzellan. Dieses Material gab es bei der königlichen Manufaktur in Sèvres. Dort beratschlagte er sich mit den Arbeitern, die ihm verrieten, wie man erst ein Wachsmodell und dann einen Gipsabguß macht. 1788 konnte er eine Praxis im Palais Royal eröffnen.

Zwar sollen schon die sagenhaften Etrusker falsche Zähne aus Elfenbein und Brücken aus Gold hergestellt haben. Wenn das stimmt, sind ihre Fertigkeiten aber längst verlorengegangen. Zweitausend Jahre vergingen, bis Monsieur Dubois sie übertraf. Mit der Zahnspange hat das leider noch länger gedauert.

Da wir schon bei der Hygiene sind: Wo kam eigentlich die Zahnbürste her? Angeblich aus China. Händler, die in Europa Import- und Exportgeschäfte machten, sollen ihre Kunden mit Schweinsborsten verblüfft haben, die reihenweise auf ein Bambusstäbchen gesteckt waren. Offenbar fand diese Neuheit keinen Anklang.

Erst Dr. Fauchard, der Vater der modernen Zahnpflege, trat 1728 mit seinem Lehrbuch *Le Chirurgien Dentiste* hervor, in dem er sich auch über die Zahnbürste äußert. Das bis dahin übliche, wenn auch selten benutzte Mittel, um die Zähne zu putzen, waren Pferdehaare. Viel zu weich, um loszuwerden, was im Gebiß hängen blieb! Wie wäre es, argumentierte Fauchard, mit einem Schwamm, um die Zähne abzureiben, mit einem Federkiel oder einem Zahnstocher?

Dagegen wandte Dr. Louis Pasteur, der berühmte Bakteriologe, ein, daß diese Instrumente den idealen Nährboden für Pilze und Keime böten. Alle Naturhaare könnten leicht zu Infektionen im Zahnfleisch führen. Unangenehme Entzündungen seien die Folge. Zwar könne man die Borsten in kochendem Wasser sterilisieren, aber dann verlören sie ihre Härte.

Erst als die amerikanische Firma DuPont 1935 ein neues Material auf den Markt brachte, das sie unter dem Namen *Nylon* patentierte, waren all diese Schwierigkeiten vom Tisch; denn Nylon war steif, elastisch und wies Feuchtigkeit so entschieden ab, daß sich keine Mikroben auf der Bürste einnisten konnten. Eine Steigerung erfuhr die Zahnbürste durch den Elektromotor, auch wenn seine Vibrationen nicht allen Putzern gefallen. Nicht nur Kabel oder Batterie, auch das Gebrumm kann empfindliche Gemüter stören.

Bei der langwierigen und verwickelten Geschichte der Zahncreme, wie sie Charles Panati in seiner *Universalgeschichte der ganz gewöhnlichen Dinge* darlegt, wollen wir uns lieber nicht aufhalten.

Die wenigsten Leser dieser Zeilen wissen, daß vor nicht allzu langer Zeit den Leuten die Zähne einfach ausgefallen sind, kaum daß sie vierzig waren. Ich kann bezeugen, daß noch in den 1950er Jahren an einem norwegischen Fjord ein vazierender Dentist unterwegs war, der seine Patienten mit dem Ruderboot aufsuchte. Er führte einen Apparat mit sich, der an eine Nähmaschine erinnerte. Seine Assistentin mußte treten, um den kreischenden Bohrer in Bewegung zu setzen, da es auf abgelegenen Höfen keinen Strom gab. Von lokaler Betäubung war bei seinem Handwerk natürlich nicht die Rede. Die Anästhesie ist eine menschenfreundliche Erfindung von grundstürzender Bedeutung. Wem ist der Lorbeer der Unsterblichkeit eher zu gönnen – Hegel und Einstein oder Horace Wells und William T. G. Morton? Da tut jedem Zartfühlenden die Wahl weh. Wells war ein Dentist aus Hartford, Vermont, der als erster Lachgas anwendete, Morton ein Kieferchirurg aus Boston, der seine Patienten mit Äther betäubte. Auch Charles Frederick Gerhardt, Felix Hoffmann und Heinrich Dreser sollten nicht vergessen werden, die Pioniere der Acetylsalicylsäure, vulgo des *Aspirins*®, dessen bescheidene, aber unentbehrliche Kraft bis auf den heutigen Tag so segensreich wirkt. Selten wächst uns der Fortschritt so ans Herz wie auf dem Zahnarztstuhl.

XLVII

Wohin nach dem Tod? Es gibt Menschen, die sich darüber keine Gedanken machen. Aber fast alle Gläubigen haben sich darüber den Kopf zerbrochen. Apokalypse? Auferstehung? Hades? Erlösung? Jüngstes Gericht? Wiedergeburt, aber in welcher Gestalt? Die Priesterschaft war nie bereit, so wichtige Fragen unmündigen Laien zu überlassen. Gutorganisierte Kirchen wie die katholische konnten sich auf die Autorität der Kirchenväter, der Päpste und der Konzilien stützen. Bald stellte sich allerdings heraus, daß die Heilige Schrift bei diesem Thema wortkarg war und wenig Aufschluß versprach.

Es war Augustinus von Hippo, der die Lehre von der Erbsünde erfunden hat. Sie brachte es zur Würde eines Dogmas, und das bedeutet, daß es schwerfällt, sie wieder loszuwerden. Die Komplikationen, die sich daraus ergeben, haben die Theologen bis in die Gegenwart beschäftigt.

Schon im Mittelalter kamen wegen der ewigen Sündenstrafe zwar nicht Zweifel, aber immerhin Bedenken auf. Muß auch, wer keine Todsünde begeht, auf ewige Zeiten in der Hölle schmoren? Um dieser Konsequenz auszuweichen, wurde das Fegefeuer erfunden. Jacques Le Goff, ein französischer Historiker, hat beschrieben, welche Mühe das kostete.

Papst Gregor der Große kam zu dem Schluß, daß gewisse leichte Sünden nachgelassen werden können, so daß der Aufenthalt im Purgatorium sich durch Gebete und gute Werke verkürzen lasse. Im Jahr 1476 stellte eine päpstliche Bulle klar, daß dafür auch Geldspenden an die Kirche in Frage kämen. (Damit war Martin Luther bekanntlich nicht einverstanden.)

Zwei wichtige Fragen waren mit der Lehre vom Fegefeuer

freilich nicht zufriedenstellend beantwortet. Wie verhält es sich wohl mit den Seelen der Gerechten des Alten Bundes, mit Moses und Abraham? Dante hat in der *Göttlichen Komödie* auch an die Weisen der Antike gedacht, an Plato und Sokrates. Und was geschieht mit den Kindern, die sterben, bevor ein Priester zur Stelle ist, um sie zu taufen?

Die mittelalterlichen Theologen wollten sich mit der Trias von Himmel, Hölle und Purgatorium nicht begnügen. Sie haben noch einen vierten Ort erfunden: den *limbus*. Den muß man sich wie eine Art Wartezimmer vorstellen. Es gibt sogar zwei davon, erstens den *limbus patrum* für die Gerechten, die vor Christus geboren sind, und zweitens den *limbus infantium* für die Seelen der ungetauften Säuglinge. Die Ansichten darüber, wie es in den Vorhöllen zugeht, sind geteilt. Nur über den Verlust der Gottesschau ist man sich einig. Die Extremisten behaupten, es drohten dort Traurigkeit und geistige Umnachtung.

Lawrence Sterne hat diesem schwierigen Thema ein Kapitel im *Tristram Shandy* gewidmet. Er bezieht sich auf eine Beratung der Doktoren der Pariser Sorbonne. »Es wäre ihm angenehm zu erfahren, ob nicht, wenn alle *Homunculi* nach der Trauung und noch vor Vollziehung der Ehe, auf einmal, Bums! durch Einspritzung getauft würden, die Sache noch wesentlich abgekürzt und bei weitem sicherer gemacht würde? … Vorausgesetzt, daß das Ding sich *par le moyen d'une petite canulle* machen ließe, was, wie Herr Shandy meint, möglich sein dürfte!« Er hoffe, daß die Herren nach dieser mühsamen Beratung alle in der Nacht gut geschlafen hätten.

Papst Johannes Paul II. war nicht glücklich mit der Theorie des Limbus. Er hat schon 1992 dafür gesorgt, daß die Vorhölle aus dem Weltkatechismus gestrichen wurde. Eine dreißigköpfige internationale Theologenkommission beriet seit 2005 im Vatikan über das Problem. Sie kam zu der Auffassung, kleine Kinder kämen direkt ins Paradies, auch wenn sie vor der Taufe stürben. Kardinal Joseph Ratzinger sagte bereits vor seiner Wahl zum Papst:»Ich persönlich würde die Vorhölle aufgeben, da sie immer nur eine Hypothese war.« Seit 2007 ist also zumindest der *limbus puerorum* offiziell abgeschafft. Ob damit die theologische Vermesssung des Jenseits abgeschlossen ist, muß dahingestellt bleiben. Ein schwedischer Bischof soll auf die heimtückische Frage eines Journalisten, ob er wirklich an die Hölle glaube, geantwortet haben:»Ganz gewiß. Nur bin ich überzeugt davon, daß sie leer steht, weil Gott barmherzig ist.«

XLVIII

Christian August Friedrich Garcke war Doktor der Theologie, hielt sich aber, der unliebsamen Streitigkeiten unter den Theologen müde, bald an die Pflanzen. Sein Gott war Linné und kam aus Schweden. Im Oktober 1867 übernahm er die Redaktion der *Linnæa*, eines »Journals für die Botanik in ihrem ganzen Umfange«. Seine Bibel, die er selbst verfaßte, war die *Flora von Deutschland zum Gebrauche auf Exkursionen, in Schulen und beim Selbstunterricht*. Sie ist 1878 in Berlin erschienen und hat mindestens 23 Auflagen erlebt. Professor Garckes Autorensignatur *Garcke* findet sich bis heute in allen maßgeblichen Verzeichnissen.

Den thymianblättrigen Ehrenpreis hat er in der Wetterau und einmal unter Klee bei Rüdesheim in Menge gefunden: eiförmige Blätter, etwas gekerbt, die blütenständischen lanzettlich. Blaue Krone, ziemlich flache Kapsel. Familie der *Scrofula riaceae*.

Liebte er manche Orte und Pflanzen mehr als andere? Oder war vor seinem botanischen Auge alles und jedes gleich? Ein Beispiel: »Steinige, schattige Orte der Gebirge, selten. Nicht bei Birkenfeld an der Nahe und nicht bei Rudolstadt, aber im Unterharz bei Rübeland, am Uhusteine bei Einsiedeln, bei Jägerndorf; am Milleschauer bei Teplitz häufig, auf dem Schemnitzstein bei Karlsbad. Hin und wieder eingeschleppt. *Veronica praecox Allioni*, der frühe Ehrenpreis, fehlt im Königreich Sachsen und dem größten Teile des östlichen Gebiets.« Er muß ihn dort zu einer Zeit erblickt haben, als man in dieser Gegend noch deutsch sprach.

»Viele Ausnahmen finden statt. Die meisten sind dem Verkümmern, wenige auch dem Überwuchern der Teile zuzuschreiben, sie sind nur scheinbar; sie werden verschwinden und sich unter das Gesetz fügen, sobald wir sie nicht vereinzelt, sondern in ihrem natürlichen Zusammenhang betrachten und auf die Verwandlung der Form durch die Reihe der Pflanzen aufmerksam sind.«

Am 10. Januar 1904 schloß Garcke die milden, freundlichen Augen, aus denen eine edle Kinderseele der geliebten Pflanzenwelt entgegenstrahlte. Er war unverheiratet geblieben, war anspruchslos und sparsam, selbstlos und bescheiden.

Heute alles vorbei und vergessen.

Wer das mißbilligt und sich ausführlicher über Garcke unterrichten möchte, sollte Michael Krügers Buch *Kurz vor dem Gewitter* zur Hand nehmen, in dem ein »Ehrenpreis« untertiteltes Prosagedicht steht. Die meisten Sätze darin stammen nicht von Krüger, sondern von Garcke, dem Urgroßonkel des Dichters.

Ein glücklicherer Experte als dieser Botaniker ist kaum vorstellbar. Deshalb habe ich mir erlaubt, von Krüger abzuschreiben, der von seinem Ahnen abschrieb, was er besser nicht hätte formulieren können.

XLIX

Adam wurde 930, Seth 912, Enoch 905, Kenan 910, Mahalalel 895, Jarwed 962, Henoch 365, Methusalem 969, Lamech 777, Noah 950 Jahre alt. So steht es in der Bibel: Genesis 5,5-5,31 und 9,29.

Die Schriftgelehrten waren zunächst verdutzt; denn ein paar Kapitel weiter heißt es: »Mein Geist soll nicht immerdar im Menschen walten, denn auch der Mensch ist Fleisch. Ich will ihm als Lebenszeit geben hundertundzwanzig Jahre.« Noch weniger großzügig geht es im Psalter zu: »Unser Leben währet siebzig Jahre, und wenn's hoch kommt, so sind's achtzig Jahre.« Spätere Exegeten wußten Rat. Sie erklärten, bei solchen chronologischen Angaben sei wohl der Mondkalender im Spiel gewesen. Auch habe der Umgang mit dem Dezimalsystem nicht zu den Stärken der alten Welt gehört. Nullstellen waren deshalb leicht zu verwechseln.

Neuere Forschungen scheinen Genesis 6,3 zu bestätigen. Ein Paradebeispiel dafür gibt die 1997 verstorbene Französin Jeanne Louise Calment ab, die mit 122 Jahren einen weltweiten Rekord erreicht hat. In ihren Achtzigern lernte sie noch fechten, und bis zu ihrem hundertsten Lebensjahr schwang sie sich aufs Fahrrad.

Vermutlich wird sie damit die Ausnahme bleiben. Das wollen die Genetiker vom *Albert Einstein College of Medicine* in New York herausgefunden haben. In der Zeitschrift *Nature* schreiben sie, die Wahrscheinlichkeit, daß ein Mensch das Alter von 125 Jahren erreiche, sei sehr gering. Sie liege bei 1:10 000. Es gebe also, wie die Bibel sagt, eine natürliche Grenze der Langlebigkeit. Wer älter als hundert wird, profitiere seit den 1980er Jahren kaum noch von den Fortschritten der Medizin.

Besides the total number of cases the number of females (f) and males (m), the age range of the individuals and the range of their birth years is given.

Country	Cases	females, males	Age range	Birth years
Belgium	5	5 f	110-112	1882-1890
Denmark	2	2 f	111	1884-1889
England & Wales	66	64 f, 2 m	110-115	1856-1895
Finland	6	5 f, 1 m	110-112	1878-1897
France	49	46 f, 3 m	110-122	1875-1893
Germany	17	14 f, 3 m	110-112	1883-1894
Italy	37	31 f, 6 m	110-113	1863-1893
Japan	78	66 f, 12 m	110-114	1884-1893
Quebec	10	8 f, 2 m	110-112	1852-1892
Norway	8	7 f, 1 m	110-112	1876-1893
Spain	28	20 f, 8 m	110-114	1878-1895
Sweden	12	11 f, 1 m	110-112	1874-1898
Switzerland	4	4 f	110	1883-1890
USA	341	309 f, 32 m	110-119	1867-1889

International Database on Longevity, Stand: Ende 2008

Das gehe aus Daten der *Human Mortality Database* hervor, die in 38 Ländern erhoben worden sind. Als sich Jan Vijg und sein Team zusätzlich die *International Database of Longevity* anschauten, in der 534 extrem alte Menschen verzeichnet sind, bestätigte sich das Bild. Zwar sei die maximale Lebensspanne auf 115 Jahre gestiegen. Damit habe der *homo sapiens* jedoch ein Plateau erreicht. Diese These werde auch dadurch gestützt, daß seit 1990 niemand mehr das Alter von Jeanne Calment erreicht hat.

Heftigen Widerspruch erntete die amerikanische Mannschaft bei James W. Vaupel vom Max-Planck-Institut für demografische Forschung in Rostock. Vijgs Analyse sei schon aus statistischen Gründen »lächerlich«. Sie lasse künftige Fortschritte der Medizin völlig außer acht. Immer wieder hätten Genetiker und Epidemiologen eine absolute Grenze der Langlebigkeit vorhergesagt, und jedesmal haben sie damit falsch gelegen. Nun ist es gar nicht so lange her, daß Frank Schirrmacher wegen der steigenden Lebenserwartung Alarm geschlagen hat. Einer seiner Bestseller hieß *Das Methusalem-Komplott*. Er sagte voraus, daß der hundertste Geburtstag, wenigstens in den Industrienationen, bald zum statistischen Normalfall werde. Keine Chance mehr auf eine persönliche Einladung des Ministerpräsidenten! Im besten Fall eine Erwähnung im Lokalblatt und ein Blumenstrauß aus dem Rathaus. Schlimmer noch: Vor unserem hemmungslosen Überleben müsse entschieden gewarnt werden.

Natürlich wollte das niemand hören. Im Gegenteil. Die meisten Leute finden ihre Sterblichkeit ärgerlich und möchten lieber in einem Jungbrunnen baden.

Die Ermahnung, Maß zu halten, findet sich schon bei den Klassikern. Epikur und Mark Aurel meinten, nur so lasse sich ein gesundes und glückliches Dasein führen. Die Ärzteschaft steht mit Rat und Tat bereit, um dieses Rezept zu verfeinern. Zunächst müsse man auf eine gesunde Ernährung achten. Als Vorbild könnten das sardinische Nuoro, die Provinz der Hundertjährigen, und die japanische Insel Okinawa herangezogen werden. Zu empfehlen sei auch der bulgarische Joghurt, auf dessen Verpackung ein munterer, weißbärtiger Greis, behütet mit einem Kalpak, dem Kunden entgegenstrahlt. Gut: Sport, Bewegung, Diät, Workout und Fitneß. Schlecht: Übergewicht, Rauchen, Alkohol, Fett und Zucker.

Das alles läßt sich hören, zeugt aber von mangelnder Entschlossenheit. Wer waghalsig ist, wird ehrgeizigere Ziele ins Auge fassen. Eine vielversprechende Technik ist das Klonen; mit ihr lassen sich beliebig viele Doppelgänger erzeugen, so daß ein unglücklicher Zufall nicht das individuelle Ende bedeuten muß.

Aber damit ist die Mortalität nur in die Zukunft verschoben. Hier muß ihr begegnet werden, und zwar sofort. Das sagt unser Lieblingszeuge, ein alter Bekannter, der Raymond Kurzweil heißt und den wir wohl mit seinem Spitznamen Ray anreden dürfen. Dieser amerikanische Erfinder, Schriftsteller, Visionär und Geschäftsmann ist der weltweit führende Fachmann für das ewige Überleben.

Schon als Kind las er am liebsten Science-fiction-Geschichten. Mit zwölf Jahren nahm er Computer auseinander und baute sie wieder zusammen, um sie zu optimieren, und mit vierzehn sann er über den Bau der Großhirnrinde nach.

Live Long Enough to Live Forever! Mit dieser Aufforderung kam Kurzweil erst viel später heraus, und zwar 2004. Für den Fall, daß er eines Tage stürbe, brauche er sich nur in flüssigem Stickstoff einfrieren und später wieder auftauen lassen. Bis dahin werde die Firma *Alcor Life Extension Foundation* ihr Ziel erreicht haben. Der Sieg der Kyrotechnik sei absehbar.

Als sein Arzt ihm sagen mußte, daß er an einer Form von Diabetes leide, fing Kurzweil an, vorsorglich täglich Hunderte von Tabletten und 250 Nahrungsergänzungsmittel zu schlucken, um seine Biochemie zu reprogrammieren. An diesem Vorhaben ließ er das Publikum teilhaben, indem er die *Medical Learning Company* gründete. Bei dieser Firma sind auch seine Hausmittel zu erwerben, zum Beispiel das *Astaxanthin*, »ein fünfhundertmal stärkeres Antioxidationsmittel als Vitamin E«, und »das fortschrittlichste Mittel für Hirngesundheit«, das unter dem Namen *Free Your Mind Excelerol* zu haben ist.

Seine frohe Botschaft läßt sich in wenigen Worten zusammenfassen: Niemand muß sterben! Wir alle können das ewige Leben erlangen! Und ich werde einer der ersten sein.

Im Jahre 2045, sagt er, wird es endlich soweit sein. Kurzweil wäre dann 97 Jahre alt. Seinem Familiennamen hat er alle Ehre gemacht. Langeweile hat sein Evangelium nie aufkommen lassen.

Aus dem amerikanischen Zitatenschatz

Bill Gates sagt:»Kurzweil ist der Beste auf der Welt, wenn es darum geht, die Zukunft vorherzusagen.« Die Wirtschaftszeitschrift *Forbes* hält ihn für die »ultimative Denkmaschine«. Einundzwanzig Universitäten haben ihn mit ihrem Ehrendoktor ausgezeichnet. Drei Präsidenten der Vereinigten Staaten haben ihm offiziell ihre Anerkennung durch Orden und Medaillen gezollt. Kurzweil ist einer der Gründer der *Singularity University* im kalifornischen Silicon Valley, eines *Think Tank*, der nicht nur Bildungsprogramme zu bieten hat, sondern auch neue Geschäftsmodelle ausbrütet.

Die Singularität, die Kurzweil zufolge unmittelbar bevorsteht, ist das Zusammenwachsen von Maschinen und Menschen.

Einige seiner Prognosen und Visionen aus verschiedenen Jahren und mit verschiedenen Trefferquoten:

Bis 2020 wird eine neue Weltregierung am Ruder sein.

Zur gleichen Zeit sind wahrscheinlich synthetische Mittel verfügbar, die uns klüger machen. Aber interessanter ist die direkte Verbindung unserer Gehirne mit der Künstlichen Intelligenz, die größtenteils in der Cloud angesiedelt sein wird, also in einer Datenwolke. Das wird dazu führen, daß unsere geistigen Fähigkeiten exponentiell wachsen.

Wir werden Herren über unsere Biologie sein und die veraltete Software erneuern, die bisher unseren Körper gesteuert hat. Computer werden unsere Bedürfnisse besser kennen als wir selbst. Materielle Produktion, Landwirtschaft und Transportwesen sind dann fast völlig automatisiert und werden nur noch die wenigsten Leute beschäftigen. Dank fortgeschrittener Technologien sind Armut, Krieg und Krankheit fast ganz ausgerottet.

Somit gibt es keine klaren Unterschiede mehr zwischen Menschen und Maschinen. Der Begriff »Lebenserwartung« hat keine Bedeutung mehr, weil wir auf Grund der Computer- und Medizintechnik unsterblich sein werden.

L

Die Eulersche Zahl e = 2,71828…, benannt nach dem Schweizer Mathematiker Leonhard Euler, ist eine irrationale und transzendente reelle Zahl. Das bedeutet, wie im Fall der Kreiszahl π, daß sie nie ein Ende nimmt. Berechnet wurde ihr Wert schon 1748 auf 23 Stellen genau. Das war damals nicht ganz einfach. John von Neumann kam 1949 bis auf 2010 Stellen. Den bisherigen Rekord hält Ron Watkins mit fünf Billionen. Die Zahl e ist ein Kobold, der wie ein Zaubergeist überall in der Mathematik auftaucht. Ohne Eulers Entdeckung kommt heute kein Theoretiker und kein Ingenieur mehr aus; denn nur mit dieser Zahl lassen sich Exponentialfunktionen darstellen. Ohne sie ist nicht einmal der Zinseszins zu berechnen, was für den Filialleiter einer Sparkasse zum täglichen Brot gehört, auch wenn Mathematiker dieses Kalkül mit einem bloßen Achselzucken abtun. Sie finden es »trivial«. Alles, was exponentiell zu- oder abnimmt, unterliegt dieser Gesetzmäßigkeit. Nicht immer geht es dabei so simpel zu wie bei der Verzinsung. Radioaktiver Zerfall, Populationsgenetik, Wirtschaftswachstum: Um das zu berechnen, ist die Exponentialfunktion notwendig, aber nicht ausreichend.

Leonhard Euler war kein eitler Mann. Er scheint den Buchstaben e nicht gewählt zu haben, um sich zu verewigen. Aber genau das ist passiert. Das sieht so aus: $e^{i\pi} = -1$. Diese Formel vereint alle Grundkonstanten der Analysis: die ganze Zahl 1, die Eulersche Zahl e, die imaginäre Einheit i der komplexen Zahlen und die Kreiszahl π. Sie gibt nicht nur den Mathematikern zu denken, sondern auch Naturwissenschaftlern und sogar den Philosophen. Man nennt sie auch die Eulersche Identität.

Zum einen ist e die einzige Zahl, bei der Ableitung, Stammfunktion und Ausgangsfunktion identisch sind. Sie läßt sich auch als Grenzwert schreiben und ist dann gleich mit $\lim (1 + 1/n)^n$. Ferner ist $e \, i \cdot \pi = -1$ e die Basis des natürlichen Logarithmus. Auch trigonometrische und hyperbolische Beziehungen lassen sich als e-Funktion darstellen. π Und das ist noch lange nicht alles. Auf die Wahrscheinlichkeitsrechnung, die Glockenkurve, die Primzahlenverteilung und den Zusammenhang mit dem Goldenen Schnitt wollen wir lieber nicht eingehen, um den geneigten Leser, der Formeln beargwöhnt, zu schonen.

Zahlentheorie hin oder her, die Geschichte des Wuchers wird auch den Laien interessieren. In § 138 des bürgerlichen Gesetzbuches heißt es:»Ein Rechtsgeschäft, das gegen die guten Sitten verstößt, ist nichtig. Nichtig ist insbesondere ein Rechtsgeschäft, durch das jemand unter Ausbeutung der Zwangslage, der Unerfahrenheit, des Mangels an Urteilsvermögen oder der erheblichen Willensschwäche eines anderen sich oder einem Dritten für eine Leistung Vermögensvorteile versprechen oder gewähren läßt, die in einem auffälligen Mißverhältnis zu der Leistung stehen.«

Wucher ist in Deutschland für bestimmte Fälle sogar unter Strafe gestellt. § 291 StGB sieht für das Vergehen des Wuchers Geldstrafe oder Freiheitsstrafe bis zu drei Jahren vor, in besonders schweren Fällen Freiheitsstrafe von sechs Monaten bis zu zehn Jahren.

Aber was heißt das schon: Wucher? Etymologisch bedeutet dieses Wort soviel wie»Ertrag«. Das ist doch nichts Schlechtes, besonders wenn das Gemüse und der Wein wachsen und die Ernte gut ausfällt! Sorgen und verzwickte Probleme entstehen erst, wenn es darum geht, Saatgut oder Geld zu leihen. Erst wenn Kredite und Schulden wuchern, wird es ungemütlich.

Schon im Alten Testament gilt der Zins als Wucher und wird verboten, siehe Leviticus 25,36 und Psalter 15,5. Anderseits darf man zwar von gläubigen Juden keine Zinsen nehmen, denn das wäre verwerflich, wohl aber, laut Ezechiel 18,13, von Fremden und Andersgläubigen, besonders von Händlern.

In der römischen Republik durften die Patrizier zunächst von ihren Schuldnern beliebig hohe Zinsen verlangen, besonders von den Bauern, an die sie Kredite vergaben. Bei Zinssätzen von über 50 % konnte das nicht lange gutgehen. Aufstände der Plebejer gegen die Schuldknechtschaft führten dazu, daß die jährlichen Zinsen auf 10 % begrenzt wurden. Höhere Forderungen wurden als Wucher bestraft, strenger als der Diebstahl. Manchmal wurde das Nehmen von Zinsen sogar ganz verboten.

Aber solche Gesetze sind immer wieder durch Strohmänner und Verfahrenstricks unterlaufen worden, und zwar nicht nur in Rom. Als das Imperium militärisch und ökonomisch immer mächtiger wurde, geriet das Zinsverbot bald in Vergessenheit. Handel und Geldverkehr erlebten einen Boom. Der Wucher war allgegenwärtig. Die Kleinbauern verarmten und mußten ihre Höfe an Großgrundbesitzer verkaufen, die Viehzucht, Öl- und Weinbau monopolisierten. Die Arbeit auf den Latifundien verrichteten Sklaven. Viele Bauern zogen in die Stadt und wurden zu besitzlosen Proletariern. Wer vermögend war, exportierte sein Kapital dorthin, wo es die beste Rendite abwarf. Aufsteiger und Steuerpächter machten mit Spekulationsgeschäften enorme Gewinne. Ämterkauf, Wahlbestechung und Luxus waren alltäglich. Schließlich war die römische Gesellschaft gespalten, und zwischen wenigen Reichen und Millionen von Habenichtsen tat sich ein Abgrund auf.

Die sagenhaften Germanen hingegen kannten, wenn man Tacitus Glauben schenkt, keine Zinsen und keinen Wucher. Sobald sie aber anfingen, mit den Römern Handel zu treiben, war es mit einer solchen Idylle aus und vorbei.

Neue Konflikte warf das Christentum auf. Die ersten Kirchenväter dachten, die Erhebung von Zinsen verstoße gegen das Gebot der Barmherzigkeit. Sie beriefen sich auf die Bergpredigt: »Wenn ihr denen leiht, von denen ihr es wieder zu erhalten hofft, welchen Dank habt ihr da? Denn auch Sünder leihen Sündern, um das gleiche zurückzuerhalten. Vielmehr liebt Eure Feinde, tut Gutes, ohne etwas zurückzuerwarten.« Das Erste Konzil von Nicäa beschloß 325, den Geistlichen Zinsgeschäfte zu verbieten. Auf die Dauer half das wenig, schon weil die Kirche auf den Zehnten, auf die Pachtzinsen und Abgaben, der Gläubigen angewiesen war. Trotzdem erweiterte Papst Leo I. das Zinsverbot auf alle Gläubigen. Den weltlichen Gerichten blieb nichts anderes übrig, als mitzuhalten. Doch solche Regelungen hielten nicht lange stand. Wer den Armen helfen und Almosen austeilen wollte, mußte seine Untergebenen besteuern.

Als die Bauern nicht mehr zahlen konnten, mußte der Klerus selber Kredite aufnehmen und Zinsen zahlen. Der Bürger stand zugleich als Wohltäter und als Ketzer, als Gläubiger und als Wucherer da. Auch die Reformation konnte sich aus der Zwickmühle der Verzinsung nicht befreien.

Im kanonischen Recht überwinterte das Zinsverbot alle Auseinandersetzungen. Aber das Kirchenrecht galt nicht für die Juden, die vom Landerwerb und vom Bürgerrecht, von Zünften, Pfründen und Ämtern ausgeschlossen waren. Sie mußten also neue Tätigkeitsfelder erschließen. Eines davon war der Geldverkehr. Den Fürsten, die mehr Geld ausgaben, als sie hatten, war das sehr willkommen. Bei diesen Spezialisten durften sie, genau wie die modernen Nationalstaaten, beliebig viele Schulden machen.

Natürlich hat das ihre christlichen Mitbürger nie daran gehindert, mit Pierre-Joseph Proudhon die Kreditgeber und ihren »merkantilen und wucherischen Parasitismus« zu verfluchen. Die Geschichte des Judenhasses muß hier von den ersten Pogromen bis zum Genozid nicht noch einmal erzählt werden. Das seit Jahrhunderten ausgehöhlte kirchliche Zinsverbot war ohnehin schon im 19. Jahrhundert im Geschäftsleben bedeutungslos. Die katholische Kirche hat es zwar nie widerrufen, aber seit 1913 ist es aus dem *Codex Iuris Canonici* ganz gestrichen worden.

Honoré de Balzac hat 1830 eine Erzählung veröffentlicht, die später in den zweiten Band der *Comédie humaine* einging. Die Titelfigur heißt Gobseck. Dieser Mann ist der Sohn eines Holländers und einer Jüdin. Als Geldverleiher hat er Millionen verdient. Er lebt spartanisch, konzentriert sich ganz auf seine Geschäfte und ist mit seinem Leben zufrieden. Der Advokat Derville sagt von ihm:»Für ihn ist Geld eine Ware, die man in aller Gewissensruhe teuer oder wohlfeil verkaufen kann, je nachdem der Fall beschaffen ist … Abgesehen von seinen Grundsätzen in Finanzdingen und seinen philosophischen Beobachtungen über die menschliche Natur, die es ihm gestatten, sich wie ein Wucherer zu verhalten, bin ich im tiefsten Innern überzeugt, daß er, wenn es sich nicht um seine Geschäfte handelt, der zartfühlendste und rechtschaffenste Mensch in ganz Paris ist. In ihm leben zwei Menschen: Er ist ein Geizhals und ein Philosoph, er ist klein und groß.«

Ob es ein Insektenschwarm ist, das Weltklima oder die radioaktive Strahlung – die Zahl e regiert, ungerührt von den Machenschaften und Anwandlungen der Menschen, alles, was auf dem Planeten exponentiell wächst oder schrumpft.

LI

Jetzt ist schon wieder einmal ein Handgriff am Tablett abgebrochen. Was soll der unbedarfte Besitzer nur machen? Irgendwo, vielleicht im Keller, muß ein Werkzeugkasten mit vielen aufklappbaren Fächern stehen. Da sind ja seine Schrauben! Ein heilloses Durcheinander. Die einen sind zu lang, auf den anderen sitzen sonderbare Köpfe. Keine einzige paßt zum Messinggriff am Tablett.

Der Eisenwarenladen in der Nähe hat schon lange zugemacht. Im Kaufhaus an der Ecke gibt es nur Fertigpackungen. Aber irgendwo soll ein Baumarkt existieren, wo die Handwerker einkaufen. Schwer zu finden und weit draußen, eingezwängt zwischen Autobahn und U-Bahn-Strecke. Der riesige Parkplatz ist eingezäunt und für Fußgänger schwer erreichbar. Im Gebäude erstreckt sich auf zwanzigtausend Quadratmetern ein Labyrinth von Regalgassen. Seitenflügel kümmern sich um Hof und Garten, Bodenbeläge, Farben, Sanitär, Baustoffe, Maschinen. Aber was ist eine *Feuchtumleitung*, ein *Druckluftnagler*, eine *Greifschelle*? Solche Angebote sind nicht ohne weiteres zu entziffern.

Aha! Da sind sie ja, die Eisenwaren. Ganze Flure voller Schrauben. Die einen mit Halbrund-, Linsen-, Senk- und Flachrundköpfen, mit Längs-, Kreuz-, Stern-, Sechskant- und allerhand anderen Schlitzen, in allen möglichen Durchmessern und Längen, Fein- und Grobgewinde, galvanisch verzinkt, absolut rostfrei oder gelb chromatiert.

Nach langem Herumirren hat man endlich eine Fachkraft vor sich, erkennbar an den Firmenfarben. Jemand, der Bescheid weiß und mit rührender Geduld zuhört, obwohl die Kundin, eine alte Dame, offenbar nur einen bescheidenen Einkauf plant.

Sie tauscht ein Schräubchen um. Nach dem Ende dieser kurzen Beratung erkennt Herr P., daß ein weiterer Ignorant auf ihn wartet.

Der Katalog verzeichnet nur metrische Schrauben. Zusammen scheinen es 239 Artikel in 794 verschiedenen Ausführungen zu sein. Doch die Probleme fangen schon bei den Köpfen an. Zu unterscheiden ist nicht nur der Senk- vom Linsenkopf. Es stehen Zylinder-, Längs-, Kreuz-, Vier-, Sechskant- und Innensechskant zur Verfügung. Mit Schlitz oder ohne, rund oder halbrund, das sind Fragen, die sich mancher Fachmann stellt. Auch tragen manche Schrauben statt Köpfen zwei Flügel.

Die Universalschraube kommt vollmundig daher, aber zu befürchten ist, daß sie weniger hält, als sie verspricht. Es gibt keine Schraube, die überall paßt. Sonderbar! Sogar eine Madenschraube ist gelistet, aber unter der kann ein überwältigter Laufkunde sich nichts vorstellen. Die meisten Artikel in den Regalen sind aus Metall. Gewöhnlich aus Stahl, weniger aus Messing, selten aus Kupfer oder Titan. Manche Schrauben sind verchromt oder verzinkt, andere phosphorisiert oder mit Kunststoff ummantelt.

Aber was ist mit den Holzschrauben? Keine Sorge, von ihnen finden sich 303 Ausführungen im Angebot.

Endlich holt er aus seiner Theke das *Profibuch 2017/18* hervor. Dies ist ein imponierendes, 592 Seiten starkes Werk, das auf engbedruckten Seiten »Die Welt der Schrauben« in ihrer betäubenden Vielfalt darstellt. Herr P. bedauert, daß Schrauben mit den diversen zölligen Gewinden nicht vorrätig sind, da sich Briten, Amerikaner und Kanadier den ISO-Normen beharrlich widersetzen. Insgesamt sind beim *Hornbach-Konzern* 160 000 Artikel lieferbar; aber wie viele davon die Filiale auf Lager hat, weiß auch Herr P. nicht zu sagen. Zwar kündigt die Leitung ihr Sortiment mit dem Ruf an: »Das ist Herzblut«; doch gibt es Geschäftsgeheimnisse, die nicht unbedingt an die große Glocke gehängt werden müssen.

Mag der Handgriff an seinem Tablett weiterhin allzu locker sitzen, begibt sich der Kunde doch, das enzyklopädische Nachschlagewerk zum Preis von € 2,90 unterm Arm, zufrieden auf den Heimweg.

Er weiß, daß die Bezeichnung »Schraubenhändler« für *Hornbach* völlig verfehlt ist, ebenso wie für die *Adolf Würth GmbH & Co. KG* in Künzelsau. Zwar erreicht diese weltweit einen Umsatz von 12,7 Milliarden, während die Hornbach Baumarkt AG mit 156 Filialen nur 3,9 erreicht.

Aber das ist doch auch schon ganz schön.

LII

François Charles Marie und Jean Baptiste Joseph Fourier sind leicht miteinander zu verwechseln, weil sie ungefähr zur selben Zeit lebten und weil sie sich Gedanken über die Harmonie gemacht haben. Nur war der eine ein armer Teufel, der den Staat und die Ehe abschaffen wollte, der andere aber ein berühmter Mathematiker, nach dem eine wichtige Transformation benannt ist und dessen Analyse auf dem Lehrplan jedes Naturwissenschaftlers steht. Joseph war exakt, Charles hingegen neigte zur Konfusion.

Begegnet sind sie einander nur ein einziges Mal. Joseph war nämlich nicht nur der Mann, der die berühmte Fourier-Reihe aus Sinus- und Kosinusfunktionen ersann, sondern auch Präfekt des Departements Isère, wo er seinem Namensvetter Charles zu einem bescheidenen Bürojob verhalf. Der war jedoch zum Visionär geschaffen und hat es bei seiner öden Tätigkeit als Kopist nicht lange ausgehalten.

Leider mußte er sich bis zu seinem Lebensende mit ungeliebten Brotberufen durchschlagen. Er war Klinkenputzer, Kolporteur, Kopist, Makler und Kassierer. Lieber hätte er sich ganz seiner Mission gewidmet, doch das war unmöglich, weil er nie genug Geld hatte und in seinen eigenen Augen immer ein verkannter »Ladenschwengel« blieb.

Auf alten Stahlstichen macht er, mit Halbglatze, Hakennase, schmalen Lippen und bohrendem Blick, einen eher vergrämten Eindruck. Aber wieso denn? War er nicht ein Prophet, der die Morgenröte einer besseren Zukunft heraufziehen sah? Haben sich nicht die Feministinnen bei ihm bedient, die ihm das Wort *Feminismus* verdanken, das er 1837 erfunden hat? In seiner *Neuen Liebeswelt* erklärt er: »Die Harmonie entsteht nicht, wenn wir die Dummheit begehen, die Frauen auf Küche und Kochtopf zu beschränken. Die Natur hat beide Geschlechter gleichermaßen mit der Fähigkeit zu Wissenschaft und Kunst ausgestattet.« Aus derselben Quelle haben die Studenten vom Pariser Mai 1968 ihren Slogan »Die Phantasie an die Macht« abgekupfert. Und wo spukt der Plan eines bedingungslosen Grundeinkommens herum? In *La fausse industrie*, dem letzten Werk, das zu Fouriers Lebzeiten publiziert wurde.

Sein antikapitalistischer und antisemitischer Furor kam daher, daß ihn lange niemand ernst nahm. Handel und Finanzwesen hielt er für unmoralisch. Ausbeutung und Wucher sah er in den Juden verkörpert, denen er das Bürgerrecht entziehen wollte. Sie seien Parasiten, die sich nur durch Arbeit auf dem Acker bessern ließen.

1808 veröffentlichte er, unter falschem Namen und mit dem fiktiven Druckort Leipzig, sein erstes größeres Werk, die *Theorie der vier Bewegungen*. Damit glaubte er, von der Entstehung des Universums bis zum Geschlechtstrieb, von der Gestalt der Artischocke bis zur Unsterblichkeit der Seele alles restlos aufgeklärt zu haben.

Die Bescheidenheit war nicht seine Stärke. »Ich allein habe mit zwei Jahrtausenden politischem Stumpfsinn aufgeräumt, und mir allein verdanken die jetzigen und künftigen Generationen ihr Glück.« Leuchten wie Kepler und Descartes, Montesquieu und Kant fühlte er sich durchaus gewachsen.

Nicht die Kritik, sondern die Abschaffung der Zivilisation war sein Ziel. Aber aufgepaßt! Daraus, sagte er, werde nicht das Chaos, sondern eine neue, vollkommene Ordnung hervorgehen. Zu diesem Ende gedachte er die Bevölkerung Frankreichs in drei Millionen Genossenschaften unterzubringen, die er *Phalansterien* nannte, jede davon mit 1500 Bewohnern, die sich selbst mit Früchten und Blumen versorgen sollten. Versailles und der Louvre sind gar nichts, verglichen mit den Pa-

lästen, in denen ihr zukünftig leben werdet! Fort mit der Askese, der Zensur und der Monogamie! Her mit der *Neuen Liebeswelt*! Denn »die Orgie ist ein natürliches Bedürfnis des Menschen«.

Mit einem heillosen Durcheinander ist die Orgie auf keinen
Fall zu verwechseln. Damit auch bei den Leidenschaften alles
seine Ordnung hat, sieht Fourier ein »Ministerium« vor, das für
die Organisation der Orgien zuständig ist.

Zwischen ihren Formen muß genau unterschieden werden;
denn es gibt nicht nur die *Heterogamie*; außer ihr sind auch
Hemi-, Andro- und *Ultragamie* zu berücksichtigen. Wer das er-
kannt hat, weiß, daß die Fülle der Odalisken, der Fakiressen,
der Bacchantinnen, der Bajaderen und ihrer männlichen Partner unerschöpflich ist.

Den Schülern, die er um sich scharte, waren Fouriers eroti-
sche Phantasien so peinlich, daß sie alle Passagen strichen, die ihnen übertrieben oder skandalös vorkamen. Deshalb konnten
die fünf Hefte der *Neuen Liebeswelt*, notiert in den 1820er Jahren, erst 1967 textgetreu abgedruckt werden. Das ist wahrscheinlich André Breton zu verdanken, der nach dem Zweiten Weltkrieg eine endlose und wirre »Ode an Fourier« verfaßt hat.
Damit reklamierte er ihn als Ahnherrn des Surrealismus.

Es war nie ganz einfach, mit dem Propheten auszukommen.
Alle anderen Utopisten bezeichnete er als Scharlatane und verdächtigte sie, daß sie seine Ideen plagiierten. Sämtliche Versuche,
nach seinem Modell Phalansterien zu gründen, endeten bald
im Streit, verkamen oder gingen bankrott.

Als eingefleischter Junggeselle hatte er schon immer ein sehr
frugales Dasein geführt. Die Orgien, die er sich ausdachte, existierten nur in seinen Träumen. Fourier blieb erfolglos und zog
sich immer mehr zurück. Ganz aufgegeben hat er seine Pläne
nie. In seiner Pariser Behausung soll er täglich pünktlich um zwölf
Uhr mittags einen Mäzen erwartet haben, der seine prächtigen
Phalansterien zum Wohle der Menschheit finanzieren würde.

Wie klinisch verrückt er war, darüber streiten sich bis heute die Fourieristen und ihre Gegner. Fest hielt Fourier daran, daß es eines Tages nicht nur Krokodile, sondern auch Antikrokodile geben werde; daß endlich auch in Warschau die Bäume voller Orangen hängen würden; und daß man an den Ozeanen seinen Durst stillen könnte, denn der Tag stünde bevor, an dem sie köstlich nach süßer Limonade schmecken würden.

Man schrieb den Oktober 1837, als ihn in seiner Wohnung an der Rue Jean-Jacques Rousseau, die er in ein Gewächshaus voller Blumen und Topfpflanzen verwandelt hatte, die Concierge eines Morgens kniend vorfand, leblos, doch voller Zuversicht.

LIII

Die Schraube und die Spirale sind so leicht miteinander zu verwechseln, daß der Wortgebrauch sie manchmal durcheinanderbringt. Die Schraube ist zwar nicht nur nützlich, sondern unentbehrlich, wenn etwas befestigt werden soll. Aber die Spirale kann unfaßbar mehr. Man kann die beiden nicht in einen Topf oder, besser gesagt, in einen Werkzeugkasten werfen.

Beide Erfindungen warten mit einem enormen Formenreichtum auf. Es gibt Hunderttausende verschiedener Schrauben, aber sie möchten fast immer etwas festhalten, und oft sind sie auf eine Mutter angewiesen. Sie sind einander ähnlicher als die Spiralen.

Eine Spirale kommt ohne Widerpart aus. Sie beschreibt, wie der Bohrer und der Korkenzieher, eine Kurve, die um einen Punkt oder eine Achse verläuft. Je nach der Perspektive nähert sie sich dem Betrachter an oder entfernt sich von ihm. Sie hält sich im Hof eines Zylinders auf. Diese Kurve ist händig; das heißt, sie kann rechts- oder linksherum verlaufen.

Was sich wie ein Bild zu seinem Spiegelbild verhält, läßt sich nie zur Deckung bringen. Das scheint ein Grundprinzip der Natur zu sein. Natürlich gibt es auch dafür einen Begriff, den die Wissenschaft bevorzugt. Das ist die *Chiralität*, die sich vom griechischen Wort für die Hand ableitet. Damit kann ein Linkshänder vielleicht wenig anfangen, aber der Chemiker läßt sich die Händigkeit auf der Zunge zergehen, schon weil er es mit allen möglichen links- und rechtsdrehenden Molekülen zu tun hat.

Die einfachste aller Spiralen ist die archimedische. Ihr Windungsabstand ist immer konstant, so wie bei den Rillen einer Schallplatte oder einer CD. Man braucht auch nur ein gleich-

Large α

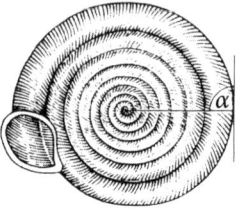

Small α

Large β

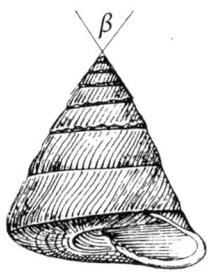

β

Small β

Large γ

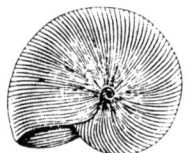

Small γ

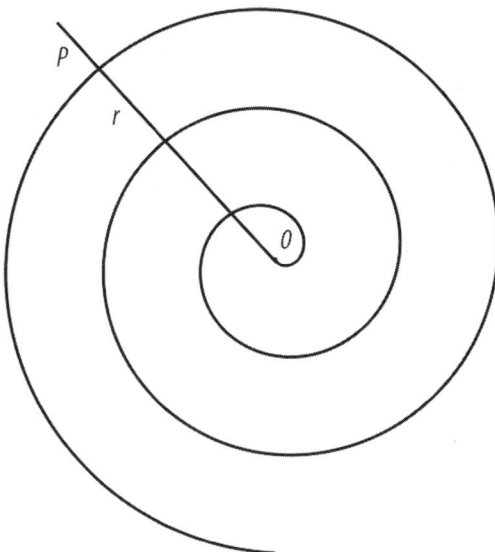

Fig. 1 Archimedische Spirale

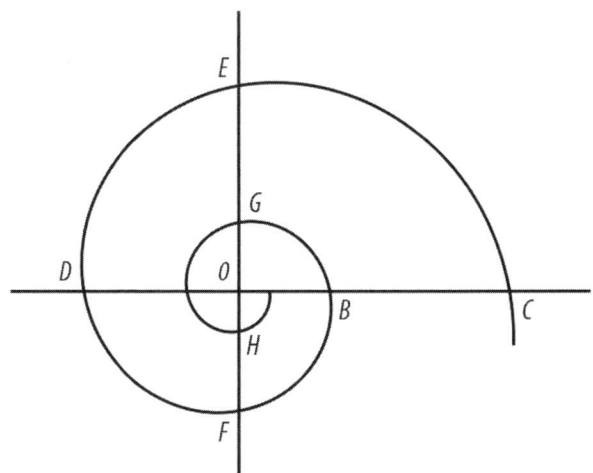

Fig. 2 Logarithmische Spirale

mäßig dickes Stück Stoff aufzuwickeln, einen Teppich oder eine Papierbahn, und schon hat man es mit einer archimedischen Spirale zu tun.

Eine ganz andere Bahn beschreibt die logarithmische Spirale. Der Mathematiker Jakob Bernoulli hat sie als *spira mirabilis* bezeichnet. Ein Schneckenhaus wächst nach diesem Gesetz.

Und das ist noch lange nicht alles, was der Spirale einfällt. Ein senkrechter Blick auf die Wendeltreppe genügt, und schon kommt eine hyperbolische Spirale zum Vorschein. Die ist nicht nach Archimedes oder wie die parabolische nach Fermat benannt, sondern nach einem Italiener namens Leonardo da Pisa oder Fibonacci. In seinem *Liber abbaci*, 1202 erschienen, gibt dieser Mann das Rezept einer bemerkenswerten Zahlenfolge an, die überall mitregiert, wo etwas lebt.

Auch wer im Mathematikunterricht geschlafen hat, kann beliebig viele Fibonacci-Zahlen erzeugen. Das ist ganz einfach: $1 + 1 = 2$; $2 + 1 = 3$; $2 + 3 = 5$; $3 + 5 = 8$ … und so immer weiter. Diese Zahlen wachsen ziemlich schnell, bei der vierzigsten landet man schon bei einer Milliarde. Und was haben sie, bitte schön, mit dem Goldenen Schnitt zu tun? Gibt es auch Fibonacci-Primzahlen, und wenn ja, sind es unendlich viele? Das weiß niemand. Schluß mit dieser Abschweifung, sonst führt sie uns immer weiter fort wie eine Spirale, die kein Ende nimmt.

Viel wichtiger ist doch die *Helix*. Daß sie uns bekannt vorkommt, liegt an der Struktur der DNA, die 1953 von Crick, Watson und der Kristallographin Rosalind Franklin aufgeklärt worden ist. Sie sieht wie eine doppelte Spirale aus. Ihre Formel wollen wir lieber nicht schwarz auf weiß aufschreiben, obwohl sie für vieles aus der Welt maßgebend ist – nicht nur für unsere Gene, für die Schnecke des Innenohrs und für die Gestalt der Spiralnebel im All.

Das Studium solcher Phänomene hat eine lange Vorgeschichte. Christopher Wren, ein berühmter britischer Architekt und Astronom, fand heraus, daß viele Muscheln logarithmische Spiralen ausbilden; Jan Swammerdam, der als einer der ersten Biologen verstanden hat, was man mit einem Mikroskop alles entdecken kann, beschäftigte sich mit den mathematischen Eigenschaften von Konkylien wie der *Spirula spirula* und der *Helix*; und D'Arcy Wentworth Thompson handelte mit seiner Untersuchung *On Growth and Form*, einem Klassiker aus dem Jahr 1917, alle möglichen Spiralen ab, die in Hörnern, Zähnen und Pflanzen auftreten. Er diskutiert sogar die dreifache Windung des Narwalzahns, die den Forschern bis heute Rätsel aufgibt.

Alles Spiralen, wohin man den Blick auch wendet: auf einen Bischofsstab, einen Fingerabdruck, eine Schlingpflanze, ein Spinnennetz, einen Korbblütler wie die Sonnenblume, den Faden einer Glühbirne, einen Tannenzapfen, einen aufgerollten Schlauch oder die Rille auf einer Schallplatte. Dabei muß es nicht unbedingt um die exakten Wissenschaften gehen. Das bescheidene @ tut es auch.

Die Künstler hat dieser Einfallsreichtum nicht ruhen lassen. Spiralen tauchen bereits in der Prähistorie als Ornament auf. In der stein- und bronzezeitlichen Keramik kehrt das Motiv der Spirale immer wieder, und zwar nicht bloß als schmückendes Detail. Es gibt weibliche Statuetten aus der Donauzivilisation des 6. Jahrtausends, auf denen die Spirale als Scham einer Göttin erscheint.

So weit gehen spätere Darstellungen nicht. Das Motiv taucht in der Renaissance wieder als Arabeske auf, in der Architektur als Rollwerk, im Manierismus und im Barock als Volute. Auch der Jugendstil hat sich an ihm berauscht.

Offenbar hat die Spirale auch eine spirituelle Dimension. Sie scheint eine Vorstellung vom Unendlichen zu vermitteln. Deshalb konnten auch die Esoteriker nie genug von ihr kriegen. Jill Purce, eine englische Therapeutin, hat sich die Mühe gemacht, in ihrem Buch *The Mystic Spiral* Zeugnisse aus diversen Epochen und Kulturen zu sammeln, um sie als »Symbol der

Seelenreise« zu deuten. Sie erwähnt die doppelten Spiralen von Stonehenge und die ineinandergreifenden des chinesischen Yin-und-Yang-Symbols. Auch Tätowierungen der Maori und islamische Arabesken werden in diesem schmalen Band abgebildet.

Es sieht ganz so aus, als fühlten sich die verschiedensten Temperamente, Theoretiker und Spezialisten, vom Mathematiker bis zum Guru, dazu berufen, uns in die Geheimnisse der Spirale und in ihre Schönheit einzuweihen.

LIV

Auf einem der wunderbarsten Bilder von Hieronymus Bosch ist mehr als ein bloßer Bauernfänger oder Gaukler zu sehen. Der Zauberkünstler, der die Szene beherrscht, ist zugleich ein Hütchenspieler und ein Hypnotiseur. Das Gemälde, 53 × 65 cm groß, datiert auf die Zeit um 1502, zeigt auch sein gebanntes Publikum und seine Komplizen, unter ihnen einen Taschendieb bei seiner Arbeit. Alles geschieht auf offener Bühne. Der Zauberer lenkt die Gaffer durch seinen Charme, seine Gesten und seine Requisiten so geschickt ab, daß sie nicht ahnen, wie er mit ihnen umspringt. Solche Jahrmarktszenen waren schon um die Wende zum 16. Jahrhundert in Europa nicht ungewöhnlich.

Zur damaligen Zeit gab es viele gute Taschendiebe, die einen Sonderstatus unter ihren Berufsgenossen innehatten. Sie wurden wegen ihrer Kunst bewundert. Manche ihrer Namen sind legendär geworden: Mimi Lepreuil, Lady Finger und Sophie Lyons hatten eben »ein goldenes Händchen«. Trotzdem wurden sie manchmal gefaßt oder verurteilt. Aber daß ihr Beruf gefährlich war, verschaffte ihnen ein gewisses Ansehen in der Unterwelt. Sie waren stolz auf ihren Beruf.

Ein professioneller Taschendieb mißbilligt jedes gewalttätige Vorgehen. Wer ein Motorrad benutzt, um einer Frau die Handtasche zu entreißen, verstößt gegen seine Berufsehre. Auch das Strafrecht macht solche Unterschiede; solche Täter werden nach § 249 STGB wegen Raubes zur Rechenschaft gezogen.

Der erfolgreiche Taschendieb hat oft ein langes Training hinter sich. Die Sensibilität der Finger muß gegeben und eine geschickte Feinmotorik erlernt werden. Im 16. Jahrhundert wurde zum ersten Mal von Diebesschulen berichtet. Heute wird immer noch an den Schülern oder an Modellen wie dem »Klingelmann« geübt. Das ist eine vollständig bekleidete Puppe mit Taschen und Beuteln, die mit vielen Glöckchen besetzt ist, so daß es bei jedem ungeschickten Griff läutet.

Auch ein intuitives Verständnis für den Habitus und die Stimmung der Opfer und für die richtige Einschätzung ihrer Klassenlage gehört zur Qualifikation des Diebes. Er muß auf den ersten Blick erkennen, wo etwas zu holen ist. Psychologische und soziologische Kenntnisse erwirbt er nicht an der Universität, sondern in der Praxis.

Allerdings ist der begabte Einzeltäter heutzutage zur Ausnahmeerscheinung geworden. Die Arbeitsteilung hat sich auch auf diesem Gebiet durchgesetzt und neue Blüten hervorgebracht. Die meisten Taschendiebe gehen inzwischen in Teams von drei bis sechs Tätern vor. Kriminologen sprechen von den »vier A«, die für Ausspähen, Ablenken, Aktion und Abtransport stehen: Einer beobachtet die Umgebung, einer lenkt das Opfer ab, ein dritter stiehlt, ein vierter übernimmt das Diebesgut und verschwindet damit. Die polizeiliche Kriminalstatistik für 2016 zählt 164 771 Delikte auf. Viele Bestohlene zeigen Taschendiebe gar nicht erst an, weil sie nicht daran glauben, daß die Polizei die Täter ermitteln wird. Die Aufklärungsquote beträgt nur 6,4 %.

Rührend bemüht wirken die Warnungen der Behörden vor den immer neuen Tricks der Taschendiebe. Eine unvollständige Liste nennt die folgenden Spezialisten: den Rempler, den Klopfer, den Schlitzer und den Schmutzer. Auch vor den bekannten Blinden-, Rolltreppen-, Geldwechsel-, Blumen-, Gepäckträger- und Spendentricks muß der Passant auf der Hut sein.

Schwer zu bändigen sind kleine Taschendiebe, die angeben, daß sie jünger sind als vierzehn Jahre. Die Polizei kann sie kaum länger als einen Tag festnehmen, und strafrechtlich kann die Justiz sie nicht belangen. Aus diesem Grund stiften die Mitglieder einer Bande gern Kinder an, die meist so lange arbeiten müssen, bis sie ihr Tagessoll erreicht haben. Die Beute wird sofort auf ein Auslandskonto überwiesen.

In dieser Form der organisierten Kriminalität scheinen sich nordafrikanische und Täter aus Südosteuropa besonders auszuzeichnen. Ihre Rivalität führt nicht selten zu gewaltsamen Revierkämpfen.

Wahrscheinlich sind die vergleichsweise idyllischen Zeiten vorbei, als noch einzelne, besonders begabte Experten das Feld beherrschten. Was eine Diebin wie Donka P. im Mai 2017 dem *Kurier*, einer Berliner Zeitung, anvertraut hat, liest sich bereits wie ein Märchen aus alten Zeiten. Der Reporter beschreibt die Siebenundsiebzigjährige als eine Legende zu Lebzeiten, die in ihrer Zunft als Königin der Taschendiebe galt. Ein paar Kostproben aus seinem Bericht:

»Die alte Dame wirkt gebrechlich. Aber sie strotzt immer noch vor Geschicklichkeit und Verstand. Kein Wunder, Donka hält sich und ihre Finger bei wöchentlichen Marktbesuchen in ihrem Dorf in Bulgarien fit. ›Das macht süchtig.‹ ... Besonders am Herzen liegt ihr der Nachwuchs, den sie in einer Schule am Ortsrand trainiert. Die Ausbildung dort beginnt für die Mädchen und Jungen mit sieben Jahren ... Hunderte hat sie schon auf diesen speziellen Weg gebracht. Ihre Schüler schwärmen dann aus, nach ganz Europa, auch nach Berlin. Viele von ihnen bleiben bis zu einem Jahr weg. Sie reisen, bis ihnen der Boden zu heiß wird, das heißt, ihre Gesichter schon zu bekannt sind. Dann geht es erst einmal zurück nach Hause, bis zur nächsten Tour.

Donka P., ihre Kinder und Kindeskinder (darunter dreißig Enkel und zwölf Urenkel) gehören zum berüchtigten Clan der K., deren etwa dreitausend Angehörige in der Region Stara Zagora leben.

Ihre Karriere begann Donka 1950. ›Während der kommunistischen Ära, als die Dinge nicht einfach waren. Heute beneide ich die Art, wie junge Menschen in ganz Europa reisen, um

Geld zu verdienen. Aber in meiner Zeit war ich trotzdem die Beste.‹«

Sein Gespräch mit der Virtuosin beschließt der Reporter mit dem lakonischen Satz: »Jetzt praktiziert sie ihr Handwerk nur noch zum Spaß.«

LV

Ein Spitzenplatz in der Disziplin des Faulenzens gebührt zweifellos Ilja Iljitsch Oblomow, dem Helden des 1859 in Sankt Petersburg erschienenen Romans von Iwan Alexandrowitsch Gontscharow.

Oblomow ist ein unerreichbares Vorbild für jeden, der unter dem biblischen Fluch leidet: »Im Schweiße deines Angesichts sollst du dein Brot essen.« Doch er käme gar nicht auf den Gedanken, aufzubegehren. Eine Rebellion wäre ja mit neuen Anstrengungen verbunden, und die scheut Oblomow wie der Teufel das Weihwasser.

Nicht als wäre er unleidlich oder stumpfsinnig! Dieser Mensch ist zartfühlend und neigt zu romantischen Träumereien. Einmal versucht er sogar, sich zu verlieben. Daraus kann natürlich nichts werden. Einerseits ist er zu schüchtern, andererseits möchte er unbedingt seine Ruhe haben. Darin ist Oblomow unerschütterlich. Ehrgeiz, Geltungsbedürfnis und Betriebsamkeit sind ihm fremd. Er ist eben »eine Seele von einem Menschen«. Seine Einfalt grenzt ans Heilige. In seiner Heimat Rußland ist er sprichwörtlich. Alle Versuche der kommunistischen Propaganda, die »Oblomowerei« auszurotten, sind gescheitert.

Nicht alle Philosophen zeigen Verständnis für die Haltung dieses monumentalen Faulpelzes. Immerhin war Blaise Pascal der Meinung, das ganze Unglück der Menschen rühre allein daher, daß sie es nicht ertrügen, ruhig in ihrem Zimmer zu bleiben. Hätte Oblomow in den *Pensées* geblättert, so wäre ihm das Buch sicher aus der Hand gefallen, lange bevor er diese Stelle erreicht hätte; aber Pascals Feststellung hätte er nicht bezweifelt.

Noch mehr eingeleuchtet hätte ihm wohl eine Maxime des deutschen Philosophen Odo Marquard. Der hatte eine gegen Feuerbach gerichtete These von Karl Marx aufs Korn genommen und vom Kopf auf die Füße gestellt. Sie lautet:»Die Philosophen haben die Welt nur verschieden interpretirt, es kömmt darauf an, sie zu verändern.« Dagegen sagt Marquard, ganz im Sinne von Oblomow: »Die Philosophen haben die Welt nur verschieden verändert; es kömmt darauf an, sie zu verschonen.« Oblomow genügt dieser Forderung, weil er versucht, möglichst wenig Schaden anzurichten. Ein Asket ist er jedoch nicht. Er ißt und trinkt gern, möchte keine Geldsorgen haben und legt Wert auf seine Bequemlichkeit. Er erhebt sich äußerst ungern von seinem Diwan und haßt es, aus dem Haus zu gehen, umzuziehen oder gar zu reisen.

Oblomow erinnert an den neunten von den *Elf Söhnen*, die Kafka ein halbes Jahrhundert nach Gontscharow aufgezählt hat:»Ihm würde es genügen, sein Leben lang auf dem Kanapee zu liegen und seinen Blick an die Zimmerdecke zu verschwenden oder noch viel lieber ihn unter den Augenlidern ruhen zu lassen. Ist er in dieser von ihm bevorzugten Lage, dann spricht er gern und nicht übel; gedrängt und anschaulich; aber nur in engen Grenzen; geht er über sie hinaus, wird, was sich bei ihrer Enge nicht vermeiden läßt, sein Reden ganz leer. Man würde ihm abwinken, wenn man Hoffnung hätte, daß dieser mit Schlaf gefüllte Blick es bemerken könnte.«

Nur daß sich die Außenwelt fortwährend störend in Oblomows Leben einmischt: Besucher suchen ihn heim, die nur sein Bestes wollen, ohne das ihre zu vernachlässigen. Sein engster Freund, der den deutschen Namen Stolz trägt, ist zugleich der schlimmste. Er möchte Oblomow dazu bewegen, daß er sich einladen läßt, daß er am gesellschaftlichen Verkehr, an Empfängen und Vergnügungen teilnimmt. Und wer sind die anderen Störenfriede, die seinem Freund zur Last fallen? Der eine ist ein Pumpgenie und will Geld von ihm haben, der nächste ein

Arzt, der ihn mit anstrengenden Therapien erschreckt, und der dritte ein Rüpel, der ihn beschimpft und ausbeutet. Der Hausherr ist erleichtert, wenn diese Besucher endlich gehen. Die Klagen und Flüche seines ergebenen Dieners Sachar, die er seit seiner Kindheit gewohnt ist, sind ihm lieber.

Dem Schriftsteller, der ihn erfunden hat, kann man nicht nachsagen, daß er faul gewesen wäre. Ganze dreißig Jahre hat Gontscharow in den Büros verschiedener zaristischer Ministerien in Sankt Petersburg zugebracht. Das war eine lange Ochsentour, bis er 1852 zum Kollegienassessor befördert wurde. Er war verdrossen über die Langeweile und die Korruption, die in den Ämtern herrschten. Er litt an Migräne und an Depressionen.

Mehr durch Zufall wurde er zum Sekretär eines Admirals ernannt, der eine Expedition mit einer Fregatte plante. Diese Reise dauerte zweieinhalb Jahre und wuchs sich zu einer Weltumsegelung aus. Nach seiner Rückkehr arbeitete Gontscharow als Zensor. In zwei Jahren mußte er 38 000 fremde Manuskriptseiten und über dreitausend Druckbogen begutachten.

Seine Manuskripte blieben derweil liegen: »Unbearbeitet, eine rohe Tonmasse, voller Kehricht, mit Baugerüsten, herumliegendem Werkzeug und allerlei Gerümpel.« (Zitiert nach Vera Bischitzkys Nachwort zu ihrer vorzüglichen Neuübersetzung.) Ein schonungsloses Urteil, das leider nicht ganz unberechtigt ist; denn der zweite und dritte Teil haben sich mit einem Leiden Oblomows angesteckt: der Langeweile.

Nun ist die menschliche Trägheit allerdings eine ernste Sache. Daß sie zugleich eine Utopie und eine Tragikomödie ist, wird nur ein erleuchteter Geist wie Gontscharow einsehen. Alle anderen, besonders die Ethiker und die Theologen, verwickeln sich früher oder später in Widersprüche, aus denen sie sich schwerlich wieder herauswinden können.

In der Antike galt die Arbeitslosigkeit (im Sinne der Kontemplation) als erstrebenswertes Ideal. Marcus Tullius Cicero prägte den Begriff des *otium cum dignitate*, der mit wissenschaftlicher und philosophischer Betätigung verbrachten »würdevollen Muße« in Zurückgezogenheit (*De Oratore* I 1-2). Die *vita activa* überließen die Patrizier gern den Sklaven und den Proletariern. Der strenge Tacitus hat sich zwar nicht direkt gegen diesen römischen Konsens ausgesprochen. Seine Kritik äußert er vornehm über die Bande. Im 15. Kapitel seiner *Germania* schlägt er einen wohlwollenden Ton an, wenn es um die Sitten der barbarischen Nachbarn aus dem Norden geht. Wenn sie nicht gerade Krieg führen, sagt er, »verbringen sie ihre freie Zeit mit Nichtstun, mit Schlafen, Essen und Trinken. Gerade die Tapfersten und Kriegerischsten leben in träger Ruhe dahin. Die Sorge für Haus und Herd sowie die Bestellung des Ackers bleibt den Frauen, den Greisen und überhaupt allen Schwachen überlassen, während die Herren selbst faulenzen«.

Weniger großzügig urteilten die Deutschen im Mittelalter. Schon das Wort Faulpelz, zum ersten Mal 1297 im *Schweizerischen Idiotikon* belegt, läßt tief blicken. Es bedeutet nämlich die Schimmelschicht, die auf verfaulten Lebensmitteln blüht.

Noch krasser gehen die Theologen vor. Papst Gregor der Große verurteilte sieben Hauptlaster, unterteilt in zwei fleischliche, die Völlerei und die Wollust; und in fünf geistliche, nämlich den Hochmut (die *superbia*), den Neid (die *invidia*), den Zorn (die *ira*), den Geiz (die *avaritia*) und die Faulheit (die *acedia*). Alle diese Laster werden auch Wurzel- oder Hauptsünden genannt. Die Bezeichnung Todsünden ist populär, aber nicht korrekt.

Thomas von Aquin, der *doctor angelicus*, war mit diesem Katalog noch nicht zufrieden. In der *Summa Theologiae* zählt er die Töchter der *acedia* auf, die sechs an der Zahl sind, nämlich die Bosheit, den Groll, den Kleinmut, die Verzweiflung, die Gleichgültigkeit und das Ausschweifen des Geistes in ruchlose Richtungen.

Wir halten uns lieber an ihre Mutter, die *acedia*, weil sie dem

Faulpelz zumindest halbwegs entgegenkommt. Sie bezeichnet eine Haltung, die sich »gegen Sorge, Mühe oder Anstrengung« wendet« und darauf »mit Abneigung, Überdruß oder Ekel« reagiert.

Ein deutsches Wort dafür ist schwer zu finden. »Trägheit des Herzens« kommt der Sache schon näher. Aber wie leicht ist das mit Überdruß und Melancholie zu verwechseln! Den Psychotherapeuten würde dazu womöglich auch noch die lavierte Depression einfallen.

Viele Faulpelze zeigen keines der Symptome, welche die Kirchenväter diagnostizieren. Von Bosheit, Groll und ruchlosem Ausschweifen kann wenigstens bei unserem Liebling Oblomow keineswegs die Rede sein.

Allerdings hat er sich, soviel man weiß, nie zum katholischen Glauben bekannt. Für die Protestanten war der Arbeitsfleiß ein Zeichen gottgefälligen Lebens, für die Puritaner standen Askese und Sparsamkeit an erster Stelle, und bei den Calvinisten war der ökonomische Erfolg ein günstiges Vorzeichen für die Gnadenwahl, solange das Kapital nicht aufgezehrt, sondern investiert wurde.

Mit solchen Prinzipien konnte ein Mann wie Oblomow nichts anfangen, ebensowenig wie mit den Lehren Kants, der Faulheit und Feigheit mißbilligte. Am ehesten hätte er einer Bemerkung des Philosophen zugestimmt: Wenn die Faulheit nicht wäre, könnte »die rastlose Bosheit weit mehr Übels, als jetzt noch ist, in der Welt verüben«.

Keinem Staat paßt es, wenn seinen Untertanen die Lust an der Arbeit fehlt. Wie soll, wenn das Humankapital zu wünschen übrigläßt, die Wirtschaft wachsen? Aus welchen Quellen werden dann die Lohn-, Einkommen- und Gewerbesteuern sprudeln, die der Nimmersatt dringend braucht?

Damit wir uns recht verstehen: Das heißt nicht, daß eine Regierung zur Zwangsarbeit greifen muß. Das geschieht nur in fernen Ländern, im Krieg und in äußersten Notfällen, auf die wir nicht zurückkommen möchten. Schließlich hat unsere höchste Instanz, der Bundesgerichtshof, entschieden, daß ein Faulpelz wie Oblomow keine Strafe zu befürchten hat.

Nach § 26 Absatz 1 des Bundessozialhilfegesetzes in der Fassung von 1961 konnte jeder, der »sich trotz wiederholter Aufforderung beharrlich [weigert], zumutbare Arbeit zu leisten«, in der Bundesrepublik in einer abgeschlossenen Anstalt eingewiesen werden. Damit ist es seit 1967 zum Glück vorbei. »Die zwangsweise Anstalts- und Heimunterbringung eines Erwachsenen, die weder dem Schutz der Allgemeinheit noch dem Schutz des Betroffenen selbst, sondern ausschließlich seiner ›Besserung‹ dient, ist verfassungswidrig.« So lautet ein BVG-Urteil aus Karlsruhe.

Der Linken ist es stets schwergefallen, die Faulheit gutzuheißen. Immerhin stimmte Paul Lafargue, ein Schwiegersohn von Karl Marx, schon in den 1880er Jahren diese Lobeshymne an: »O Faulheit, erbarme du dich des unendlichen Elends! O Faulheit, Mutter der Künste und der edlen Tugenden, sei du der Balsam für die Schmerzen der Menschheit!«

In der Sowjetunion war Lafargues Schrift *Das Recht auf Faulheit* natürlich lange verboten. Ebenso erging es ihr in der DDR. Die Situationisten allerdings waren begeistert und sprühten Lafargues Parolen 1968 an die Pariser Mauern.

Eine Organisation der Vereinten Nationen, die WHO in Rom, hat nach längerem Nachdenken und skrupulösen Studien beschlossen, daß Faulheit nicht in das offizielle Verzeichnis gefährlicher Krankheiten aufgenommen wird.

LVI

Armer Rolf Maximilian Sievert! 1966 ist er in einem Stockholmer Krankenhaus zwei Tage nach einer Krebsoperation gestorben. In der Schule galt er als Versager. Die gutgehende Firma seiner Vorväter wollte er nicht übernehmen. War er ein Bummelstudent? Ein Lebemann? Er war zweimal verheiratet und hatte sieben Kinder. Im Taxi brauchte er zwei Sitzplätze, so wohlbeleibt war er. An den weichen Gesichtszügen, dem buschigen Schopf, der schwarzen Hornbrille und der dicken Zigarre im Mund war er leicht zu erkennen. Er betrieb eine Glashütte, züchtete Kakteen, widmete sich dem Orgelspiel und sammelte Schmetterlinge.

Erst mit 24 Jahren nahm seine Karriere Fahrt auf. Er erfand die Sievert-Kammer zur Messung der Intensität von Röntgen-, Alpha-, Beta- und Gamma-Strahlen, die er 1933 in seiner wichtigsten Abhandlung beschrieb. Ein anderer seiner Apparate diente dazu, bösartige Tumoren durch Röntgenstrahlen zu bekämpfen. Patienten und Kollegen vertrauten ihm. Er trat eher schüchtern als autoritär auf.

Den Rest seiner beruflichen Arbeit widmete er dem Strahlenschutz. Sechs Jahre nach seinem Tod wurde sein Name zu der international gebräuchlichen Maßeinheit *Sv* verkürzt, deren Definition dem Laien unklar bleibt. Nur daß schon ein paar Mikrosievert ausreichen, um ihn zu erschrecken, das steht fest.

Die Wissenschaft hat Angst und Verwirrung des Publikums durch ihre Verlautbarungen noch gesteigert. Eine Liste der verschiedenen Maßeinheiten, um die radioaktive Strahlung zu bestimmen, zeugt von einem unglaublichen Drunter und Drüber. Angefangen hatte das Kuddelmuddel anno 1912. Damals hat sich eine Kommission darauf geeinigt, daß das Maß für Radioaktivität fortan *Curie* heißen sollte, genauer gesagt, für die mittlere Anzahl der Atomkerne, die pro Sekunde zerfallen, abgekürzt mit *R*.

Als nächster Namenspatron kam Wilhelm Conrad Röntgen an die Reihe. 1928 wurde beschlossen, die freigesetzte Ionendosis mit seinem Namen zu schmücken. In der angelsächsischen Welt kam das nicht gut an, möglicherweise wegen des Umlauts, der auf der Tastatur englischer Schreibmaschinen fehlt. Statt dessen erfand man das *Rad*, das wegen Verwechslungsgefahr dem *rd* weichen mußte. Gemeint war damit die *radiation absorbed dose*, das heißt die aufgenommene Energiedosis, keinesfalls zu verwechseln mit dem *rem*. Das war etwas völlig anderes: ein Maß für die Äquivalentdosis, ein Akronym aus *roentgen in man*.

Fast hätten wir James Prescott Joule und Charles Augustin de Coulomb vergessen, ohne die es beim korrekten Umgang mit der Radioaktivität nicht abgeht.

Leider war es Curie und Röntgen nicht vergönnt, ihren Platz auf der Skala der Meßgeräte zu behaupten. Sie wurden 1985 von Louis Harold Gray entthront. Der britische Forscher gilt als Begründer der Radiobiologie. Er war es, der in den dreißiger Jahren das *Rad* – siehe oben – eingeführt hat, das inzwischen ein alter Hut ist und durch das *Gy* zu Ehren Grays ersetzt wurde.

Das liegt am Wankelmut des *Système international d'unités*. (Wer Genaueres über dessen Geschichte und Methodik erfahren möchte, möge sich an das BIPM wenden. So nennt sich das *Bureau International des Poids et Mesures*, dessen Berichte gratis im Internet zur Verfügung stehen.)

Ein anderer Forscher hat gute Chancen, den Launen der unerbittlichen Wächter über die Normen noch geraume Zeit standzuhalten. Es ist Antoine Henri Becquerel, ein hochgeschätzter Mitarbeiter und Freund Madame Curies. Ein *Bq* oder *Becque-*

rel gibt an, wie radioaktiv eine bestimmte Menge von Material ist, wenn in ihr pro Sekunde ein Atom zerfällt. Das gilt für einen Kernreaktor genauso wie für einen Pilz oder einen Fisch. Das 1985 abgeschaffte *R* war wesentlich energiereicher: 37 Milliarden *Bq* sind nötig, um die Strahlung einer Curie zu erreichen.

Und was ist mit dem armen Rolf Sievert, der sein halbes Leben lang in seinem Institut der Krankheit den Kampf ansagte, der er am Ende zum Opfer gefallen ist?

Er ist heute noch in aller Munde. Der *Sievert* ist der Nachfolger des *rem* – siehe oben –, wobei 1 *rem* der Einfachheit halber mit 0,01 *sv* zu Buche schlägt. Eine Dosis von einem Sievert ist demzufolge ein sehr hoher Wert, weshalb man sich in der Praxis meist mit bescheidenen *mSv* oder *µSv* begnügt. In Deutschland besteht bislang kein Grund zur Panik; denn die Belastung aus allen natürlichen und künstlichen Strahlenquellen liegt bei ganzen vier Millisievert.

Anders sieht es bei Menschen aus, die ihr Leben an Orten wie Hiroshima, Nagasaki, auf Atollen wie Bikini, in Harrisburg, Tschernobyl oder Fukushima fristen.

Klinische Symptome der Strahlenkrankheit treten auf, wenn der Körper höheren Äquivalentdosen ausgesetzt wird: bei 1-6 *Sv* kommt es nach wenigen Stunden zu Übelkeit und Erbrechen oder zu Haarausfall; bei 5-20 *Sv* kommen Kopfschmerzen und Bewußtseinstrübungen hinzu; wenn 20 *Sv* überschritten sind, versagt das zentrale Nervensystem. Nach spätestens zwei Tagen tritt der Tod ein.

LVII

Niemand hat den Henker höher geschätzt als Joseph de Maistre.

»Alle Größe, alle Macht, alle Subordination [beruht] auf dem Scharfrichter: er ist der Schrecken und das Band der menschlichen Gesellschaft. Nehmen Sie der Welt dieses unbegreifliche Mittel; in dem nämlichen Augenblicke weicht die Ordnung dem Chaos; die Throne sinken, und die Gesellschaft verschwindet.«

De Maistres Werk heißt *Abendstunden zu St. Petersburg, oder Gespräche über das Walten der göttlichen Vorsicht in zeitlichen Dingen.* (Übersetzt von Moriz Lieber. Frankfurt am Main 1824-25.)

Im siebten Gespräch meldet sich ein Senator zu Wort: »Die Verderbniß und die Laster … machten es nothwendig, daß der Mensch unter gewissen Umständen von der Hand des Menschen sterbe; und dieses Recht, ohne Sünde zu tödten, sey unter uns nur dem Henker und dem Soldaten anvertraut …

Von diesen beiden Menschentödtern von Profession, dem Soldaten und dem Scharfrichter, ist der eine sehr geehrt … der andere ist eben so allgemein für ehrlos erklärt: rathe nun, ich bitte dich, auf welchen der beiden der Fluch fällt?

Der reisende Genius würde gewiß keinen Augenblick unschlüßig seyn: er würde dem Henker alle die Lobsprüche ertheilen, die Sie, Herr Graf, ungeachtet aller unserer Vorurtheile neulich nicht umhin können, ihm beizulegen … Das ist ein erhabenes Wesen, würde er sagen, das ist der Grund- und Eckstein der Gesellschaft …

Und welche Seelengröße, welche edle Uneigennüzigkeit muß man überdies nicht nothwendiger Weise in einem Manne voraussetzen, der sich Verrichtungen widmet, die zwar ohne Zweifel höchst ehrenvoll, aber auch so peinlich und eurer Natur so zuwider sind!«

Auch gekrönte Häupter beschäftigten sich eingehend mit dem Scharfrichter. *Die Constitutio Criminalis Theresiana oder der Römisch-Kaiserl. zu Hungarn und Böheim etc. etc. Königl. Apost. Majestät Mariä Theresiä Erzherzogin zu Oesterreich, etc. etc. peinliche Gerichtsordnung,* erschienen 1769 in Wien, stellt fest:»Wie bey Verurtheil- oder Lossprechung der angeschuldigten Uebelthätern die Urtheile in verschiedenen Straff-Fällen kurzen Innhalts, und mit Deutlichkeit beyläuffig abzufassen seyen?

§ 1. Der N. solle seiner begangenen Missethat halber zur wohlverdienten Straffe an die gewöhnliche Richtstatt geführet, alldorten mit dem Feuer vom Leben zum Tod hingerichtet, der Körper zu Staub, und Aschen verbrennet, und die Aschen (wenn ein fliessendes Wasser dabey ist) in den N. Fluß gestreuet (im Abgang eines fliessendes Wassers) in die Luft gestreut werden.«

Es folgen 33 weitere Paragraphen, in denen das Vierteilen, der glühende Zungenriß, die Räderung, die Ausreißung der Brüste und die Pfählung ausführlich beschrieben werden.

Daraus erhellt, daß das Handwerk des klassischen Henkers nur durch eine gründliche Ausbildung erlernt werden kann. Er ging meistens bei seinem Vater in die Lehre. Zu seinem Lehrpensum gehörte die Folter; denn ein Urteil konnte nur gefällt werden, wenn der Angeklagte gestand.

Der Scharfrichter mußte also über medizinische Kenntnisse verfügen. Was konnte er dem Inquisiten antun, ohne daß er schon vor der Hinrichtung starb? Auch eine tadellose Vollstreckung hing von der anatomischen Expertise des Henkers ab.

Als Abschluß der Ausbildung mußte jeder Scharfrichter eine »Meisterprobe« durchführen. Dabei mußte dem Verurteilten unter der Aufsicht eines Meisters der Kopf abgeschlagen werden. Dann bekam der Henker seinen Meisterbrief und konnte auf eine feste Anstellung hoffen.

Bereits im Römischen Reich gab es das Amt des *carnifex*. Aber erst im 13. Jahrhundert wurde daraus ein anerkannter Beruf. Das Scharfrichteramt bildete sich im Zusammenhang mit der Professionalisierung des gesamten Strafvollzugs im Verlauf des 13. Jahrhunderts aus. Der erste Scharfrichter wurde 1276 im Augsburger Stadtrecht erwähnt. Es bildeten sich regelrechte Scharfrichterdynastien heraus. Seinen Lohn erhielt der Henker nach getaner Arbeit immer von der Familie des Hingerichteten. Eine Enthauptung kostete in Aachen fünfzehn Taler, eine Verbrennung auf dem Scheiterhaufen fünfundzwanzig Taler.

Daneben mußte der Henker manchmal auch andere Aufgaben übernehmen – z. B. die Kloakenreinigung, das Abschneiden und das Bestatten von Selbstmördern oder die Aufsicht über die Prostituierten. Sein Amt konnte auch mit dem des Schinders zusammengelegt werden. Scharfrichter überließen das Foltern, das Henken und (seit der Französischen Revolution) die Tötung durch die Guillotine oft auch ihren Gehilfen und übernahmen nur die Aufsicht. Die Enthauptung mit dem Schwert oder dem Henkersbeil (Handbeil) wurde jedoch vom Scharfrichter selbst durchgeführt, da hierfür Geschick notwendig war: Der Kopf sollte nach Möglichkeit mit nur einem Schlag vom Rumpf getrennt werden.

Eine reiche Folklore umwuchert den Beruf. Wo darf er in der Kirche sitzen? An welcher Tafel darf er mitessen? Wen darf er heiraten? Das mußte in der Familie bleiben. Auf diese Weise bildeten sich erbliche Henkergeschlechter. Das berühmteste waren die Sansons, die über sechs Generationen hinweg als Scharfrichter in Paris und in der französischen Provinz wirkten.

Im 17. und 18. Jahrhundert kam es allmählich zu Reformen im Strafvollzug, so daß die Nachfrage nach Henkern zurückging. Viele Familienangehörige mußten auf naheliegende Berufe wie die des Baders, des Wund- und Tierarztes ausweichen oder Zahnreißer werden.

Dabei kam ihnen ihr medizinisches Wissen zustatten. Mancher kannte sich mit dem menschlichen Knochenbau und der Anordnung der inneren Organe besser aus als der ortsansässige Bader. Dies brachte ihnen jedoch häufig Ärger und Streit mit der Konkurrenz, den studierten Ärzten, ein.

Im 20. Jahrhundert zogen es die meisten deutschen Scharfrichter vor, anonym zu bleiben und nach außen hin als Angestellte der Justiz aufzutreten. Einer der letzten professionellen Scharfrichter war Johann Reichhart. Dieser Mann entstammte einer Schinder- und Scharfrichtersippe, die bis ins 18. Jahrhundert zurückreicht. Seine Karriere begann 1924, und während der Weimarer Republik galt er als der tüchtigste Henker in Deutschland. Er beschleunigte die Hinrichtung, um die Verurteilten so wenig wie möglich zu quälen.

Dennoch war er in seiner Heimat unbeliebt. 1929 emigrierte er nach Holland, eröffnete in Den Haag einen Gemüsehandel und führte ein friedliches Dasein. Er fuhr nur heim ins Reich, wenn ihm in einem verschlüsselten Telegramm mitgeteilt wurde, daß eine Hinrichtung bevorstand.

Mit Hitlers Machtergreifung verbesserte sich sein Status. Er trat der Partei bei. Sein Gehalt wurde auf 3000 Reichsmark angehoben, und er hatte immer mehr Arbeit. Zu den üblichen Mördern und Sexualtätern kamen nun auch »Volksschädlinge« und »Wehrkraftzersetzer«.

Im Dritten Reich führte Reichhart knapp 3000 Hinrichtungen mit dem Fallbeil durch. Zu seinen Todeskandidaten gehören die Widerstandskämpfer der »Weißen Rose«, Sophie und Hans Scholl. Nach dem Krieg konnte er seine Laufbahn wie üblich fortsetzen. Er diente der amerikanischen Militärregierung, in deren Auftrag er 156 nationalsozialistische Funktionäre aufhängte. Auch hier war er darauf bedacht, kurz und schmerzlos zu töten. Er sagte: »Ich hab' nie einen erdrosselt, hab' keinem weh getan.«

Angefeindet, gebrandmarkt, verfemt und geächtet verbrachte Reichhart seine letzten Jahre. Er war einsam, unglücklich und krank. 1972 starb er als Pflegefall in Dorfen bei Erding. Es gibt sogar ein Grab von ihm auf dem Münchner Ostfriedhof.

Für die letzten zwanzig Hinrichtungen in Deutschland sorgte, damals anonym und ohne daß darüber berichtet werden durfte, ein gewisser Hermann Lorenz in der Deutschen Demokratischen Republik.

Seitdem haben die Scharfrichter immer weniger zu tun. Gewiß wird die Todesstrafe in den Vereinigten Staaten noch gelegentlich vollzogen, aber eher heimlich und unblutig. Nur in China und in einigen islamischen Ländern, vor allem in Saudi-Arabien und im Sudan, sind die Arbeitsplätze des Henkers noch sicher.

In Europa überwiegen bisher humanitäre Gründe, die gegen die Wiedereinführung der Todesstrafe sprechen. Es ist schon geraume Zeit her, daß Dr. Joseph Ignace Guillotin aus denselben Motiven eine Maschine erfunden hat, die es ermöglicht, von der Welt zu scheiden, ohne Schmerzen zu fühlen:

»Der Menschenfreund stirbt, fromm, reich, fahl, im Bett,
wohlversehen mit allen möglichen Sakramenten.
Aber das Unglück wollte es, daß der unwissende Pöbel
seinen illustren Namen für immer
mit jenem Instrument verbunden hat...
Bedenken wir also, wie schwer es ist,
den Menschen Gutes zu tun, ohne daß sie
die Wohltat, die ihnen zuteil wird,
mit Bösem vergelten.«

Allerdings hat sich im 20. Jahrhundert eine fatale Demokratisierung der Hinrichtung durchgesetzt. Bei immer mehr Massakern und Genoziden nahmen einzelne Laien und Gruppen den

Beruf des Henkers selbst in die Hand, so daß dieser Experte
seine Sonderstellung einbüßte und entbehrlich wurde.

CONSTITUTIO CRIMINALIS

THERESIANA

oder der

Römisch-Kaiserl. zu Hungarn und Böheim ꝛc. ꝛc. Königl. Apost.

Majestät

Mariä Theresiä

Erzherzogin zu Oesterreich, ꝛc. ꝛc.

peinliche

Gerichtsordnung.

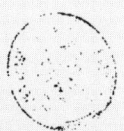

WIEN,
gedruckt bey Johann Thomas Edlen von Trattnern,
kaiserl. königl. Hofbuchdruckern und Buchhändlern.

1769.

LVIII

Schon mit drei Jahren halb verwaist, war der kleine Blaise von kränklicher Konstitution. Auf den wenigen Porträts, die es von ihm gibt, blickt den Bewunderern dieses Wunderkindes ein trauriger, hohlwangiger, einsamer Mann entgegen. Was war geschehen? Er stammte aus einer wohlhabenden normannischen Familie. Sein Vater war Steuerpächter. An der »guten Kinderstube« kann es nicht gelegen haben.

Pascal war ein hervorragender Spezialist. Aber wofür? Mathematiker, Theologe, Asket, Philosoph, klassischer Schriftsteller, Physiker, gläubiger Christ – alles Dinge, die schwer miteinander vereinbar sind.

Er nannte sich einen »Skeptiker aus Hartnäckigkeit«. Ist das eine Selbstbeschreibung oder eine Schmähung oder beides? (B 51; diese Sigle gibt die Nummer der Fragmente in der Edition von Brunschvicgs an.) Viele seiner Bemerkungen sind zweideutig. »Man muß einen geheimen Gedanken im Hintergrund haben und von ihm aus alles beurteilen, während man wie alle Welt spricht.« (B 336) Waren seine Hintergedanken fromm? Waren sie ketzerisch?

»Ich werde niemals über die gleiche Sache gleich urteilen«, schrieb er. »Ich vermag mein Werk nicht zu beurteilen, während ich an ihm arbeite; ich muß es machen wie die Maler und Abstand von ihm nehmen; aber nicht zu weit. Wie weit denn? Schätze!« (B 114)

»Mehrere Religionen, die sich widersprechen, fand ich, die infolgedessen alle falsch sein müssen. Jede verlangt, daß man sie aufgrund ihrer eigenen Autorität glaubt, jede bedroht die Ungläubigen, und deshalb glaube ich ihnen nicht.« (B 693) Manchmal verteidigte er die Juden gegen die Christen, manch-

mal beschwerte er sich darüber, daß sie sich nicht zu Jesus be-
kehren.

Vor seinem dreißigsten Geburtstag verlor er nach der Mutter
auch den Vater, und seine geliebte Schwester ging ins Kloster
von Port-Royal. Er verfiel in eine schwere Depression. Seine
Schmerzen und eine zunehmende Lähmung deutete er als Strafe Gottes und zog sich völlig aus der Gesellschaft zurück. Aber
dann erlebte er persönliche Offenbarungen, die er geheimhielt.
Eingenäht in dem Saum seines Mantels verbarg er ein Zeugnis,
sein »Memorial«, das aber erst nach seinem Tod zum Vorschein
kam.

Fortan versuchte er zu beweisen, daß das Christentum die
einzige Ausnahme von der Regel ist, die er selbst aufgestellt hat.
Allerdings nimmt die Definition dessen, was einen Beweis ausmacht, eine Bedeutung an, die schlecht zu einem großen Mathematiker paßt. Er begnügt sich mit einem Stellenkommen-
tar, der alles aus der Bibel ableitet: Sein vergeblicher Scharfsinn
verheddert sich in einer *petitio principii*, in einem klassischen
Zirkelschluß.

Auch die berühmte nach ihm benannte Wette bietet keinen
Ausweg; sie beruht auf einer Anwendung der Wahrscheinlich-
keits- und Entscheidungstheorie, die voller Löcher ist. Sie hört
sich kaltblütig an und überzeugt niemanden, nicht einmal ihn
selbst. So bleibt seine Apologie des Christentums ein *opus in-
certum*, ein unvollendetes Werk.

Den alten Adam ist dieser Experte der Kasteiung nie ganz
losgeworden. Sich dem Papst zu beugen hat er nicht über sich
gebracht. Die Jesuiten haßte er aus ganzer Seele und wollte sie
lieber der ewigen Verdammnis als der Feindesliebe anvertrauen.

Die exakten Wissenschaften aufzugeben kam für ihn nie in
Frage. Seine Arbeitsenergie war unfaßbar. Seine extreme mathematische Begabung zeigte sich schon sehr früh. Mit sechzehn
Jahren schrieb er einen Aufsatz über die Kegelschnitte. Der berühmte Pater Marin Mersenne, ein Theologe, nach dem eine

ganze Klasse von Primzahlen benannt ist, war so beeindruckt, daß er Fermat davon berichtete.

Jeder Gymnasiast lernt, ob er will oder nicht, das Pascalsche Dreieck kennen, eine Anordnung der Binominalkoeffizienten, die in der Kombinatorik und bei der Fibonacci-Folge von Nutzen ist. Pascal hat es nicht erfunden, es war den Indern, Persern und Chinesen schon lange bekannt; doch hat er es mit seinem *Traité du triangle arithmétique* (1654) in Europa wiederentdeckt und analysiert.

Nebenbei legte er grundlegende Thesen zur Wahrscheinlichkeitsrechnung vor. War er ein Spieler? Sein Interesse am Würfelspiel ist nicht über jeden Verdacht erhaben. Als Physiker verfaßte er Abhandlungen über die kommunizierenden Röhren, über das Vakuum und über den Luftdruck. Eine Meßeinheit für den Druck, die in der Mechanik, der Akustik und der Meteorologie verwendet wird, hört auf seinen Namen.

Und zu alledem war Pascal auch noch ein genialer Erfinder. Auch von dieser Obsession konnte er nicht lassen. Mit der Konstruktion einer der ersten Rechenmaschinen hat er in seiner Geburtsstadt Rouen begonnen, als er noch keine zwanzig Jahre alt war. Er verbesserte sie über Jahrzehnte hinweg und meldete sie sogar zum Patent an. Fünfzig handgefertigte Modelle aus Messing, Holz und Elfenbein gab er in Auftrag. In der Praxis bewährt hat sich keines davon; doch den Computer hat er schon im 17. Jahrhundert richtig eingeschätzt:

»Die Rechenmaschine zeigt Wirkungen, die dem Denken näher kommen als alles, was Tiere vollbringen; aber keine, von denen man sagen könnte, daß sie Willen haben wie die Tiere.« (B 340)

Noch kurz vor seinem Tod hat der schwerkranke Mann es nicht lassen können, sich mit unerhörten Projekten herumzuschlagen. Man sagt ihm nach, daß er den Plan verfolgte, in Frankreich ein Netz von Omnibussen zu organisieren, »les carosses à cinq sous«, die der ganzen Bevölkerung offenstehen sollten,

statt, wie die privaten Kutschen, nur wenigen Privilegierten zu dienen. Damit hatte er erfunden, was heute öffentlicher Nahverkehr heißt.

Viele seiner Widersprüche mögen gegen seine Lehrmeinung sprechen. Aber gerade seine menschlichen Züge werden auch Ungläubige mit ihm versöhnen.

Ängstlich war Pascal nie. Er hat sich in Streitigkeiten eingemischt, die uns heute kaltlassen. Aber damals war der Krach zwischen Jansenisten und Jesuiten eine gefährliche Sache. Die *Lettres provinciales* wurden verboten, auf den Index gesetzt und angeblich sogar vom Henker verbrannt. Sie wurden zu seinem größten Erfolg und sind bis heute ein Klassiker der französischen Literatur.

Schwerkrank und verdüstert ist Pascal 1662 mit neununddreißig Jahren in Paris gestorben. Sein Nachlaß warf schwierige philologische Fragen auf. Man fand Tausende von gebündelten Zetteln in seinen Schubladen. Jansenistische Freunde versuchten seine Gedanken in eine plausible Ordnung zu bringen. Was ihnen nicht paßte, ließen sie weg. Eine erste Ausgabe seiner *Pensées sur la religion et sur quelques autres sujets* erschien ohne Verlagsort anno 1670. Der Streit der Editoren hält bis heute an.

Eine deutsche Fassung der *Pensées*, herausgegeben und übersetzt von Ewald Wasmuth, hält sich im großen und ganzen an die Ausgabe Léon Brunschvicgs vom Ende des 19. Jahrhunderts. Etwas Besseres als dieses abgegriffene und angegilbte antiquarische Buch ist derzeit nicht zu finden.

LIX

Auch ein angesehener Experte kann spurlos verschwinden, wenn er unter seinen Kollegen keine Unterstützung findet. Sigmund Andreas Wolf ist ein Vergessener.

Sein Name fehlt in der *Deutschen Biographie*. Mit knapper Not gelingt es, sein Geburtsdatum ausfindig zu machen: Er kam am 15. Juni 1912 in Magdeburg zur Welt. Über seine Eltern kein Wort. Eine kryptische Notiz aus dem Jahre 1957 besagt, er sei »ein im Dritten Reich Geschädigter« gewesen.

Drei seiner Bücher beweisen, daß Wolf ein hervorragender Linguist und Philologe gewesen ist: sein *Wörterbuch des Rotwelschen. Deutsche Gaunersprache* (Mannheim 1956), das *Große Wörterbuch der Zigeunersprache (romani tsiw). Wortschatz deutscher und anderer europäischer Zigeunerdialekte* (Mannheim 1960) und sein *Jiddisches Wörterbuch. Wortschatz des deutschen Grundbestandes der jiddischen (jüdischdeutschen) Sprache mit Leseproben* (Mannheim 1962, ein Werk, das seither 48 Auflagen in sechs Sprachen erlebt hat).

Die Gründe dafür, daß dieser Mann es nie zu einer Professur an einer deutschen Hochschule gebracht hat, liegen im dunkeln. Mehr als ein befristeter Lehrauftrag an der Berliner Freien Universität war nicht drin. Seine Habilitation kam erst 1969 zustande. Einige Auskünfte über diesen eigensinnigen »Privatgelehrten« sind dem *Spiegel* zu verdanken. Dort findet sich auch das einzige, verwaschene Porträtphoto, das ihn zeigt: einen eleganten Mann, der mit der Zigarette im Mund ein schräges Lächeln aufsetzt.

Er sei »bereits seit seinem 15. Lebensjahr in den Schulferien zuweilen mit Zigeunern umhergezogen und [habe] für seine Sprachstudien osteuropäische Gettos besucht. Seine Begabung, sich bei diesen Gelegenheiten leicht in fremdartige Gebräuche einzuleben, führt er auf einen artverwandten Familienerbteil zurück«. Der *Spiegel*-Artikel von 1957 schweigt sich über seine Herkunft aus.

Ausgerechnet die Polizeiabteilung des preußischen Innenministeriums wurde 1930 auf ihn aufmerksam. Sie suchte nach einem Beamten, der außer dem Gaunerjargon auch das Jiddische und die Zigeunersprachen beherrschte. Es stellte sich heraus, daß es in einer mitteldeutschen Kommunalbehörde einen Mann gab, der sich damit auskannte. Es war Sigmund Wolf, der damals als Archivar arbeitete, um mit dieser Beschäftigung sein Studium zu finanzieren. Man bot ihm ein Stipendium und einen dreijährigen Vertrag an. Er sollte in dieser Zeit ein Wörterbuch anlegen. Polizei und Justiz waren überfordert, weil Straftäter und Häftlinge sich in einer eigenen Zunftsprache verständigten, deren Zweck darin bestand, daß Außenstehende sie nicht verstanden.

Diese Geheimsprache der unteren Zehntausend, mit der sich bereits Martin Luther und Hoffmann von Fallersleben beschäftigt haben, heißt seit dem 13. Jahrhundert Rotwelsch. *Rot* bedeutet soviel wie falsch, untreu; *welsch* eine fremde, romanische, also unverständliche Sprache, ein Kauderwelsch.

Nachdem Wolf ein Jahr lang an dieser Sammlung gearbeitet hatte, kündigte das Ministerium 1931 seinen Vertrag mitten in der Krise auf, um zu sparen. 1933 wurde er wegen »zersetzender Äußerungen« ganz entlassen. Er weigerte sich, seine Bibliothek der »Rassehygienischen Forschungsstelle« zu verkaufen. Die Gestapo war hinter ihm her. Wie es ihm gelang, kurz vor dem Krieg illegal in die Schweiz auszuwandern, wo er seine Sanskrit-Studien wiederaufnahm, ist völlig unklar. Noch rätselhafter ist seine Emigration nach England. Dort studierte er auch noch Medizin und leistete seinen Kriegdienst in der britischen Armee. Sogar in Indien war er eine Weile stationiert.

Nach dem Krieg kehrte er nach Deutschland zurück. In der

רדף צדקה וחסד ימצא חיים צדקה
וכבוד :

ספר חיי עולם

זה שמו וזה זכרו׳ יען ההוה בו
נישמור מצותיו הקתיו ותורותיו
ימצא חן ושכל טוב בעיני
אלדים ואדם בעולם
הזה ׳ וחלקו
בחיים
לעולם הבא ׀
(ולוה) אלהים יחננו וינדכנו
יאר פניו אתנו
סלה :

דאז בוך דעש אידין לעבנש :
אלעכס דעבן וא עש ליגן אונ׳ וואש ליים וש דארינן
בינריבן אישט ביהלטן ׳ אונ׳ אין זו ווערק
ריכטן ׳ נבאד אין דיזר וועלט בייא
גאט אונ׳ אובן מענשן ׳ דר
בוך אבר דאש איב ן
לעבן ער ווירבט :
דאר לו אונש דאן דער עוילי גאט וואמעילי וועלי
ור העלפן :
נדפס במדינת כרימעניץ עי ישראל ין שנת אתנ לויו :

sowjetischen Zone hielt er es nicht aus. Er wurde Dolmetscher bei der französischen Militärmission in Berlin. Seine Forschungsarbeiten setzte er überall auf eigene Faust fort. Ein fertiges Manuskript hatte er schon vor dem Krieg einem Leipziger Verlag übergeben. Es ging durch einen Bombenangriff verloren. Er brauchte elf Jahre, um die Belege für über sechstausend Rotwelsch-Vokabeln nachzuweisen.

»Die Ausarbeitung«, schreibt er, »erfuhr nacheinander Förderung, Duldung und schließlich Behinderung … Die Grundlagen der 1946 begonnenen Neufassung wurden beim Verbringen nach Berlin widerrechtlich entfremdet.« Sieben Jahre lang förderte ihn die Deutsche Forschungsgemeinschaft mit einem knappen Stipendium.

»Das Rotwelsch«, schrieb Wolf, »ist eine Schöpfung der mittelalterlichen Landstraßen als des einzigen Zuhauses der großen Gemeinschaft aller durch Gesetz und ständische Ordnung von bürgerlichem Stadtleben oder ländlicher Seßhaftigkeit Ausgeschlossenen.« So begegneten die Sprecher auch jüdischen Kaufleuten und Zigeunern, die sich als Schausteller oder Akrobaten durchschlugen. Das ist der Grund dafür, daß viele Rotwelsch-Ausdrücke aus dem Jiddischen und den Zigeunerdialekten stammen.

Um seinen Lebensunterhalt zu verdienen, mußte sich Wolf auf die Lokalgeschichte einlassen. Aufträge erteilten Rathäuser, die ein 700- oder 1000jähriges Stadtjubiläum feiern und eine Festschrift herausgeben wollten. Eine solche Schrift ist in Hitzacker nachweisbar.

Nach vielen Jahren meldete sich bei Wolf die Polizei, seine alte Gönnerin, wieder. Der Anlaß war die Internationale Polizeiausstellung 1956. In Essen war zwischen Verbrecherwerkzeug und Sicherheitsschlössern ein halbfertiges Buch aus dem Bibliographischen Institut zu sehen: Wolfs *Wörterbuch des Rotwelschen.*

Der Mannheimer Verlag, zu dessen Standardwerken der *Du-*

den zählt, durfte annehmen, daß dieser Titel auf Interesse stoßen würde. Tatsächlich griff die Polizei sofort zu und kaufte einen Teil der Auflage.

Wolf behauptete, das Rotwelsch sei heute »so lebenskräftig wie nur jemals«. Allerdings seien inzwischen viele Wörter aus diesem Soziolekt in die deutsche Umgangssprache eingegangen, wie *pennen* = schlafen, *Kies* und *Knete* = Geld, *Keile* = Prügel, *baldowern* = auskundschaften, *Kassiber* = geschmuggelte Nachricht, *Blüte* = Falschgeld, *mopsen* = stehlen, *mogeln* = betrügen, *Polente* = Polizei und viele andere Ausdrücke. Die Auskünfte über Sigmund Wolfs Lebenslauf sind auffallend dürftig. Nur in einem alten Jahrgang von *Kürschners Deutschem Gelehrten-Kalender* finden sich einige Hinweise. Im Braunschweiger Institut für Phonometrie liegt die Kopie eines Briefes, den der Direktor, Herr Dr. Zwirner, 1957 an den Leiter des Arbeitsamtes von West-Berlin gerichtet hat. Er protestiert gegen die »kasernierte Umschulung [Wolfs] zum Bauhilfsarbeiter« und bittet, dafür zu sorgen, daß »Herr Wolf, ein im Dritten Reich Geschädigter, im Ausland angesehener Gelehrter, sobald wie möglich eine Entschuldigung für diesen Irrtum Ihres Amtes erhält«.

Damals scheint Siegmund Andreas Wolf in Berlin-Friedenau gelebt zu haben. 1964 wurde er mit der Ehrenpromotion der Freien Universität Berlin geehrt. Aber sonst?

Der unermüdliche, störrische Linguist und Philologe ließ in den sechziger Jahren seine Hauptwerke folgen, vor allem sein *Jiddisches Wörterbuch*. Vorwort, Einleitung, Bibliographie, Leseproben und Abbildungen sind für jeden, der sich für dieses Thema interessiert, schon wegen der umfassenden Quellenkenntnis unentbehrlich.

Am Münchner Lehrstuhl für Jüdische Geschichte und Kultur hat niemand von ihm gehört. Wolfs Werke sind in der Bibliothek nicht vorhanden.

Mit fünfundsiebzig Jahren ist er in Lünen an der Lippe gestorben. Anzeichen dafür, daß er sich in der akademischen Welt zu Hause gefühlt hätte, gab es nicht. Nur ein paar seiner Bücher haben diesen bescheidenen, aber hartnäckigen Arbeiter im Weinberg der Sprache überlebt.

LX

Wer alt genug ist, kann sich vielleicht noch an eine Rubrik erinnern, die einst in jedem Reisepaß vorgesehen war und in der
jeder, der sich ausweisen wollte, nach seinem Beruf gefragt wurde. Das ist lange her; denn seitdem hat die Mobilität der Arbeitskraft durch Landflucht, Migration, Flucht, Vertreibung
und durch die unvorhersehbaren Tücken des Marktes derart
zugenommen, daß kaum jemand mehr sein Leben lang bei ein
und derselben Tätigkeit bleiben kann. Viele Berufe sind seit
dem 19. Jahrhundert einfach ausgestorben, und mit jedem Jahr
sind neue, bisher unbekannte auf den Plan getreten.

Ein Dokument aus dem Jahr 1990 bezeugt diese raschen Ver-
änderungen: Es ist das *Schlüsselverzeichnis für die Angaben zur
Tätigkeit*, herausgegeben von der damaligen *Bundesanstalt für
Arbeit* in Nürnberg, die alle, die mit ihr zu tun hatten, nur »das
Arbeitsamt« nannten und die selbst nicht ungeschoren davon-
kam; denn 2004 ist sie umgetauft worden und nennt sich nun
Bundesagentur für Arbeit.

Das Schlüsselverzeichnis mit seinen 292 Seiten, das einst bei
Bedarf kostenlos angefordert werden konnte, ist also nicht bloß
veraltet, es ist Altpapier und nur noch von archäologischem Interesse. Es führt rund gerechnet vierzehntausend menschliche
Tätigkeiten auf. Jede dieser Berufsbezeichnungen ist mit einer
Schlüsselzahl versehen. Auf diese Weise versuchte die Behörde
wohl, ein wenig Ordnung in das Durcheinander des Erwerbs-
lebens zu bringen. Dabei ging es ihr nicht darum, die Qual derer
zu lindern, die vor der Berufswahl standen, oder die Geheimnisse zu enthüllen, die viele der erwähnten Tätigkeiten umgibt;
vielmehr interessierte sich das Amt für die sogenannten *Versi-
cherungsnachweise*, ohne die an eine Rente oder an eine Pensi-

Aalbrutzüchter
Aalkorbmacher
Aalräucherer
Aalschnurfischer
Aalsticker
Abbauhauer
Abbeizer (Dekapierer)
Abboller
Abbrecher
 (Druckerhelfer)
Abbrecher (Flachglas)
Abbrenner
Abbrucharbeiter
Abbügler
Abbürster (Keramik)
Abbürster (Kleidung,
 Geräte u. ä.)
Abbürster (Reiniger)
Abbunker
Abdämmer
 (im Bergbau)
Abdämmer
 (Isolierer, Abdichter)
Abdämmer (anderer)
Abdämpfer (Fleisch)
Abdecker
Abdeckergehilfe
Abdichter
 (im Chemiebetrieb)
Abdichter
 (Gas-, Wasserleitung)
Abdichter (Rohrnetz)
Abdichter
 (Reifen, Schlauch)
Abdichter
 (anderer = Isolierer)
Abdreher (Keramik)
Abdreher (Metall)
Abdruckmaler
 (Glas-, Keramikmaler)
Abfänger (Druckerei)
Abfänger (Papierfabrik)
Abfänger (anderer)
Abfahrer (von Kraftfahr-
 zeugen vom Band)
Abfahrer (anderer)

Abfallbeseitiger
Abfallgarnspinner
Abfallgummimahler
Abfallholzpendelsäger
Abfallsortierer
Abfallspinner
 (Abfallgarn)
Abfallwäscher
 (Textilabfall)
Abfasser
Abfeger
 (Keramikherstellung)
Abfeger (im Walzwerk)
Abfehmer
Abfertiger, Fracht –
Ablertiger, Post –
 (bei der Bundespost)
Abfertiger, Post –
 (anderer)
Abfertiger, Zug –
Abfertigungsangestellter
 (Fracht)
Abfertigungsarbeiter
 (Fracht)
Abfluglotse
Abfüller
 (im Chemiebetrieb
Abfüller (alle anderen,
 gleichgültig, welche
 Produkte oder
 welcher Betrieb)
Abgaser
 (im Chemiebetrieb)
Abgaser (in der Papier-,
 Zellstoffherstellung)
Abgeber (von Geträn-
 ken, Speisen)
Abgeordnetenassistent
Abgießer (Formstein-
 herstellung)
Abgießer
 (Keramikproduktion)
Abgleicherin
Abgosser
Abgrater siehe
 Entgrater

Abhänger (von Holz-
 Kunststoffplatten)
Abhänger (anderer)
Abhäuter
Abhörer (Schallplatten)
Abhörer (Telefon)
Abholer
 (Gepäck-, Waren-
 und alle anderen)
Abklärer (Polierer)
Abklopfer
Abkocher siehe Kocher
Abkühler siehe Kühl-
 anlagen
Abkürzsäger (Holz)
Ablader (Müll)
Ablader (alle anderen)
Ablänger (Beton-, Ze-
 mentrohr u. ä.)
Ablänger (im Forst)
Ablänger (Holz außer-
 halb des Forstes)
Ablänger (Nieten)
Ablänger
 (Metallrohre u. dgl.)
Ablänger (anderer)
 siehe Schneider
Ablagefrau (Kleiderauf-
 bewahrung)
Ablasser (Schuhrahmen)
Ablasser wie Ableerer,
 Entleerer
Ablauger … siehe
 Laugen
Ableerer
Ableger (Schrift in der
 Setzerei)
Ableger
 (von Schriftstücken)
Ableger (alle anderen)
Ableser
 (Gas, Strom, Wasser)
Ableser, Instrumenten –
 (im Chemiebetrieb)

on nicht zu denken war. Bemerkenswert ist ferner, daß in dem Werk das Risiko der Arbeitslosigkeit mit keinem Wort erwähnt wurde.

Aber ansonsten wartet es mit einer dschungelartigen Vielfalt von Möglichkeiten auf. Wie wäre es, um nur einige Beispiele herauszugreifen, sich einen Arbeitplatz als *Krumpfer*, *Schäumer*, *Tupfer*, *Zäckler* oder *Schrämer* zu sichern? Ein Abiturient könnte beschließen, sich künftig der *Fitzerei* oder der Kunst des *Klupperns*, des *Pufferns*, des *Tollerns* zu widmen. Ob aber ein *Reizler*, *Pitzler*, *Weifer* gut beraten wäre, sich zum *Motzer* oder zum *Wobbler* umschulen zu lassen? Er könnte doch sein Brot ebensogut als zünftiger *Bugger*, als gelernter *Raschler*, als tüchtiger *Batscher* verdienen. Die Bundesanstalt hat keines dieser Handwerke und keine Fertigkeiten vergessen. Selbst die Laufbahnen des *Schleimers*, des *Aalstickers*, des *Fünfersetzers* und der *Köderin* standen damals jedem Aspiranten offen.

Es ist klar, daß die Behörde alles versucht hat, um einen vollständigen Katalog aller möglichen Arbeiten zu liefern. Stichproben haben allerdings gezeigt, daß dieses Ziel nicht ganz erreicht worden ist. Zwar wurde an den *Humoristen* und an das *Go-go-Girl* gedacht, die sich dieselbe Schlüsselzahl 832 teilen. Auch ragen unter den weiblichen Berufen das *Biermädchen* und die *Morgenfrau* hervor. Nicht einmal der *Mulzer*, wer immer das sein mag, fehlt. Die Bundesanstalt hat sogar für den *Berauber* gesorgt und bei den *Poeten* sorgfältig zwischen *Text-*, *Ton-*, *Schnell-* und *Stegreifdichtern* mit eigenen Schlüsselzahlen unterschieden. »Dichter (sonstige)« müssen sich jedoch mit einer Zuflucht unter dem Stichwort *Abdichter* begnügen.

Im alphabetischen Verzeichnis werden unter dem Stichwort Bank über dreißig verschiedene Berufe aufgeführt. Allerdings fehlt jede Spur vom Bankräuber, ebenso vom Bettler, vom Einbrecher und vom Zuhälter. Eine Lücke, die jeden Profi in seiner Berufsehre kränken muß. Schwerer wiegt, daß Tätigkeiten wie die des Spekulanten, des Bundeskanzlers und sogar des

Papstes fehlen. Das hätte nicht passieren können, wäre beizeiten jemand mit der Schlüsselzahl 881 zur Hand gewesen. Dieser Experte verbirgt sich hinter dem *Berufsreiter*, dem *Berufsspieler* und dem *Berufsvormund*. Man hat offensichtlich versäumt, den *Berufssystematiker* zu fragen.

LXI

Jammern, ächzen, stöhnen können viele Lebewesen, aber sich über ihr Los beschweren, das vermögen nur die Menschen; denn dazu braucht es die Sprache. Nur mit ihr können sie den höheren Mächten, an die sie glauben, in den Ohren liegen.

Das haben sie schon immer so gehalten. Die Brahmanen und die Buddhisten hielten wenig von der Welt, in der sie lebten, und sehnten sich nach dem Nirwana. Aber nicht nur im fernen Osten gab es solche Beschwerden. Auch der Prediger Salomo beklagte sich darüber, daß Gott den Menschenkindern so viel unselige Mühe gab, daß sie sich damit quälen sollten. »Es war alles eitel und Haschen nach Wind und kein Gewinn unter der Sonne … Da pries ich die Toten, die schon gestorben waren.«

Die Griechen stimmten ein in diesen Chor. Sophokles erklärte, es sei das beste, nicht geboren zu sein, und Hegesias empfahl uns den Selbstmord. Die Gnostiker brachten ähnliche Argumente vor, und Innozenz III. schrieb, als er noch nicht Papst war, ein Traktat *Vom Elend des menschlichen Daseins*.

Sündlich / zu; geplaget / in; kläglich gehen wir / auß der
  Welt;
Was ist der nur für ein Narr / der die Welt fürs beste helt? –

so schimpft Friedrich von Logau, alias Salomon von Golaw, anno 1654.

Schwärzer als diese Vorgänger drückt sich Macbeth aus, der unter seiner Schuld zusammenbricht. Bei Shakespeare ist das Leben »a tale told by an idiot, full of sound and fury, signifying nothing«.

Aber erst in der Moderne blühte der Pessimismus wirklich auf und ergriff die Massen. Der Weltschmerz wurde zu einem

Stichwort der Romantik. Kurz nach dem Ersten Weltkrieg gelang Oswald Spengler mit dem *Untergang des Abendlandes* ein Bestseller. Die Geschichtsphilosophen waren zwar überzeugt davon, daß das Ende nah sei, stritten sich aber darüber, wie es bei der Apokalypse zugehen würde.

Keiner von ihnen reichte an den einsamen Propheten Arthur Schopenhauer heran, was die Radikalität und die Wucht seines metaphysischen Pessimismus angeht. Er behauptet, die Welt sei ein Jammertal voller Leiden, und alles Glück sei Illusion. Das Leben »schwingt also, gleich einem Pendel, hin und her, zwischen dem Schmerz und der Langenweile«. »Wenn man nun endlich noch Jedem die entsetzlichen Schmerzen und Qualen, denen sein Leben beständig offen steht, vor die Augen bringen wollte, so würde ihn Grausen ergreifen, und wenn man den verstocktesten Optimisten durch die Krankenhospitäler, Lazarethe und chirurgischen Marterkammern, durch die Gefängnisse, Folterkammern und Sklavenställe, über Schlachtfelder und Gerichtsstätten führen … wollte, so würde sicherlich auch er zuletzt einsehen, welcher Art dieser *meilleur des mondes possibles* ist.« Der Optimismus sei eine »wahrhaft ruchlose Denkungsart«.

Aber Schopenhauer war auch ein unausstehlicher, grämlicher, auf sein Geld und seinen Ruhm versessener Mann und kein Dichter, und deshalb gebührt der Lorbeer nicht ihm, sondern Giacomo Leopardi.

Dieser hochintelligente Unglücksrabe war klein gewachsen, hager, spitznasig und hatte einen Buckel. Er stammte aus einer verarmten gräflichen Familie. Seine Mutter war eine harte Betschwester, sein Vater ein ultrakonservativer Bankrotteur. Zu allem Überfluß waren seine Augen schwach. Es grenzt an ein Wunder, wie der schwermütige Junge sich selbst umfassende Sprach- und Literaturkenntnisse verschaffte; er las alles im Original, auf griechisch, lateinisch, hebräisch und selbstverständlich auf französisch, spanisch und englisch.

Er floh vor seiner zerstrittenen Familie, und wie andere Männer verliebte er sich; nur daß seine Affären alle ein unglückliches Ende nahmen; er ist mit 38 Jahren entweder an Asthma, einer Wassersucht oder einem Lungenödem, allem Anschein nach jedoch jungfräulich gestorben.

Wie kann es sein, daß seine Gedichte voller Grazie sind; daß er in seinem großen Notizbuch, dem *Zibaldone*, ein hellsichtiges Massaker unter allen Illusionen angerichtet und in seinen *Operette morali* die witzigste und heiterste und eleganteste Beschwerde gegen seine Leiden eingelegt hat?

Marie von Ebner-Eschenbach sagte über die glücklichen Pessimisten einmal: »Welche Freude empfinden sie, so oft sie bewiesen haben, daß es keine Freude gibt.«

LXII

Wie kann man sich, außer durch eine Geheimsprache, verständigen, nur durch Laute, Gesten oder graphische Zeichen, wenn Außenstehende nichts davon mitkriegen sollen? Dazu taugen die Zinken.

Dieses Wort ist erst seit dem 18. Jahrhundert belegt, aber das, was es bedeutet, war beim sogenannten »fahrenden Volk« sicher schon viel früher im Schwange. Die Vokabel wird vom lateinischen *signum* abgeleitet. Andere Etymologen denken an althochdeutsch *zinko* = Spitze oder Zacke. Das Rotwelsch ist ein alter Soziolekt der Bettler, Hausierer, Landstreicher, Kesselflicker und anderer Vaganten. Auch allerhand Gauner und Straßenräuber nutzten diese Sprache, um ihre heimlichen Absichten zu verbergen.

Was ist ein *Zinkenplatz*? Ein Treffpunkt der Diebe. Eine *Zinkfleppe* ist ein Steckbrief; *Zinken stechen* bedeutet: ein Zeichen geben, und *abgezinkt sein*: sich erwischen lassen. Gauner sind keine Narren, und ihre Hände beschmieren keine Tische, sondern Wände und Mauern mit Kreide, Rötel oder Kohle.

Kenner unterscheiden *Wegweiser-, Bettler-, Erkennungs-, Fem-, Jad-, Ken-* und *Schlichner*zinken, über deren Bedeutung der einschlägige Artikel der deutschen Wikipedia detaillierte Auskunft gibt und sogar vermerkt, wo sie vorzugsweise zu finden sind: auf Aborten in Wirtshäusern oder Bahnhöfen, an Ortsein- und -ausgängen, Kirchen- und Klostermauern. Wo gab es eine kostenlose Mahlzeit? Wo war ein billiger Schlafplatz zu finden? Wo wohnte ein Polizist? Wer war verhaftet worden, wer kam als Komplize in Betracht, wer konnte einen verpfeifen? Wo lohnt sich ein Einbruch? Sind die Bewohner verreist? Besitzen sie Waffen? Bewacht ein scharfer Hund das Haus? Ein Pfeil

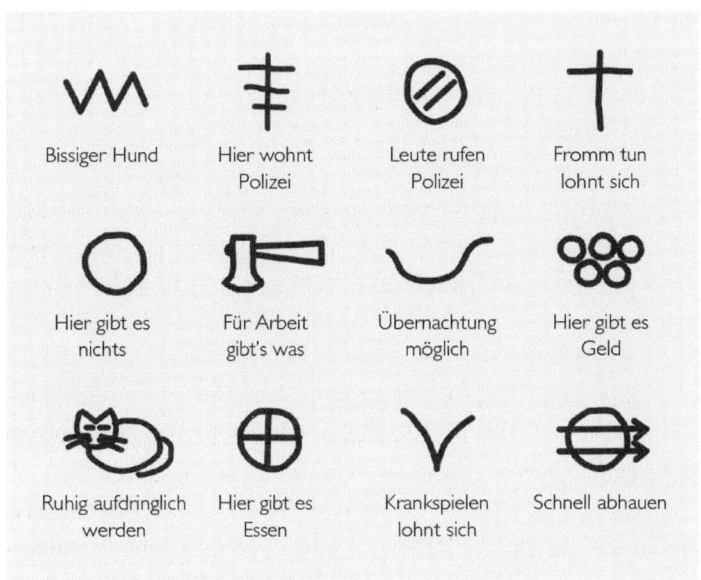

Bissiger Hund	Hier wohnt Polizei	Leute rufen Polizei	Fromm tun lohnt sich
Hier gibt es nichts	Für Arbeit gibt's was	Übernachtung möglich	Hier gibt es Geld
Ruhig aufdringlich werden	Hier gibt es Essen	Krankspielen lohnt sich	Schnell abhauen

gibt immer die günstigste Richtung an, ein Datum die Abreise. Ein eigenes Lexikon von Symbolen verfeinert die Informationen, die von den Zinken abzulesen sind.

Daß die Wände und die Mauern heutiger Großstädte völlig von Zeichen übersät und daß dabei ganze Kolonnen von fleißigen Menschen mit Sprühdosen, Schablonen und Pinseln am Werk sind, hat jedoch mit dem historischen Zinkenwesen nichts zu tun. Es handelt sich um den Ausdruck einer eigenen Subkultur, die auf das Wort *Graffiti* hört, den Plural des italienischen *graffito*, das wiederum ein Lehnwort auf dem Griechischen ist: *graphein* = schreiben oder zeichnen.

Seitdem ist das meist pseudonyme Schmieren im öffentlichen Raum zu einer fieberhaften Beschäftigung geworden. Alle Versuche, es zu unterbinden, sind gescheitert. Der Zentralverband der Deutschen Haus-, Wohnungs- und Grundeigentümer, der die illegalen Graffiti als Vandalismus betrachtet und die Schäden, die sie verursachen, auf Hunderte von Millionen schätzt, die für die Strafverfolgung zuständigen Behörden und die selbst-ernannten Künstler liefern sich einen Kleinkrieg, der zwischen Brigaden von Sprayern, Tünchnern und Reinigungskräften ausgetragen wird.

Andererseits hat München als erste Stadt Deutschlands 2015 einen eigenen Sachbearbeiter für Street Art und Graffiti eingestellt. David Kammerer, der den Künstlernamen Cenmnoz führt, sollte mit einem Jahresbudget von 80 000 Euro Flächen für legale Graffiti finden und ein Festival für diese Kunst fördern. Weil aber die Street-Art- und die Graffiti-Szene miteinander zerstritten sind, soll Kammerer zum Ende seiner Probezeit gekündigt haben. Wer weiß, ob seine Stelle wieder besetzt worden ist?

Eine wesentliche Eigenschaft verbindet Zinken und Graffiti: Beide müssen unverständlich für jeden sein, der nicht zu den Eingeweihten gehört. Je unleserlicher, desto besser ist ein *Tag*. Der oder das Tag ist die Signatur eines Graffito und oft sein Hauptinhalt. Er bedeutet nichts anderes als »Ich bin Ich«. Der Sinn eines Tag ist es, »seinen Wiedererkennungswert zu steigern. Wenn ein Tag häufig wahrgenommen wird, prägt sich dieses ein und wird schnell wiedererkannt. Viele Writer nutzen diese Art um schnell an Fame zu gelangen«. So bezeichnen die Angehörigen der Szene ihren Ruhm, der auf wenige Mitglieder beschränkt bleiben soll. Anfänger und Außenstehende können sich an Herrn Markus Deutscher in Fulda wenden, bei dem über sein Internetportal *Graffiti erstellen, Taggen lernen* für bloße € 6,57 alles Nötige mit einer Gebrauchsanweisung bestellt werden kann.

Nicht jeder Novize wird es jedoch wie Jean-Michel Basquiat zu Weltruhm und Reichtum bringen. Dieser Großmeister der Zinkenmalerei wurde 1960 in New York geboren. Als erstem Afroamerikaner gelang ihm der Sprung in die Kunstwelt der Metropolen. Er stellte in atemberaubendem Tempo eine Menge von Bildern her. Mit einundzwanzig Jahren war er der jüngste Teilnehmer einer *documenta*. Seine Erfolge konnte er nicht feiern, weil er 1988 an einer Überdosis Heroin gestorben ist. In seinem Nachlaß fanden sich mehr als tausend Gemälde.

Im Mai 2017 zahlte ein japanischer Milliardär 110,5 Millionen Dollar auf einer Auktion bei Sotheby's für *Untitled*, ein Bild, auf dem ein totenkopfartiges Gesicht zu sehen ist. Das war der höchste Preis, der jemals bei einer Versteigerung für das Werk eines Künstlers aus den Vereinigten Staaten gezahlt wurde, und der höchste Preis für ein Werk, das seit 1980 entstanden ist.

LXIII

Rolf Martin Zinkernagel, einem in seiner Zunft weltberühm-
ten Schweizer Immunologen, sieht man seine über siebzig Jahre
nicht an; er ist ein sehniger, sonnengegerbter Mann, der mun-
ter Ski fährt und gerne hohe Berge besteigt.
Als ihm 1996, zusammen mit Peter C. Doherty, der Nobelpreis für Medizin verliehen wurde, fragte er sich in einer Tisch-
rede:
»Wie kommt es, daß wir beide in Stockholm sind? Vermutlich liegt es daran, daß Peter und ich anfangs ohne fixe Theorie
an die Arbeit gingen. Wir wußten nicht genau, welche Me-
chanismen im Immunsystem am Werk waren, und für wissenschaftliche Dogmen hatten wir wenig Respekt übrig. Wie Sie
wissen, gibt es in der Wissenschaft Sammler, Klassifizierer, Aus-
putzer, ewige Kritikaster, Detektive, ein paar Künstler und
viele Handwerker, auch ein paar Poeten, Philosophen und
sogar hie und da einen Mystiker. Peter ist ein Kelte und ein
richtiger Australier und zu meinem und zum Kummer seiner
Frau ein Mystiker. Ich hingegen bin ein typischer Schweizer
und, sehr zum Kummer meiner Familie, ein hartnäckiger Sammler. Wir sind beide ein bißchen verrückt – das ist nötig, auch
wenn es nicht hinreicht, um wissenschaftlich zu arbeiten –,
doch sorgen unsere Frauen, Kinder und Mitarbeiter dafür,
daß wir einigermaßen bei Vernunft geblieben sind.«
Dafür spricht nicht nur seine Karriere; Zinkernagel ist auch
willens und in der Lage, einem jeden Laien zu erklären, was es
mit seiner Forschung auf sich hat. Zusammen mit Doherty entdeckte er 1973, wie das Immunsystem virusinfizierte Zellen erkennt und vernichtet. Bei mit Meningitis infizierten Mäusen
stellte sich heraus, daß dazu ein Virus-Antigen allein nicht ge-

nügt. Bestimmte andere Komplexe sind für diese Abwehr erforderlich. Diese Entdeckung führte zu neuen Impfstoffen und Medikamenten, um Infektionskrankheiten, Entzündungen und Tumoren zu bekämpfen.

Zinkernagel zieht aus diesem Sachverhalt radikale, kaltblütige Schlußfolgerungen. Gefragt, warum wir es trotz aller Fortschritte in der Medizin mit neuen Leiden wie HIV, SARS, Ebola und mit resistenten Tuberkulose-Keimen zu tun haben, antwortet er: »Das liegt einfach daran, daß für unsere Spezies eine immer weiter zunehmende Lebenserwartung nicht vorgesehen ist. Unsere wichtigste evolutionäre Funktion ist die Fortpflanzung, die sich gewöhnlich im Alter von 25 Jahren erledigt hat. Durch die Wissenschaft haben wir unser Leben verlängert und damit eine Heerschar neuer Krankheiten hervorgerufen.

Dazu gehören auch die Autoimmunleiden. Das unvernünftige Verhalten des Menschen hat das Problem verschärft. Die Natur wird dafür sorgen, daß sich früher oder später eine mittlere Lebenserwartung von 20-25 Jahren einpendelt.«

Seit 2008 ist Zinkernagel emeritiert; doch er denkt nicht daran, seine Arbeit am Institut für Experimentelle Immunologie im Universitätsspital Zürich aufzugeben.

In einem Interview hat er einmal zu bedenken gegeben: »Ein Nobelpreis macht einen noch lange nicht zum Experten für alles mögliche.«

Weder seine Selbstironie noch sein sarkastischer Humor haben Zinkernagel daran gehindert, eine weitere Spezialkenntnis zu erwerben. Er ist nämlich zu einer unbestreitbaren Autorität auf dem Gebiet der Mausefallen geworden. Eine stattliche Sammlung solcher Vorrichtungen hat er zusammengetragen, die künftig in einem Museum unweit von Basel zu besichtigen sein soll, und eine Stiftung zu ihren Gunsten errichtet.

Der Erfinder der Mausefalle ist unbekannt; sie kann aber immerhin auf eine achttausendjährige Geschichte zurückblicken.

Wahrscheinlich waren es die Ägypter, die zuerst auf diese Idee kamen. Zur Etymologie der Maus hat sich der bewährte Wolfgang Pfeifer so geäußert:»Indoeuropäisch *mūs gehört wohl als ›Stehler(in)‹ zu altindisch *muṣṇāti ›stiehlt, raubt‹.« Nun ist Zinkernagel allerdings nicht der einzige Kenner der Mausefalle. Hier herrscht, wie in allen denkbaren Disziplinen, ein Andrang, der Rivalitäten zur Folge hat. Denn auch Orte wie Güntersberge im Harz oder wie Neroth in der Eifel können sich eines Mausefallenmuseums rühmen. Der Jornalist Wolfhard Klein hat eine ganze *Kulturgeschichte der Mausefalle* vorgelegt und 2011 im *Technik Museum Speyer* eine Ausstellung kuratiert, in der mehr als zweihundert Fallen aus Holz, Ton, aus Plastik, Glas oder Blech mit den unterschiedlichsten Fangmechanismen zu sehen waren. Von sich sagt Herr Klein ganz ungerührt:»Ich finde Mäuse eigentlich niedlich.«

Dem Laien dürfte es schwerfallen, alle Sorten von Fallen beim Namen zu nennen. Dabei ist zunächst zwischen Lebend- und Totfallen zu unterscheiden. Zu den ersteren zählen die Reusenkorb-, die Röhren-, die Käfigschnapp- und die Walnußfalle, während die klassische Schlagbügel- und die chemische Klebefalle zur zweiten Kategorie gehören. Die Wasserfalle, bei der die Maus in ein Gefäß fällt und ertrinkt, kommt heute nicht mehr in Betracht, weil die Diebin nach dem Tierschutzgesetz möglichst schnell und schmerzfrei getötet werden muß.

In Kafkas Erzählung *Josefine die Sängerin* heißt es:»Die Gebiete, auf denen wir aus wirtschaftlichen Rücksichten zerstreut leben müssen, sind zu groß, unserer Feinde sind zu viele, die uns überall bereiteten Gefahren zu unberechenbar … Zu diesen traurigen Gründen kommt freilich auch ein erhebender: die Fruchtbarkeit unseres Stammes.«

Gewiß ist das der Grund, daß die Mäuse nie aussterben werden und Agatha Christies Theaterstück *The Mousetrap* seit 1952 ununterbrochen im Londoner *St. Martin's Theatre* läuft und jeden Abend ausverkauft ist.

LXIV

Renaissancemensch – was soll denn das heißen? Die Psycho-
analytikerin Alice Miller hat einst ein Buch über das *Drama
des begabten Kindes* geschrieben, in dem von einem Pendeln
zwischen Depression einerseits und einem Grandiositätsgefühl
andererseits die Rede ist. Aber warum soll das nur für Kinder
gelten und nicht für überbegabte Erwachsene?

In der »Renaissance« gab es auffallend viele solcher Menschen. Ein schwindelerregendes Beispiel ist Cardano, dessen
polymorphe Gaben sich schon in seinem Vornamen andeuten;
manchmal heißt er Geronimo oder Girolamo, aber dann unter-
zeichnete er wieder als *Hieronymus Cardanus*; einmal gab er
sich sogar als einen *Castiglione* aus.

Er war Arzt, Mathematiker, Philosoph, Physiker, Ingenieur,
Chemiker, Theologe, Wissenschaftshistoriker, Astronom, Architekt – und das alles zugleich. Experte für alles zu sein ist ein ris-
kantes Los. Einen guten Stern, unter dem er gestanden hätte,
gab es nicht.

Das ist fatal; denn auf die Frage, in welchem Fach er seine
größten Leistungen vollbracht habe, hätte er sicherlich geantwortet: In der Astrologie. Dieser edlen und hochangesehenen
Wissenschaft verdankte er nicht nur seinen Ruhm; er eröffnete
eine Praxis, mit der er den größten Teil seines Lebensunterhalts
bestritt.

Der Beruf des Sterndeuters ist uralt, und von dem des Astronomen war er Tausende von Jahren lang untrennbar. Cardano
beherrschte ihre Technik und betrachtete sie als eine der Sieben
Freien Künste. Auch mit benachbarten Disziplinen wie der
Traumdeutung und der Wahrsagerei hat er sich beschäftigt.

Durch seine einschlägigen Werke, die seit 1539 der Nürnberger Verleger Petreius auf den Markt brachte, wurde Cardano bald zu einer europäischen Berühmtheit. (Petreius führte übrigens auch das Hauptwerk des Kopernikus, *De revolutionibus orbium coelestium*, in seinem Katalog.) Sammlungen von detaillierten Horoskopen, die bisher nur unterderhand im Umlauf waren, veröffentlichte er zum ersten Mal. Man kann sagen, daß er das Horoskop als literarisches Genre erfand. »Hier finden sich alle möglichen Todesarten vorgezeichnet, Tod durch Gift, Blitzschlag, Wasser, durch den Henker ... Wir begegnen den verschiedenen Arten von Geburten, solchen, bei denen Zwillinge zur Welt kommen oder aber mißgebildete oder nachgeborene Kinder oder Bastarde ... auch den verschiedensten Charakteren: ängstlichen, kühnen, klugen, Dummköpfen, Besessenen, Betrügern, Einfältigen, Ketzern, Dieben, Räubern, Päderasten, Sodomiten, Huren, Ehebrechern ... Ich kann erklären, von welcher Art jene sind, die ihre Ehefrau ermorden ... oder aus hoher Stellung abstürzen oder umgekehrt aus niedrigen Verhältnissen auf den Thron oder zu großer Macht kommen.« (Diese Zitate stammen aus Anthony Graftons Buch *Cardanos Kosmos. Die Welten und Werke eines Renaissance-Astrologen*, Berlin 1999, deutsch von Peter Knecht.) Es gibt auch Horoskope, die Cardano für Petrarca, Erasmus von Rotterdam und Dürer gestellt hat.

Sich selbst schonte Cardano nicht. Eine wilde Konjunktion habe in der Stunde seiner Geburt Verwüstungen in seinem Wesen angerichtet; sie sei verantwortlich für »schlechte Verdauung, ein schwaches Gehirn, für Nachstellungen, Feindschaften, materielle Verluste, Angriffe und unzählige schreckliche Leiden und ungerechte Verleumdungen«, die seinem Ruf sehr geschadet hätten.

Mit so vielversprechenden, sensationellen Ankündigungen hat Cardano als Stratege des Buchdrucks, eines neuen Mediums, viele seiner Konkurrenten aus dem Feld geschlagen. Auch das prognostische Potential der Astrologie verschmähte er nicht. Er verstand sich auf die Deutung von Vorzeichen und Vorahnungen. Insofern kann man im Astrologen einen Vorläufer des Zukunfts- und des Trendforschers sehen. Die Futorologie kann bekanntlich mit ganz ähnlichen Treffer- und Fehlerquoten aufwarten wie die besten Sternseher.

Über alles, womit er sich befaßte, hat Cardano eine unglaubliche Zahl von Büchern und Abhandlungen geschrieben. Ein Mann wie er fühlte sich verpflichtet, sich auch als Natur- und Moralphilosoph zu versuchen. Seine philosophischen Hauptwerke sind *De uno* und *De natura*. *De subtilitate*, ein enzyklopädischer Wälzer, war ein großer Publikumserfolg, wurde zehnmal nachgedruckt und galt lange als philosophisches Standardwerk. Cardanos Vorstellung von einer beseelten Urmaterie machte sogar auf Leibniz Eindruck, der über ihn in den *Essais de théodicée* sagt: »Es scheint, das Wissen hat einen Zauber, den diejenigen nicht begreifen können, die von ihm nie ergriffen worden sind. Ich meine nicht bloß Tatsachenwissen, das keine Gründe kennt, sondern ein Wissen wie dasjenige Cardanos. Der war wirklich ein großer Mann, trotz all seiner Fehler; ohne die wäre er unvergleichlich gewesen.«

Es würde wahrlich zu weit führen, seine Kämpfe um Lehrstühle, seine Pleiten und Prozesse aufzuzählen. Im Umgang mit seinen Kollegen zeigte er sich reizbar und streitsüchtig. Mit seinen wenigen Freunden hat er es mehr als einmal verdorben. Eitel, wie er war, stieß er auch Gönner und Mäzene, an denen es nicht mangelte, vor den Kopf. Wie er in seinen Memoiren selbst schreibt, war er schroff und scharfzüngig. Das vergalten ihm seine Feinde schon aus Futterneid mit Schmähungen und Intrigen.

Als Mathematiker triumphierte er, indem er bewies, daß man mit negativen Zahlen genauso wie mit gewöhnlichen Zahlen rechnen kann. Bis dahin war es, wenn man den Griechen Diophantos ausnimmt, die übliche Lehrmeinung unter Mathematikern, daß alle Zahlen größer als null sein müssen.

Mit seinem *Buch der Glücksspiele* begründete er die mathematische Wahrscheinlichkeitstheorie. Seine Ergebnisse hat er selbst genutzt; denn beim Glücksspiel verdiente er, als seiner Universität das Geld ausging, so viel, daß er seine medizinischen Studien aus eigener Tasche finanzieren konnte.

Hundert Jahre vor Fermat und Pascal hat er sich mit Binominalkoeffizienten beschäftigt und Summenformeln für die Folgen angegeben, die sich daraus ergeben. Weitere mathematische Werke Cardanos beschäftigen sich mit der Geometrie der Zykloiden und mit der Kombinatorik.

1545 erschien sein Buch *Ars magna sive de regulis algebraicis*, in dem er Methoden zur expliziten Lösung von Gleichungen dritten und vierten Grades angab. Dabei stieß er auf die Idee, daß das nur mit Hilfe der komplexen Zahlen möglich sei. Er ist wohl der erste, der mit ihnen operierte. Ganz nebenbei erfand er auch noch die Kardanwelle, durch die sein Name sogar bei ahnungslosen Ingenieuren ein fernes Echo hervorruft, und ein Kombinationsschloß, das bis heute in den Banktresoren seinen Dienst tut.

Cardano war vermutlich der europaweit bekannteste Mediziner des 16. Jahrhunderts. Er forschte über die Tuberkulose und das Asthma. Die erste klinische Beschreibung des Typhus stammt von ihm. Als erster unterschied er zwischen Syphilis und Gonorrhoe.

Medikamente, sagte er, dürften nur nach einer gründlichen Anamnese verschrieben werden. Zur Behandlung empfahl er Diäten und physiotherapeutische Methoden. Wer sich um die psychologische Befindlichkeit der Patienten nicht kümmere, sei in diesem Beruf fehl am Platz. Wegen seiner Schrift über »schlechte medizinische Praxis«, in der er die übliche Praxis seiner Kollegen heftig angriff, wurde er in der Ärztezunft ebenso heftig angefeindet.

Gleichwohl führte sein Ruhm als Arzt dazu, daß ihm im Lauf der Zeit hochdotierte Stellungen angeboten wurden. Papst

Paul III., König Christian III. von Dänemark, der König von Schottland, Heinrich II. von Frankreich wollten ihn zu ihrem Leibarzt machen. Diese Rufe lehnte er ausnahmslos ab. Zusätzlichen Ärger handelte er sich damit ein, daß er die christliche mit der jüdischen und der muslimischen Religion verglich. 1570 wurde er von der Inquisition ohne Vorwarnung inhaftiert und erst nach drei Monaten Haft wieder freigelassen. Der Erzbischof von Schottland, den er einmal geheilt hatte, reiste nach Rom und erreichte, daß man ihn wieder auf freien Fuß setzte.

Als die Archive der Inquisition nach 2000 zugänglich wurden, stellte sich heraus, daß ein anonymer Gutachter ihm ketzerische Aussagen in seiner Schrift *De rerum varietate* vorgeworfen hatte. Der Inquisit erfuhr üblicherweise keine Gründe für seine Festnahme. Cardano mußte versprechen, über die Verhöre zu schweigen. Verdächtig war, daß er ein Horoskop für Jesus erstellt, Günstiges über Nero geäußert und Ansichten über die Sterndeuterei vertreten hatte, die als häretisch ausgelegt werden konnten, obwohl der Autor jede Abweichung von der katholischen Lehre heftig bestritt. Man schlug ihm vor, auf seine Professur zu verzichten, nichts mehr zu veröffentlichen und mit einer päpstlichen Apanage nach Rom zu ziehen, wo er nach sechs Jahren gestorben ist. Einige seiner astrologischen Schriften blieben auf dem Index. Das war natürlich eine ziemlich halbherzige Rehabilitierung.

Im Alter spielte er, Anthony Grafton zufolge, die Rolle eines König Lear. Er tobte und wehklagte, als sein erster Sohn, Giambattista, verhaftet, angeklagt und hingerichtet wurde, weil dieser seine Ehefrau mit Arsen vergiftet hatte, und Aldo, der jüngere, sich als Lump und diebischer Gauner entpuppte. Der soll seinen Vater an die Inquisition verraten haben und mit einem Posten als Scharfrichter für die Inquisition in Bologna belohnt worden sein.

Der gelehrteste Kenner unter den Renaissanceforschern ist

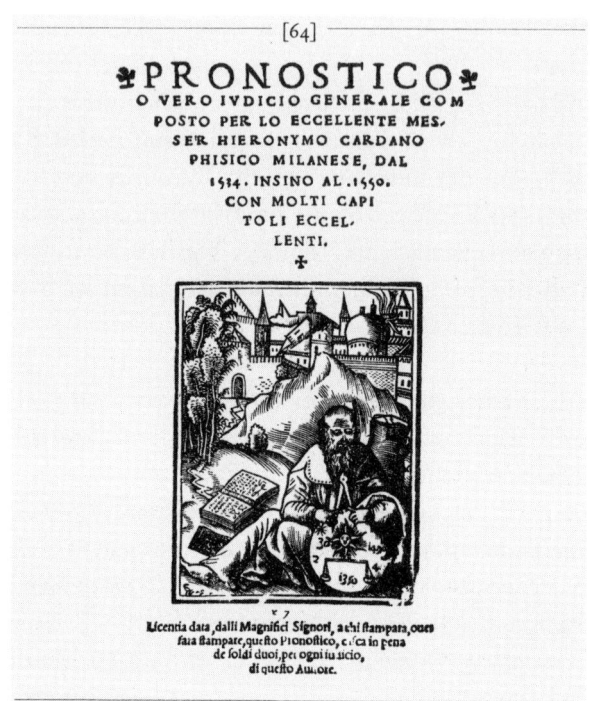

⚜PRONOSTICO⚜
O VERO IVDICIO GENERALE COM
POSTO PER LO ECCELLENTE MES,
SER HIERONYMO CARDANO
PHISICO MILANESE, DAL
1534. INSINO AL .1550.
CON MOLTI CAPI
TOLI ECCEL,
LENTI.
✠

Licentia data, dalli Magnifici Signori, a chi ſtampara, ouero
faia ſtampare, queſto Pronoſtico, c.ſca in pena
de ſoldi duoi, pei ogni iuiudicio,
di queſto Auuore.

gewiß Grafton, dessen Werk ihn gewissermaßen als Metaexperten auszeichnet, also als einen Experten, der Experten erforscht.

Nur solchen Eingeweihten sind die zehn Folianten der *Opera* zuzumuten, die 1663 in Lyon gedruckt wurden. Wer unbedingt will, kann zu einem Reprint von 1966 greifen. Heute noch lesenswert ist *Des Girolamo Cardano von Mailand eigene Lebensbeschreibung*, übertragen und eingeleitet von Hermann Hefele (Jena 1914).

Gotthold Ephraim Lessing hat ihn in seiner 1754 erschienenen »Rettung des Hier. Cardanus« auf zwiespältige Weise verteidigt: »Dieses außerordentliche Genie hat alle Nachwelt seinetwegen in Zweifel gelassen. Man muß glauben, daß der größte Verstand mit der größten Torheit sehr wesentlich verbunden ist, oder sein Charakter bleibt ein unauflösliches Rätsel.«

LXV

Wie anderen Experten sollte der unerfahrene Leser auch Albert Christian Sellner nicht blinden Glauben schenken. Dieser deutsche Publizist, Herausgeber, Literaturagent und Antiquar hat zwar zwei Handbücher veröffentlicht, die ihn als Kenner ausweisen: den *Immerwährenden Heiligenkalender* von 1993, der sich an die hagiographische Tradition hält, »an die Märtyrerakten, die Kirchenväter, Gregor den Großen und Gregor von Tours, Beda Venerabilis, die *Legenda Aurea*, die mittelalterlichen und barocken Heiligenviten, an verschiedene Regionalkalender des 18. und 19. Jahrhunderts, meist von Jesuiten und anderen Ordensleuten verfaßt, die auf dem Monumentalwerk der seit 1643 erscheinenden *Acta Sanctorum* fußen«. Das sind bei weitem nicht alle Quellen, die Sellner zu Rate gezogen hat.

»Das Buch soll seine Leserinnen und Leser mit der ungeheuren Produktivität der religiösen Phantasie und Überlieferung bekannt machen«, sagt der Autor. Und jenseits des Kalendariums steuert er noch einen Bericht über das Verfahren der Heilig- und Seligsprechung bei und liefert ein ausführliches Register der Heiligen und der Patronate. 2006 ließ Sellner ein zweites Handbuch folgen, den *Immerwährenden Päpstekalender*.

Allerdings hat er nicht nur Kirchengeschichte studiert. Er interessierte sich für durchaus weltliche Themen: den Austro-Marxismus und die Kommunistische Internationale. Ebenso bedenklich ist, daß er in Erlangen einen sogenannten Politladen betrieb und sich in der Sponti-Bewegung engagierte. Dort druckte er eine Zeitschrift des Frankfurter »Revolutionären Kampfes« mit dem Titel *Wir wollen alles*. Damit nicht genug. Sellner trat 1979 in die Redaktion einer Zeitschrift namens *Pardon* ein, die heute noch existiert, anders als der ebenso berüchtigte *Pflasterstrand*, bei dem er unter dem Pseudonym Emil Nichtsnutz mitwirkte. Es liegt auf der Hand, daß das christliche Milieu einen solchen Mann mit Argwohn betrachten mußte. Als stubenrein hat er freilich auch bei seinen linken Genossen nie gegolten.

Selbst das *Ökumenische Heiligenlexikon*, ein unabhängiges, privates Internetprojekt des evangelischen Pfarrers Joachim Schäfer aus Stuttgart, das möglichst viele Heilige und Selige in überkonfessioneller Sicht darstellen möchte, wird von manchen Historikern kritisiert, weil es angeblich Quellen und mit Literaturhinweisen belegte Artikel, wie sie sich im *Lexikon des Mittelalters* oder im *Biographisch-Bibliographischen Kirchenlexikon* finden, nicht berücksichtigt. Nach alldem hat bei so spitzfindigen akademischen Kritikern unser Gewährsmann Sellner keine Chance, obwohl ihm, vor allem was die Patronate betrifft, überraschende Aufschlüsse zu verdanken sind.

Er stellt fest, daß die katholische Kirche nicht nur den Gänsen und den Schweinen einen Schutzpatron bereitstellt, nämlich den heiligen Blasius respektive den heiligen Ambrosius, sondern auch für die Bettnässer (Crescentia), die Humoristen (Philipp Neri), für die Latrinenreiniger (Papst Julius I.), die Briefmarkensammler (Erzengel Gabriel), die reuigen Dirnen (Maria Magdalena), die Trinker (Santa Bibiena), ja sogar für die Bankbediensteten (Erzengel Michael). Nicht einmal bei Geldgeschäften und bei einem Todesurteil läßt einen die *Congregatio pro Causis Sanctorum* im Stich. Im ersten Fall kann den Sündern die hl. Corona, im zweiten der hl. Dismas helfen.

Johannes XXIII. soll es gewesen sein, der den Arbeitern mit einer gewissen Verspätung zu einem Schutzpatron, dem hl. Josef, verhalf. Sein Vorgänger weitete das Tätigkeitsfeld des hl. Christophorus auf den Motorradsport und dehnte das der hl. Veronika auf das Fernsehen aus. (*Vera ikon* bedeutet »das wahre Bild«. Daß ein Schweißtuch mit dem Bildschirm vergleichbar ist, mag der Ungläubige bezweifeln.) Um die Bogenschützen und die Fechter kümmern sich zwar zwei Erzengel, doch ist zu befürchten, daß damit nur die Angehörigen des Militärs gemeint sind. Die Kernkraftwerke und die Geheimdienste sind bisher leer ausgegangen. Eine gewisse Nachlässigkeit könnten auch die Fußball-Anhänger der katholischen Kirche vorwerfen. Im Verzeichnis der Patronate fehlt ein Beschützer der Stürmer und Verteidiger, der Trainer und der Schiedsrichter. Die Polizei kann Ausschreitungen zwischen verfeindeten Anhängern kaum verhindern, solange dem Ballspiel der höhere Segen fehlt.

Bei allem Verständnis für Neuerungen auf dem Gebiet der Heiligenverehrung (der *veneratio*, die mit der *adoratio* keinesfalls in einen Topf geworfen werden darf) droht doch die Gefahr, daß die traditionellen Nothelfer immer mehr in Vergessenheit geraten. Schon die Frage, wer genau diese Heiligen sind, ist schwer zu beantworten. Ursprünglich waren es wohl drei weibliche und elf männliche Helfer aus dem 2. bis 4. Jahrhundert. Erst im späteren Mittelalter hat sich diese Gruppe in den Diözesen Regensburg, Bamberg, Nürnberg und Würzburg konsolidiert. Von dort aus griff ihre Verehrung auf ganz Deutschland über, und nicht nur dort waren sie beliebt, sondern auch in Schweden, Ungarn und Italien. Etwa achthundert Kirchen waren ihnen geweiht.

Unklar ist ihre Reihenfolge. Manche der Nothelfer mußten anderen Heiligen weichen. Je nach der Gegend, in der sie wirkten, taucht an Stelle des Dionysus auch der Papst Sixtus II. auf, und statt Ägidius kommt Albertus Magnus hinzu. Hie und da werden ferner die vier heiligen Marschälle, das heißt Antonius der Große, Bischof Hubertus von Lüttich, Papst Cornelius und Quirinus von Neuss, zu den Nothelfern gezählt.

In der Wallfahrtskirche von Vierzehnheiligen, die ihnen geweiht ist, gibt es eine Handreichung, aus der hervorgeht, wer sonst alles im Notfall angerufen werden kann:

St. Apollonia durch dein große Pein, / Wollst von Zahnweh
uns befrein.

St. Adelgundis uns bewahr, / vor Fieber, Krebs und Todsgefahr.

Lasst uns St. Rochus rufen an, / vor Krankheit er uns hüten
kann.

St. Leonard dein Tugend groß, / von Band und Ketten mach
uns los.

St. Apollinaris Marter groß, / von fallender Seuch mach uns los.

St. Hubertus dein Kraft ist bekannt, / halt uns bei Sinne und
Verstand.

St. Quirin der mit Glori blüht, / vor offnen Schäden uns behüt.

St. Nikolaus der heilig Mann, / zu Land und Wasser helfen
kann.

St. Quintin heller Tugend Schein, / wollest von uns wenden
Hauptspein.

St. Swibert mit sein Bischofsstab, / von uns groß Übel wendet
ab.

St. Libori dein Gebet uns gieß, / den Stein zerreib vertreib das
Grieß.

St. Domician das Weh der Lenden, / durch deine Bitt thu von
uns wenden.

St. Anton frommer Einsiedler, / für bösen Brand sei unser
Mittler.

St. Sebastian mit deinem Pfeil, / von Pestilenz uns Kranke heil.

St. Brigida laß uns genesen, / von Wunden, Aussatz und bösen
Wesen.

St. Magdalena rett uns aus großer Noth, / bewahre uns vor
jähem Todt.

LXVI

»Welchen reiz und welche anziehende kraft hat unter allen sprachlichen untersuchungen eben die über eigennamen, wie geschäftig sein musz man um jede hier aufsteigende frage zu behandeln«, schrieb einst Jacob Grimm.

Alles muß einen Namen haben. Der Mensch ist das einzige Lebewesen, das nach diesem Prinzip verfährt. Kein Baum, kein Berg, kein Stern weiß, wie er heißt. Offenbar sind wir die einzigen, die das kümmert und die alles und jedes taufen müssen.

»Ohne Namen kann es kein gesichertes Wissen geben«, sagte Carl von Linné, schritt zur Tat und begründete die Taxonomie.

Der erste menschliche Täufer war Adam. Das geht ganz klar aus der Bibel hervor: »Und Gott der Herr machte aus Erde alle Tiere auf dem Felde und alle die Vögel unter dem Himmel und brachte sie zu dem Menschen, daß er sähe, wie er sie nennte; denn wie der Mensch jedes Tier nennen würde, so sollte es heißen. Und der Mensch gab einem jeden Vieh und Vogel unter dem Himmel und Tier auf dem Felde seinen Namen.« (Genesis 2,19-20)

Ein weiteres Gebot zeigt, was diese Operation bedeutet: »Macht euch die Erde untertan!« Wer einen Namen verleiht, ist dem Benannten überlegen. Namen sind im magischen Denken wirksam. Das Unbewußte weiß das. Deshalb entzünden sich an ihnen heftige politische Konflikte.

Die menschlichen Gesellschaften haben sogar Spezialisten hervorgebracht, die eine Wissenschaft von den Namen betreiben. Das sind die Onomastiker. Die Namenkundler befassen sich mit der Herkunft, der Bedeutung und dem Gebrauch von Eigen-, Personen-, Orts-, Flur-, Götter- und Sternnamen. Und das hat Folgen nicht nur für ihr Fach.

Diese Experten haben Dutzende von -*nymen* erfunden, die sich alle von dem griechischen Wort ὄνομα ableiten. Eine ganze Terminologie versucht, Namen zu klassifizieren: Es gibt *Topo-*, *Exo-*, *Endo-*, *Poeto-* und eine Reihe von anderen -*nymen*. Am besten hält sich der Ahnungslose, um diesen Knäuel zu entwirren, an eine Einführung von Friedhelm Debus: *Namenkunde und Namengeschichte*, die 2012 in Berlin erschienen ist. Die Onomastik hat viele Mütter und Väter und greift weit auf ein Dutzend anderer Disziplinen über. Der Religionswissenschaft hat sie die Deutung von Gottesnamen, den sogenannten *Theonymen*, zu bieten und hilft ihr, die »Beziehungen zwischen den religiösen Vorstellungen weit voneinander entfernt lebender Völker aufzudecken«.

Um Personennamen bemühen sich die *Anthroponomastiker*. Sie belehren uns über die Bedeutung, Herkunft und Verbreitung von Eigennamen.

Eigennamen sind von *Appellativa* zu unterscheiden. Sie beziehen sich (im Idealfall) auf einzelne Personen oder Gegenstände, Gattungsnamen hingegen auf Klassen. Der Eigenname dient gleichsam nur als individuelles Etikett. Er weist allerhand sprachliche Besonderheiten auf. Einem Personennamen wird in der Standardsprache kein Artikel vorangestellt. Eine Ausnahme von dieser Regel sind manche Idole; es heißt nicht »Frau Greta Lovisa Gustafsson«, sondern »die Garbo«.

Im deutschen Sprachraum hat sich seit dem 12. Jahrhundert ein zweigliedriges Namensystem mit einem Individualnamen (Vorname, Rufname, Nebenname) und einem Familiennamen (Beiname, Nachname, Zuname) entwickelt. In anderen Ländern sind andere Namensysteme üblich. In Rußland herrscht ein dreigliedriges Namensystem mit einem Vatersnamen vor, wie in der Antike. Die römischen Namen bestanden aus bis zu drei Elementen und gliederten sich in Vor-, Sippen- und Beinamen, weil die Römer nur sehr wenige Vornamen zur Auswahl hatten. Der Sippenname war ein Privileg der Oberschicht.

Den Juristen greift die Namenkunde unter die Arme, weil Ruf- und Familiennamen meist gesetzlich geregelt sind. Der Staat mischt sich dabei gerne mit Vorschriften ein, um seine Bürger zu kontrollieren. Noch viel vertrackter sieht es mit den Ortsnamen aus. Für sie sind die *Toponomastiker* zuständig. Verschwenderisch werden solche Benennungen nicht nur über die Erde, sondern über das ganze Weltall ausgestreut. Die Ortsnamenkunde bemüht sich, sie aufzulesen, zu registrieren und zu sieben. Eine Reihe von Spezialisten versucht, ein wenig Ordnung in den Wildwuchs zu bringen, der dort herrscht. Damit arbeiten sie den Geo- und Kartographen und den Historikern zu.

Viele Toponyme sind alt und sehr stabil, besonders die Namen der Gewässer. Je größer ein Fluß, desto älter ist meistens sein Name.

Andere ziehen es vor, sich mit Flur-, Straßen-, Haus- und Hofnamen zu befassen. Bevor im 18. Jahrhundert nach französischem Vorbild Hausnummern eingeführt wurden, waren die Haus- und Hofnamen ein wichtiges Unterscheidungsmerkmal in den Städten. Die Quartiere der Stockholmer Altstadt tragen heute noch alte Namen aus der Mythologie wie Achilles, Cupido, Juno oder Venus, und in Basel gibt es Häuser, die statt einer Hausnummer einen eigenen Namen tragen: »Zum Riesen«, »Zum Einhorn« oder »Zum roten Turm«; Eugen A. Meier, ein Lokalhistoriker, hat sich die Mühe gemacht, fünftausend dieser Hausnamen zu sammeln, die meist der Modernisierung zum Opfer fielen.

Weniger amüsant ist die politische Rolle der Toponomastik. Jede Benennung kann zu Krach führen. Schon wenn ein Straßenname sich plötzlich ändert, gibt es Ärger. Ernster wird es bei ethnischen oder nationalen Streitigkeiten; dort kann der Konflikt sogar zu Blutvergießen führen. In der Namenkunde pflegt man aus gutem Grund zwischen *Endo-* und *Exonymen*, Eigen- und Fremdbezeichnungen, zu unterscheiden.

Das ist letzten Endes eine Machtfrage, die oft durch Kriege, Okkupationen und Verträge zwischen Siegern und Verlierern entschieden wird. Beispiele gibt es genug.

In Elsaß-Lothringen, in Südtirol, in Indien, auf dem Balkan und im Baltikum wurde um jedes Ortsschild und jeden Wegweiser erbittert gekämpft.

> Herr Eugen A. Meier hat allein in Basel mehr als fünftausend Hausnamen gesammelt und 1974 in einem Buch verzeichnet. Als die Stadt im 19. Jahrhundert immer weiter wuchs, wurden statt dessen Hausnummern eingeführt, und die alten Namen verloren ihre offizielle Geltung. Schade! Doch ein Flaneur wird viele dieser phantasievollen Inschriften heute noch wiederfinden. Hier folgt eine kleine Liste aus Meiers Kollektion:
> Zum Riesen • Zum Einhorn • Zur leeren Flasche • Zum Löwenzorn • Zum dürren Sud • Zum kleinen Frieden • Zur Meerkatze • Zum Besenstiel • Zum Seufzer • Zum Schneck • Zum oberen Wind • Zur Fortuna • Zum König David • Zum halben Rad • Zum blauen Hammer • Zum schlafenden Jakob • Zum Holzwurm • Zur Fischwaage • Zum Paradies • Zur armen Herberge • Zur Goldgrube • Zum Venedig

Wie soll *Subotica* heißen? *Maria-Theresiopel* oder *Szabadka*? Ist der wahre Name *Bratislavas Preßburg, Poszony, Posonium, Prešporok*? Statt *Tallin* könnte man auch *Reval* sagen oder *Lindanis, Kolywan* und sogar *Lyndanissa*. Ob dahinter wohl politische Absichten stecken, geht die Geographen nichts an. Das sollte vielleicht auch für *Lwiw* gelten, das auch schon auf die Namen *Lwów, Leopoli, Ilyvó* oder *Lemberg* gehört hat. Andererseits sah sich *Gdynia* oder *Gdingen* plötzlich zu *Gotenhafen* umbenannt, und *Łódź* mußte jahrelang den Namen *Litzmannstadt* ertragen.

Umgekehrt wird auch nicht immer ein Schuh daraus, der allen paßt. Jeder, der gerade das Sagen hat, macht, was er will.

Ein ganzer Staat wie Mazedonien wird blockiert, weil den griechischen Nachbarn dieser Name nicht gefällt. Kein Wunder, daß es Namenkundler gibt, denen die Erde zu beschränkt vorkommt. Diese Fachleute sind auf *Astronyme* erpicht. Manche Sterne tragen arabische Namen, weil die Araber einst in der Astronomie führend waren. Für die Planeten haben sich die römischen Götternamen durchgesetzt. »Mein Vater Erklärt Mir Jeden Sonntag Unsere Neun Planeten«: mit diesem Schüler-Merksatz, der ihre Reihenfolge (Merkur, Venus, Erde, Mars, Jupiter, Saturn, Uranus, Neptun, Pluto) aufzählt, geben sich die Namenkundler natürlich nicht zufrieden. Die allgemein anerkannte Autorität auf diesem Gebiet ist die *Internationale Astronomische Union.* Sie vergibt die Namen von Himmelskörpern aller Art. Besonders für veränderliche Sterne und Novae werden immerzu neue Namen ausgeheckt. Andere Objekte, wie Galaxien und Nebel, müssen sich mit bloßen Nummern aus dem *Messier-Katalog* (M) und dem *New General Catalogue* (NGC) begnügen, was jeden Astronymiker frustrieren muß.

Fest steht nur, daß kein Namenkundler sich alle Namen merken kann, mit denen er es zu tun hat.

LXVII

Jedem Spaziergänger ist dann und wann einmal ein Mann mit weiß-rot bemalten Pfosten aufgefallen, der durch einen Theodoliten einen Fluchtpunkt anvisiert. Das muß wohl ein Experte sein. Aber wofür? Die Geodäsie ist eine alte Kunstfertigkeit, um Land aufzuteilen, Grundstücks-, Eigentums- und Landesgrenzen festzulegen. Ihre Geschichte reicht bis in die hydraulische Gesellschaft der alten Ägypter zurück. Nach der Überschwemmung durch den Nil mußte der Lauf des Flusses jedes Jahr von neuem vermessen werden. Die ersten Geographen haben bewiesen, daß die Erde eine Kugel ist. Aber wie groß sie ist, fand erst Eratosthenes von Kyrene heraus, ein hellenistischer Astronom in Alexandria. Die antike Geodäsie brachte die ersten griechischen Weltkarten hervor. Im Orient wurden Sternwarten gegründet und neue Meßinstrumente erfunden. Im 11. Jahrhundert waren die Araber führend mit ihren Sonnenuhren und Astrolabien.

Die Weltumsegler sorgten für einen neuen Entwicklungsschub in der Kartographie und der Navigation. Uhren und Instrumente machten eine genauere Vermessung der Welt möglich. Der Meßtisch, das Teleskop und die Winkelfunktionen eröffneten die geodätische Methode der Triangulation.

Auch dem Laien kommen manche historischen Namen bekannt vor: James Cook, der Königlich-Hannoversche Vermessungsingenieur Carl Friedrich Gauß, Henri Poincaré, Sir George Everest, der *Surveyor General of India*, nach dem 1856 der höchste Berg der Erde benannt wurde, und vielleicht sogar Friedrich Wilhelm Bessel, ein Mathematiker und Astronom, dem es gelang, die Form der Erde zu berechnen. Seitdem weiß man, daß sie ein Ellipsoid ist.

Englische Längeneinheiten

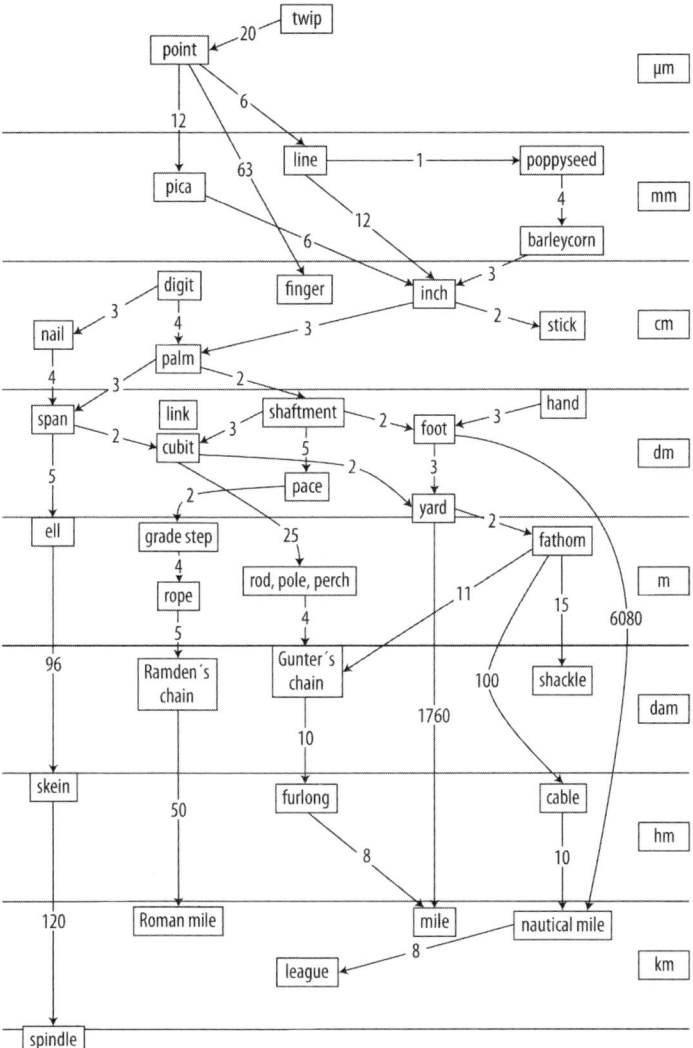

Im 19. Jahrhundert wurde das metrische System eingeführt. Der Wirrwarr der althergebrachten Maße schien überwunden. Nur die Angelsachsen sabotierten die Pariser Übereinkunft. Sie halten bis heute zäh an ihrem vorsintflutlichen Durcheinander fest.

Dennoch konnte sich die Geodäsie nun zu einer kleinen Industrie mit einer ganzen Reihe von Aufgaben entfalten. In der Katastervermessung dient sie dazu, rechtmäßige Grenzen zu ermitteln oder nachzuweisen und die Bebauung der Grundstükke festzustellen. Dabei entstehen maßstäbliche Flurkarten, und die Eigentümer können unbesorgt schlafen. Die Arbeit der Geodäten wird auch für die Flurbereinigung, die Ausweisung von Bauland und für den Straßenbau genutzt.

Im Bergbau sind Ingenieure und Vermessungstechniker unter Tage zugange, um Bergschäden zu verhindern oder im schlimmsten Fall zu begutachten. Aber hinter jedem Spezialwesen steckt immer noch ein weiteres, noch spezielleres; deshalb lauert in den Gruben auch noch das Meßscheidewesen.

Die hydrographische Vermessung bestimmt Form und Tiefe von Seen, Flüssen und Mündungen. Die Veränderungen im Schlick, im Sand und im Löß müssen regelmäßig registriert werden.

Seit 1960 gibt es noch eine weitere Disziplin; die Satellitengeodäsie. Sie ermöglicht interkontinentale Messungen und den Einsatz von Systemen wie dem GPS.

Was ein Geodät bei seiner Arbeit alles braucht, sind ein paar alltägliche Dinge wie das Maßband, die Wasserwaage und das Senkblei. Andere Instrumente kennt nur der Fachmann: den Lattenrichter, das Winkelprisma und den Fluchtstab. Unentbehrlich sind Theodoliten, Tachy- und Gravimeter. Ein Nivellier und ein handlicher Kreiselkompaß dürfen nicht fehlen.

Warum wohl spielen die Landvermesser in der Literatur eine auffällige Rolle? Schon Johann Peter Hebels Adjunkt hat sich Gedanken über den Wirrwarr der Maße gemacht und belehrt uns mit den Worten: »Item, die Rute hat 10 Schuh. Der Schuh 10 Zoll. Der Zoll 10 Linien. 100 Ruten ins Gevierte machen ein Viertel Feldmaß. 400 Ruten ins Gevierte sind ein Morgen oder Juchert; denn der Juchert hat 4 Viertel.«

Oder nehmen wir ein »erkenntnistheoretisches Drama« von Gottfried Benn, datiert auf den März 1916, das den kuriosen Titel trägt: *Der Vermessungsdirigent*. Diese Bezeichnung ist nicht mehr üblich, aber in der Heeresverwaltung des Deutschen Reiches hatte dieser Experte denselben Rang wie der Festungsbau-Offizier, der Kriegsgerichtsrat, der Waffen- und der Kriegszahlmeister.

Wer bei Benn etwas über das Vermessungswesen zu erfahren hofft, dem steht eine herbe Enttäuschung bevor. Das Stück spielt in einem Hurenkrankenhaus, und von einer Handlung kann keine Rede sein. Dr. Benn hatte in der Brüsseler Etappe offenbar ein paar Linien zuviel geschnupft, redete nur dummes Zeug daher und war für jeden Vermessungsdienst untauglich.

Ganz anders Dr. jur. Franz Kafka, dessen unvollendeter Roman *Das Schloß* Dutzende von Interpreten zu den abwegigsten Deutungen verführt hat, angefangen mit seinem Freund Max Brod. Freudianer, Existenzphilosophen und Theologen haben leider versäumt, dieses berühmte Buch genau zu lesen; sonst hätten sie die nächstliegende Spur nicht übersehen. Schon sehr viel früher, im Winter 1916-1917, beschrieb Kafka einen *Besuch im Bergwerk*, bei dem mindestens zehn Ingenieure mit ihren Apparaten zusammentrafen, »um die allerersten Ausmessungen vorzunehmen«.

Im *Schloß*-Roman wird K., die Hauptfigur dieser gnadenlos komischen Geschichte, fortwährend als der »Herr Landvermesser« bezeichnet. Kafka reitet auf diesem Titel förmlich herum.

»Lassen Sie es sich gesagt sein, daß ich der Herr Landvermesser bin, den der Herr Graf hat kommen lassen. Meine Gehilfen mit den Apparaten kommen morgen im Wagen nach … Die Ankunft eines Landvermessers war nichts Geringes.« Ganze Ka-

pitel handeln davon, ob ein solcher Experte anerkannt oder ab-
gewiesen und ob er mitsamt seinen lächerlichen Gehilfen überhaupt gebraucht wird.

»Wo sind wir?« fragte K. leise, mehr sich als die anderen. Die
ganze Topographie des Ortes ist rätselhaft: ein räumliches, bü-
rokratisches und erotisches Labyrinth, in dem der Landvermesser sich verirrt und aus dem er nie einen Ausgang finden wird.

Die Widersprüche, in die sich ein obsessiver Experte verwik-
kelt, sind nie genauer beschrieben worden als in der Suche nach
Kafkas unerreichbarem Schloß.

Fig. 1. Ein meßiger Quadrant. 3. 4. 5. 6. Fig. 2. 7. 40. 41. 42. Zirfuß. Hocken. 8. Fig. 9. 10. c. Ein kleines Meß-Tisch lein. Fig. 13. 12. Proportional-Zirkeln. Fig. 14. c. Maas-Stäbe. Fig. 10. 17. Winkel-Salein. Fig. 20. Franz-zölliger Fig. 48. 40. 24. 34. Sechszehn. Verschiedene Zirkeln. Lineale. Besteck. Stäbe. Meß-Ketten. Maase. Zwingen, und dergl.

Tab. XXIII

Fig. 46.

Fig. 9.

Fig. 47.

Fig. 10.

Fig. 11.

Fig. 13.

Fig. 19.

Fig. 18.

Demi pied de Rhin

Fig. 20.

Demi pied de Londre

Demi pied de Roy

Demi pied de Suede

Fig. 23.

Fig. 25.

Fig. 12.

Fig. 13.

Fig. 22.

Fig. 23.

Fig. 24.

Fig. 1.

Fig. 2.

Fig. 48.

Fig. 49.

Fig. 46.

Fig. 14.

Fig. 2.

Fig. 3.

Fig. 4.

Fig. 5.

Fig. 6.

Fig. 26.

Fig. 27.

Fig. 28.

Fig. 29.

Fig. 39.

Fig. 49.

Fig. 32.

Fig. 40.

Fig. 33.

Fig. 35.

Fig. 41.

Fig. 42.

Fig. 2.

Fig. 65.

Fig. 62.

Fig. 36.

Fig. 37.

Fig. 37.

Fig. 38.

Fig. 33.

Fig. 44.

Fig. 45.

LXVIII

Einmal Protokollchef sein! Das ist eine ernsthafte Sache, obwohl der Schritt vom Erhabenen zum Lächerlichen immer kleiner geworden ist.

Es gab Zeiten, in denen Protokollfragen über Krieg und Frieden entschieden. Wer hatte den Vortritt? Wer war höheren Ran-
ges? Wer saß zur Linken, wer zur Rechten? Wie wurde der West-
fälische Frieden ausgehandelt? Wessen Probleme wurden auf
»die lange Bank geschoben«? Wer mußte mit dem Katzentisch
vorliebnehmen, der eigentlich ein höflicher Ausdruck für den
Ketzertisch war? Beim Regensburger Reichstag des Heiligen Römischen Reiches deutscher Nation gerieten sich die Beteiligten
immer aus solchen Gründen in die Haare.

Auch heute noch werden protokollarische Regeln und Traditionen eifersüchtig gehütet, und zwar nicht nur im Auswärtigen
Amt, im Kreml und im Weißen Haus. Denn ohne es zu wissen,
folgen auch die gewöhnlichen Leute irgendeinem Code, den sie
nicht geschrieben haben und den auszubuchstabieren sie nie in
der Lage wären.

Der sprichwörtliche Adolph Knigge ist zwar schon lange tot,
und auch *Spemanns Goldenes Buch der Sitte*, verfaßt von Wolf
Graf und Eva Gräfin Baudissin, ist nicht mehr ganz taufrisch.
Dieses Werk hat aber seit 1901 zahlreiche Auflagen erlebt und
stand einst im Regal vieler gutbürgerlicher Häuser.

Was dort stand, war nicht so blöd, wie die Nachgeborenen
vermuten. Eva Baudissin war nämlich eine Frau, die sehr vernünftige Ratschläge zur Frage der Tischordnung parat hatte:

»Gäste, die zum erstenmal das Haus betreten, ehrt man am
meisten; von diesen haben natürlich wieder die älteren vor den
jüngeren, die vornehmeren vor den einfacheren den Vorzug. Hat

man nicht absolute Rücksicht auf ›Vorgesetzte‹ oder sehr viel höher Gestellte zu nehmen, die also noch vor den ganz fremden zu rangieren sind, so wird der Hausherr die älteste und vornehmste Dame führen; das ist eine größere Auszeichnung, als wenn die Hausfrau sich den Mann der betreffenden Dame zum Herrn erwählen würde …

Die alte Schablone! Wenn man überhaupt dazu käme, ein wenig mehr von Rang und Würden abzusehen, nicht immer Stellung gegen Stellung abzuwägen und ängstlich gleich zu gleich zu gesellen – welch ein Vorteil für die Unterhaltung und das Amüsement bei Tisch wäre das!«

Schriller und weniger unbefangen ist es in der Weimarer Republik, im »Dritten Reich« und in den frühen Jahren der Bundesrepublik zugegangen. Dafür gibt es eine Zeugin, die einst als Koryphäe auf dem Gebiet des Protokolls galt und die jedem beliebigen Regime zu Diensten war.

Diese Expertin hieß Erica Pappritz, und ihr Bestseller aus dem Jahr 1956, den sie mit Karlheinz Graudenz verfaßt hat, war *Das Buch der Etikette*.

Das kleingewachsene, zähe Fräulein wurde 1893 geboren. Sie hat es durch heißes Bemühen bis zur Vortragenden Legationsrätin im Auswärtigen Amt gebracht.

Nach dem Tod ihres Vaters mußte die höhere Tochter Geld verdienen. Sie kannte jemanden, dessen Onkel im Auswärtigen Amt arbeitete. »Fragen Sie ihn mal«, forderte sie ihn auf, »ob man im Auswärtigen Amt nicht eine Scheuerfrau braucht.«

Man brauchte zwar keine Scheuerfrau, aber eine Stenotypistin. Im Vorzimmer des Personalchefs stellte sich heraus, daß sie ehrgeizig war und höher hinaus wollte. Ende 1929 erreichte sie, daß ihr das Referat für Zeremoniell und Rangfragen in der Protokollabteilung anvertraut wurde. Von nun an »lief alles wie am Schnürchen«. Nach der Machtübernahme von 1933 sorgte sie dafür, daß alles stilvoll und protokollgerecht verlief, auch bei den Reichsparteitagen und bei der Berliner Olympiade.

Nach der Kapitulation mußte sie eine lästige Atempause überstehen. Erst nach der Gründung der Bundesrepublik war sie wieder zur Stelle. Bonn war ein günstiger Nährboden, weil die neuen Leute unsicher waren und auf korrekte Etikette Wert legten. Peinliche Situationen galt es damals um jeden Preis zu vermeiden.

Sie bezog ein Arbeitszimmer im Auswärtigen Amt und fing an, ein Monokel zu tragen. Wenn ein Staatsbesuch bevorstand, sann sie nächtelang über das Reglement des »großen Bahnhofs«, über die Kleiderordnung und die Sitzordnung im Auto nach. Belohnungen blieben nicht aus. Sie wurde befördert. Ein Regen von Orden ging aus Dankbarkeit für ihre Bemühungen über sie nieder. Nach geduldigem Streben konnte sie im Amt vier Legationsräten und einem Schwarm von Amtsräten Anweisungen erteilen.

Aber dann beschloß die Unermüdliche, zusammen mit einem Helfer namens Karlheinz Graudenz, ihr Standardwerk zu verfassen. *Das Buch der Etikette* war zunächst nur eines von vielen Benimm-Büchern, entwickelte sich aber zum Bestseller und wurde bald zu einem Leitfossil der Bonner Republik. Spott und Hohn ergossen sich über die Vermeidung von Geräuschen auf dem Klo, »die offizielle Art, Birnen zu essen«, und die Frage, wie mit den weißen Glacéhandschuhen und den Unterhosen der Männer umzugehen sei.

Tief gekränkt fühlte sich Fräulein Pappritz dadurch, daß selbst der Kanzler und der Bundespräsident sich über sie und ihr Buch lustig machten. 1972 ist sie still verschieden.

Ebenso lautlos wurde eine neuere Einlassung zu Protokollfragen aufgenommen. Sie stammt von Ursula Kals, einer Redakteurin der *Frankfurter Allgemeinen Zeitung*, der auch das Buch *Zehn Fallstricke* zu verdanken ist. Es belehrt den Leser über die »fatalsten Fehler, die Sie aus dem Job katapultieren«, über den heutigen Zustand der Etikette und darüber, was es mit Macht, Status und Strategie zu tun hat, wer wo und neben wem sitzt. Auf der Höhe der Zeit analysiert Frau Kals das Verhalten im Großraumbüro, im Wartezimmer, auf der Dienstreise, im Hörsaal, auf Veranstaltungen, in der Schule und im Gottesdienst.

Dabei fällt dem Leser wie Schuppen von den Augen, daß die Herablassung, mit der manche die Gräfin Baudissin und das Fräulein Pappritz betrachten, ganz grundlos ist. Unsere Gebräuche in der Familie, beim Essen, bei einem Fest sind so altbakken wie eh und je. In der menschlichen Gesellschaft trifft zu, was Niklas Luhmann lehrt: »Man kann zwar alles ändern, aber nicht alles auf einmal.«

LXIX

»Am Nachmittag, ›zwischen den Zügen‹, wenn die Halle leer
und still ist und ein gelbliches, idyllisches Sonnenlicht in die
Portiersloge strömt, erinnert mich der Portier an eine Art von
goldbetreßtem und beweglichem Heiligen in einer Nische …
Niemand wagt ihn zu stören … Er hat die Fähigkeit, von
dem erhöhten Podium, auf dem er steht, einen Auftrag hinun-
terzuerteilen, ohne eine bestimmte Person anzusehen, als wäre
die Halle bevölkert von Dienstbeflissenen, die nur auf einen
Befehl warten … Der Portier spitzt die Lippen und läßt einen
leise zischenden Schlangenlaut ertönen. Aus einem dunklen
Seiteneingang stürzt ein Gepäckträger hervor … Bei jedem neu-
en Gast tauscht er einen schnellen Blick mit dem Empfangs-
chef – und jeder Blick bedeutet: eine Zimmernummer, ein
Stockwerk, einen Preis, eine Mahnung, eine Warnung, Zufriedenheit oder Mißmut … Am Abend, nach sechs Uhr … begibt
er sich endgültig zur Drehtür. Und an der gravitätischen Schwere, mit der jetzt ihre Fächer langsam rotieren, merkt man erst,
wer eben das Hotel verlassen hat.«

Herr Lutz Jöhnke im *Baseler Hof*, einem Haus an der Hamburger Esplanade, ähnelt dem betreßten Herrn, den Josef Roth
1929 so eindrucksvoll beschrieben hat, in keiner Weise. Der Ro-
mancier ist gern in solchen Etablissements »abgestiegen«, ein
Ausdruck, der an die Zeit erinnert, wo der Gast hoch zu Roß
ankam – ein Anachronismus, gegen den Roth nichts einzuwenden hatte.

Jöhnke hingegen nimmt nicht einmal die Berufsbezeichnung *Concierge* oder Portier für sich in Anspruch und gibt sich,
wenn man ihn fragt, als »Rezeptionsmitarbeiter« zu erkennen.
Seit sechzehn Jahren ist er in diesem Hotel tätig, das sich seit

über hundert Jahren im Familienbesitz befindet. Auf eine Karriere im Hotelgewerbe hatte er es anfangs nicht abgesehen. Er ist schlank, blauäugig, um die fünfzig Jahre alt; ein studierter Mann, der sich in der Literatur und der Linguistik auskennt. Doch der Beruf, den er gewählt hat, sitzt ihm wie ein gutgeschnittener Anzug. Für seine Gäste ist und bleibt er die ideale Ansprechperson, gewissermaßen das Gesicht des Hotels. Er wendet sich dem Klienten leicht vorgebeugt zu, weil er sehr groß ist, und redet jeden Gast mit seinem Namen an. »Das ist wichtig«, sagt er. »Sonst hätte dieser Beruf ja gar keinen Sinn.«

Herr Jöhnke ist ein Experte. Er erfüllt mit seinem Team alle Gästewünsche. Sein Platz ist in der Hotelhalle, wo er die Pagen und die Gepäckträger überwacht. Man kann bei ihm den Zimmerschlüssel abgeben, um einen Stadtplan und eine kostenlose Karte für den Hamburger Nahverkehr bitten. Er wird auch bereit sein, einen Tisch im Restaurant zu reservieren, Theater- oder Konzertkarten, vielleicht sogar ein Flugticket zu besorgen oder eine Stadtrundfahrt zu buchen.

Eigentlich ist der Concierge – bei dieser altmodischen Bezeichnung wollen wir bleiben – eine Art geduldiger Übermensch. Die Qualifikationen, die von ihm verlangt werden, sind zahlreich: gute Fremdsprachenkenntnisse; Vertrautheit mit der lokalen Kulturlandschaft, um Empfehlungen geben zu können; Diskretion; gute Umgangsformen; Organisationstalent und ein Gespür für Situationen und Menschen, die aus der Rolle fallen.

Auch bei Personalentscheidungen hat der Concierge, gemeinsam mit der Direktion, ein Wörtchen mitzureden. Wer soll eingestellt, befördert, gefeuert werden? Solche Fragen werden meist informell geklärt und beantwortet.

Seine heutige Bedeutung hat das Hotel erst im Laufe des 19. Jahrhunderts erlangt, besonders in der berüchtigten *Belle Époque*. Im Bauboom der Gründerzeit entstanden nicht nur in den europäischen Metropolen Hotelpaläste. Auch Kurhotels mitten in reizvollen Landschaften erlebten eine Blütezeit. Die Schweizer waren lange führend in der Luxushotellerie. Sie verfügten auch über die besten Schulen. 1838 gründete ein Herr Baur am Züricher Paradeplatz ein Hotel, das heute *Savoy Baur en Ville* heißt, und sechs Jahre später das *Baur au Lac*. Beide existieren bis auf den heutigen Tag. In den glorreichen Zeiten der Grandhotels sind auch das *Beau-Rivage Palace* in Lausanne, das *Dolder Grand* in Zürich, das *Palace* in Luzern und das *Badrutt's* in St. Moritz entstanden.

Die Gäste kamen oft aus England: wohlhabende Touristen, Bergsteiger, Kurgäste, Sportler, erholungsbedürftige Politiker und Monarchen. Die internationale Konkurrenz verschlief diesen Trend nicht: das Londoner *Savoy* eröffnete 1889, und César Ritz gründete sein Imperium 1898 in Paris.

Übrigens haben die Deutschen in der Hotellerie neuerdings aufgeholt. Das lag daran, daß sie in den letzten Jahrzehnten mit besseren Manieren und besseren Wein- und Küchenkenntnissen aufwarten konnten, an Orten wie Dubai und Singapur, ja sogar in der Schweiz.

Ist es schade um die alten Bollwerke der Großbourgeoisie, die immer das Wort *Palast* im Schild führten? Seit dem Zweiten Weltkrieg hat sich das Hotelgewerbe industrialisiert. Schuld daran waren Leute wie Conrad Hilton aus Texas, der Erfinder der ersten Hotelkette. Seitdem wohnt die Mehrheit der Gäste in standardisierten Herbergen, die irgendwelchen Investoren gehören und sich *Interconti*, *Sheraton*, *Best Western* oder sonstwie nennen und wo man sich »eincheckt« oder »eingecheckt«, aber nicht mehr empfangen wird.

Einige Familienbetriebe widersetzen sich hartnäckig diesem profitablen Trend. Einer der berühmtesten ist das *Waldhaus* in Sils-Maria, das 1908 gegründet wurde und bis heute von derselben Familie betrieben wird. Seinen Ruf verdankt es nicht zuletzt dem ironischen Namen »Grand Hotel Abgrund«, mit dem

Georg Lukács einst die Kritische Theorie bedachte, um sich über Horkheimer und Adorno lustig zu machen.

Auch der *Basler Hof* in Hamburg, der sich mit einer Schweizer Flagge vor dem Haus schmückt, gehört zu dieser Klasse.

LXX

Man hat auf der ganzen Welt fast siebenhundert Arten von Regenwürmern gezählt. Davon sind sechsundvierzig in Deutschland heimisch. Der häufigste ist der Gemeine Regenwurm, *lumbricus terrestris*. Warum er so heißt, ist nicht ganz klar. Vielleicht, weil er bei einem Wolkenbruch sofort unter die Erde verschwindet. Manche sagen deshalb, es handle sich um ein besonders reges Tier. Außerordentlich langlebig ist er nicht, aber er kann immerhin bis zu dreißig Zentimeter lang werden.

Sein Körper besteht aus über hundert Gliedern, von denen jedes genau acht bewegliche Borsten trägt. Unter seiner Haut liegen zwei Muskelschichten. Ist es nicht wunderbar, wie geschickt er sich ringelt, wie er vorwärts und rückwärts kriecht, wie er seine Röhren bohrt? Und dabei kommt er ganz ohne Knochen, ohne Augen, Lunge und Kiemen aus. Aber er hat ein Gehirn, das allerdings ziemlich klein ist; man braucht eine Lupe, um es zu finden. Unscheinbar sind auch der Mund und der Kropf. Der Magen ist muskulös und muß viel arbeiten. Der Darm durchzieht den Wurm von vorne bis hinten.

Mit den Augen sieht es schlecht aus. Wenigstens ist der Wurm an beiden Enden lichtempfindlich und kann Hell und Dunkel unterscheiden. Er hört nichts, merkt aber jede Erschütterung im Erdreich.

Wenn man sein hinteres Ende abtrennt, kann er es fast vollständig regenerieren. Auch die vorderen vier Segmente werden wieder ersetzt. Nur wenn man ihn in der Mitte durchtrennt, geht er ein.

Auch die Frage der Fortpflanzung haben die Regenwürmer optimal gelöst: Sie sind Zwitter. Sie können sich miteinander paaren, sich auch selbst befruchten und Eier legen, und wenn es ihnen zu kalt oder zu trocken wird, rollen sie sich zusammen und schlafen. Am behaglichsten ist ihnen eine mäßige Temperatur zwischen zehn und vierzehn Grad. Wenn die Erde nicht feucht genug ist, sind sie schläfrig, weil ihre Hautatmung schlappmacht. Bei ihren Wanderungen durch das Erdreich bohren sie sich Röhren; das ist ihr liebster Aufenthalt.

In bestimmten Gegenden können sie bis zu neunzig Prozent der Biomasse der Bodenfauna ausmachen. Angeblich leben zweitausend von ihnen auf einem Quadratmeter. Sie sind nachtaktiv. Fortwährend fressen sie sich kreuz und quer durch die Bodenschichten. Die dabei aufgenommene Erde enthält alles, was sie verdauen: verrottete Pflanzen, Bakterien, Pilzsporen und zahlreiche Einzeller.

Auch Regenwürmer haben Freßfeinde. Meist sind es Stare, Drosseln und Krähen, die ihnen nachstellen, aber auch Marder, Maulwürfe, Igel, Spitzmäuse, Erdkröten, Frösche, Feuersalamander, Hundertfüßler und Laufkäfer.

»Es ist wohl wunderbar, wenn wir uns überlegen, daß die ganze Masse des oberflächlichen Humus durch die Körper der Regenwürmer hindurchgegangen ist und alle paar Jahre wiederum durch sie hindurchgehen wird. Der Pflug ist eine der alleraltesten und wertvollsten Erfindungen des Menschen; aber schon lange ehe er existierte, wurde das Land durch Regenwürmer regelmäßig gepflügt und wird fortdauernd noch immer gepflügt. Man kann wohl bezweifeln, daß es noch viele andere Tiere gibt, welche eine so bedeutende Rolle in der Geschichte der Erde gespielt haben wie diese niedrig organisierten Geschöpfe.«

Der Leser wird längst erraten haben, wer der Experte war, der so viel über die Regenwürmer wußte. Das war kein vergessener Spezialist, sondern ein Titan der Wissenschaft, der stets mit Kopernikus, Newton und Einstein verglichen wird: Charles Robert Darwin, dessen Hauptwerke, *On the Origin of Species* und *The Descent of Man*, uns über die Evolution als unhintergehbare Tatsache aufgeklärt haben.

Und doch hat das alles diesem beharrlichen Eigenbrötler nicht genügt. Er mußte alles erforschen, von den Korallenriffen, Rankenfüßlern und Kletterpflanzen bis zu den Entenmuscheln und Seepocken. Und auch von den Regenwürmern konnte er nicht lassen.

Einen ersten Vortrag über sie hielt er 1837 vor der *Geological Society*. Die Zuhörer hatten etwas Grandioseres erwartet und waren befremdet über das ungewöhnlich »gewöhnliche Thema«. Aber Darwin ließ nicht locker. »Da ich veranlaßt war, während vieler Monate in meinem Arbeitszimmer Würmer in mit Erde gefüllten Töpfen zu halten, so fing ich an, mich für sie zu interessieren, und wünschte zu erfahren, inwieweit sie bewußt handelten und wieviel geistiges Vermögen sie entfalteten. Ich war um so begieriger, etwas über diesen Punkt zu wissen, als, soviel mir bekannt ist, nur wenig Beobachtungen dieser Art an Tieren angestellt worden sind, welche auf einer so niedrigen Organisationsstufe stehen und so ärmlich mit Sinnesorganen ausgerüstet sind wie die Regenwürmer.«

Zehn Jahre lang trug er die gesamte Fachliteratur zu diesem Thema zusammen, schrieb Briefe an sachverständige Kollegen in den Tropen und stellte eigene Experimente an. Zwei Jahre vor seinem Tod publizierte er 1881 die Frucht dieser Arbeiten: *The Formation of Vegetable Mould Through the Action of Worms* (London 1881). Auf deutsch heißt es *Die Bildung der Ackererde durch die Tätigkeit der Würmer, mit Betrachtungen über deren Lebensweise.*

»Ich wurde zu der Folgerung geführt, daß die ganze Ackererde über das ganze Land hin schon viele Male durch die Verdauungskanäle der Würmer gegangen ist und noch viele Male durchgehen wird.«

Der Preis für Darwins Hingabe an seine Arbeit war hoch. Er war zeit seines Lebens geplagt von Depressionen, Angstzuständen, Brechreiz und Migräne. Die Liste seiner Beschwerden nimmt kein Ende. Zu Schlaflosigkeit und Ohnmachtsanfällen,

Schwindelgefühlen und Herzbeschwerden kam noch eine ausgeprägte Hypochondrie, die keine klare Diagnose zuließ. Mit 33 Jahren verließ er die verhaßte Großstadt und zog sich in ein abgelegenes Dorf zurück. Er vermied Reisen, Ämter, Sitzungen und Geselligkeiten.

In seiner Autobiographie, die erst 1958 vollständig und textgetreu abgedruckt wurde, zeigt er sich fair, bescheiden und schonungslos, besonders sich selbst gegenüber. »Die größte Freude in meinem Leben und meine einzige Beschäftigung war die wissenschaftliche Arbeit. Aus meinem Leben habe ich daher, abgesehen von meinen Publikationen, nichts zu berichten.«

Sein Gärtner soll über ihn gesagt haben: »Armer Teufel, steht herum und starrt minutenlang auf eine Sonnenblume. Wenn er nur etwas zu tun hätte! Das wäre besser für ihn.« Darwin klagte über »schmerzliche Verkümmerungen« und »emotionale Einbußen«. Nur die Wissenschaft war ihm geblieben. »Mein Geist scheint eine Maschine geworden zu sein, um eine großen Ansammlung von Tatsachen so lange zu vermahlen, bis sich Gesetzmäßigkeiten zeigen. Ich kann nicht einsehen, warum das zum Absterben meiner höheren Empfindungen geführt hat.«

Auch die Tätigkeit des Regenwurms bestand darin, tonnenweise Material zu vermahlen, lautlos und unaufhaltsam wie Darwin selbst.

LXXI

Die Kunst wird doch nicht etwa ignoriert oder mit Füßen getreten! Ist sie nicht eine Geldanlage? Stehen die Käufer nicht bei der *Art Basel* und der *Art Miami* Schlange? Und die Messen und die Auktionen, die überall aus dem Boden schießen? Welkt der Kunstmarkt? Leidet die Kunst darunter, daß niemand sie beachtet?

Ach, sie liegt doch auf dem Boden einer jeden x-beliebigen Straße. Nur sind die Dologen die einzigen Kenner und Liebhaber dieser Kunst der Kanaldeckel, Kanalgitter und Gullys.

In der Schweiz gibt es einen Verein, in dem sie sich organisiert haben, und eine neue, von ihnen selbst ersonnene Wissenschaft, die Dolologie. Diese bisher vernachlässigte Forschung betreiben sie, wie man in England sagt, *tongue in cheek*, mit einem Anflug von Ironie, aber mit Überzeugung.

Das Wort *dole* leitet sich vom altdeutschen *dola* ab, das soviel wie »Röhre, Graben, Tülle« bedeutet und mit der *Delle* und dem *Tal* verwandt ist.

Die meisten Schacht- und Kanaldeckel sind Einlaufrinnen oder Gullys für Regenwasser. Andere verdecken unterirdische Zu- und Ableitungen für Brauch-, Trink- und Abwasser, für die Telekommunikation und das Gas.

Die Gründer des Vereins sind sein Präsident Lukas Müller aus Würenlingen im Aargau, der seit Jahren ein weltweites Photoarchiv von Dolen hegt und pflegt, und sein Künstlerfreund Christian Ratti, der sich auf Einlaufroste und auf Deckel, die nicht klappern, ebenso versteht wie auf den Denkmalschutz. Er hat dabei noch ein ganz anderes Anliegen. Tausende von geschützten Amphibien verenden Jahr für Jahr in den Schächten. Er möchte, daß in Zürich Lurchleitern eingebaut werden, auf denen abgestürzte Tiere wieder ins Freie entkommen können.

Die Schachtabdeckung ist überhaupt die Einstiegsöffnung in die Unterwelt der Stadt. Der Straßenboden ist geprägt von zahlreichen Verschlüssen und Einlaufrosten, dem sichtbaren Teil unserer Versorgungs- und Entsorgungssysteme. Sie ermöglichen auch den Zugang für unterirdische Kontrollen.

Der klassische Kanaldeckel besteht aus Gußeisen und läßt sich mit speziellen Haken abheben. Allerdings ist dazu nicht jeder befugt. Bei Paraden, Großkundgebungen, Staatsbesuchen und sogenannten Gipfeln können die Schächte versiegelt oder verschweißt werden, um Attentaten vorzubeugen.

Zwar werden als Material neuerdings auch Edelstahl, Aluminium oder Kunststoff eingesetzt, aber es gibt sie noch, die guten alten Schachtabdeckungen aus Grauguß. Man braucht sich nur an Firmen wie *Nottaris* in Oberburg, *Erzenberg* in Liestal oder *Heinrich Meier* in Rahden zu wenden. Die Deckel können geruchs- und wasserdicht geliefert werden, müssen sich aber an die europäische Norm EN oder DIN 124 halten. Erlaubt sind kleine Lüftungsöffnungen. Aber aufgepaßt! Damit größere Gegenstände den Kanal nicht verstopfen, sollte ein Schmutzfänger vorhanden sein, ein Sieb unter der Abdeckung.

Für Dologen sind sie nicht nur aus praktischen, sondern auch aus ästhetischen Gründen bemerkens- und sehenswert. Kanaldeckel gab es schon im alten Rom, einer Stadt, die sich heute noch mit der Inschrift SPQR – *Senatus Populusque Romanus* – brüstet. Die Archäologen haben einen Sandsteindeckel aus dem 1. Jahrhundert nach Christus geborgen, der aus *Vindobona*, dem heutigen Wien, stammt. Stadtwappen zieren die Gullys in Kopenhagen, Amsterdam, Madrid und in vielen anderen Städten. Auf dem Bremer Marktplatz befindet sich ein Schachtdeckel, der über einen Schlitz den Einwurf einer Münze erlaubt. Sogleich bellen, krähen und miauen dann die Bremer Stadtmusikanten.

Wer nach noch mehr Schätzen sucht, ist nicht allein auf die schweizerischen Dologen angewiesen. Ein weites Feld tut sich mit den folgenden Quellen auf: Mimi und Robert A. Melnick, *Manhole Covers* (Cambridge, Massachusetts 1999), und Diana Stuart, *Designs Underfoot: The Art of Manhole Covers in New York City* (Sharon, Connecticut 2003). Einen Blick auf die Website *sewercover.com* und einen Besuch beim Pariser *Musée des égouts* am Pont d'Alma werden sich Deckelforscher kaum entgehen lassen. Genau 1193 Objekte sind seit 2006 unter der Adresse *Manhole Covers United* zu besichtigen; die dortigen Abbildungen sind von Albanien bis Usbekistan alphabetisch geordnet.

Aber die größte Sensation in der Dolologie hat doch Remo Camerota mit seiner Sammlung *Drainspotting* hervorgerufen. Seinen prachtvollen Band mit japanischen Kanaldeckeln hat er 2010 in New York veröffentlicht. Es gibt Hunderte von japanischen Stadtgemeinden, die schlichte Dolen in individuelle Kunstwerke verwandelt haben, vielleicht, um mit den traditionellen Farbholzschnitten aus dem 19. Jahrhundert zu wetteifern. Den Deckeln, die mit Vögeln, Blüten, Störchen, Eulen, Hirschen, Pagoden, Kranichen und Tempeln bemalt sind, würde nicht einmal ein Philosoph wie Thales von Milet widerstehen können. Er sollte, wie die thrakische Magd, nicht nur den Himmel beobachten, sondern auch auf das achten, was ihm vor den Füßen liegt.

LXXII

Gewedelt wurde immer, wenn es zu heiß und zu schwül war. Diener mußten schon im alten Ägypten den Herrschaften mit Palmwedeln Luft zufächeln. Die ältesten chinesischen Fächer stammen aus dem 2. Jahrhundert vor unserer Zeitrechnung. Den Faltfächer scheinen die Japaner erfunden zu haben. Es hat bis zum Spätmittelalter gedauert, bis er in Europa Anklang fand. Aber wie fand der Fächer den Weg in die Hand der italienischen Damen? Auf Gemälden und in Modebüchern gehörten Federbusch, Fahnen- und der Faltfächer schon bald zum unentbehrlichen Accessoire. Die aufwendige und teure Herstellung machte den Fächer zum Statussymbol der Signora, die sich gerne mit ihm porträtieren ließ.

Die ersten, die ein Souvenir aus dem Orient mitbrachten, waren wohl die Kreuzfahrer. Dann kamen die portugiesischen Händler, die in China und Japan Geschäfte machten, und endlich waren es die Ostindischen Kompagnien, die mit ihren importierten Waren den Markt aufmischten.

Fächer werden nach Form und Technik unterschieden. Ihre Bestandteile haben sich über die Jahrhunderte kaum verändert. In seine Grundbestandteile zerlegt, bestehen sie aus dem Blatt, den Stäben, dem Dorn und dem Bügel.

Das Blatt kann aus Pergament, Schwanenhaut, Papier, Leder, Seide oder Spitze verfertigt werden und bemalt sein. Die Stäbe aus Holz, Elfenbein, Schildpatt oder Horn sind oft beschnitzt, durchbrochen oder vergoldet. Als Motiv waren mythologische Szenen aus der Antike und der Bibel beliebt. Pastoralen und Landschaften schmücken viele Fächer. Später feierte die Mode Chinoiserien und aktuelle Sensationen wie die Mongolfière. Sogenannte Briséfächer kann man zusammenklappen.

Einst wurden als Vorläufer des Ventilators in Indien riesige Fächer an die Zimmerdecke gehängt, um den britischen Offizieren und den Kolonialbeamten die Stirn zu kühlen.

Und was ist mit Cabriolet-, Teleskop-, Federn-, Rad- und Parasolfächern? Für solche Unterscheidungen interessiert sich nur der Kenner, der sich hoffnungslos in seine Lieblingsschätze verliebt hat.

In Europa ist die Blütezeit des Fächers, anders als in Asien, längst vorbei. Er wird nur noch in wenigen Pariser Ateliers produziert. Nur auf spanischen Touristenmärkten sind importierte Flamenco- und Souvenirfächer noch wohlfeil zu haben.

Doch trotz dieses Niedergangs kann man auf manchen Sommerfesten junge Damen antreffen, die sich auf die *Fächersprache* verstehen. Wer sie fragt, dem erklären sie gern, daß diese Art, sich zu verständigen, schon im 18. Jahrhundert entstanden ist. So konnte man bei einer Soiree heimliche Botschaften durch Gesten austauschen. Es soll sogar ein Buch geben, das beschreibt, wie sich verschiedene Gemütsbewegungen durch die Art ausdrücken lassen, wie man einen Fächer hält. Dabei geht es im Grunde nur um eine galante Form des Flirts.

Die Fächersprache folgt gewissen Regeln: Eine Dame, die sich in der Gesellschaft langweilt und sich unterhalten möchte, hält ihren geöffneten Fächer in der linken Hand vors Gesicht und fächelt sich zu. Das bedeutet: Du bist mir willkommen!

Wenn eine Frau hingegen ihren Fächer schließt und ans linke Ohr hält, will sie in Ruhe gelassen werden; schwenkt sie ihn mit der Linken langsam hin und her, ist das ein Zeichen dafür, daß sie verheiratet ist. Und so weiter…

Allerdings stammt der einzige Beleg für diesen Soziolekt von einem Fächerfabrikanten. Er ist also nichts weiter als ein Reklametrick, der um die Wende des 19. Jahrhunderts erfunden wurde.

Das einzige Fächermuseum in Deutschland wurde 1995 in der Bielefelder Altstadt eröffnet. Betrieben wird es von Günter Barisch, den die Sammler als Doyen der Gemeinde zu schätzen wissen, und seiner Frau Marie-Luise. In drei Räumen bekommt man dort Fächer aus fünf Jahrhunderten zu sehen, filigrane und kostbare, chinesische Stücke, Hochzeits- und Andenkenfächer aus Spitze oder aus Straußenfedern. Das alljährliche Treffen der deutschen Fächersammler fand zuletzt in Baden-Baden statt, wo Herr Barisch seinen Fans unbekannte Fächerentwürfe vorstellen konnte.

Allerdings ist den Deutschen das Greenwicher *Fan Museum* zuvorgekommen, das schon seit 1991 existiert und mehr als viertausend Objekte zeigen kann. Auch in Paris gibt es ein *Musée de l'Éventail* am Boulevard de Strasbourg.

In England hat es der Fächer, der auf englisch *fan* heißt und leicht mit dem Fanatiker verwechselt werden kann, übrigens zu hohem literarischen Ansehen gebracht. In Oscar Wildes Komödie *Lady Windermere's Fan* spielt er als wichtigstes Requisit die Titelrolle. Jedes Londoner Theater kann heute noch mit diesem Stück sein Haus füllen.

Für einen Fächer kann man als Sammler viel Geld ausgeben. In der Schweiz nimmt die GHC GmbH im idyllischen Sursee aber auch Rücksicht auf weniger betuchte Eidgenossen und bietet schon für 4,95 Franken einen Handfächer aus leichtem Sandelholz an. Ein Spitzenmodell ist jedoch der französische *Pletros Taffeta* für 285 Franken, handgefertigt,»aus purpurrotem Taft, mit goldenem Satinband besetzt und mit langstieligen Federn verziert. Dieser Fächer wird in einer edlen Schachtel und zusammen mit einem handverarbeiteten Lederetui geliefert«.

Der Geschäftsführer Gordian Hense kann sich allerdings nur begrenzt um solche Details kümmern. Die GmbH ist nämlich ein Tochterunternehmen der NZZ-Mediengruppe, befaßt sich mit Unternehmensberatung und firmiert auch unter dem schönen Namen *Moneyhouse*.

LXXIII

Warum ausgerechnet die Eulen? Sie gehören zu den ältesten Vögeln. Viel länger als wir sind sie schon da, seit sechzig Millionen Jahren. Den Menschen ist es immer schwergefallen, sie mit Gleichmut oder gar mit Indifferenz zu betrachten. In Mythen, Fabeln, Sagen und Bildern hat die Eule bald das eine und bald das Gegenteil zu bedeuten. Sie kann böse oder weise, rätselhaft oder ominös sein. Als Geschöpf der Nacht ist sie zugleich heimlich und unheimlich. Die Künstler hatten immer viel für sie übrig. Sie erscheint auf alten Höhlenmalereien; Dürer und Goya ließen sich von ihr inspirieren. Herri met de Bles, ein flämischer Nachfolger Joachim Patinirs, hat seine Bilder oft sogar mit einem Kauz signiert. Und in Edward Lears Gedichten lassen sich Eulen gerne nieder:»*There was an Old Man with an Owl, / Who continued to bother and howl.*«

Lassen wir aber die Kunst, die Symbolik und den Aberglauben beiseite und wenden uns den Experten zu. Die besten Auskünfte über die Ordnung der *Strigiformes* – so werden sie von den Ornithologen genannt – gibt es auf englisch. Das *Birdwatching* hat schon immer zu den manischen Beschäftigungen der Briten gehört.

Wer sind die wichtigsten Eulenkenner? Darüber herrscht keine Einigkeit. Immerhin gibt es einige Koryphäen wie James Duncan mit den Handbüchern *Owls of the World* und *The Complete Book of North American Owls*. Deutsche Amateure sollten sich mit einem kleinen, schön illustrierten Eulenporträt des Zoologen Desmond Morris begnügen, das in der Reihe *Naturkunden* auf dem Ladentisch liegt.

Aber damit fangen die Komplikationen erst an. Professor

Robert O. Paxton, der eigentlich eher Historiker und Soziologe ist, aber zu den leidenschaftlichen Vogelkennern gehört, behauptet, die Eurasische Adlereule sei die Königin der Nachtvögel. Vor kurzem hat er in New York ein paar Neuerscheinungen rezensiert. Seinen Essay garnierte er mit der Überschrift »A Parliament of Owls«, die ganz und gar unübersetzbar ist. Das Englische verfügt nämlich über ein reiches Spezialvokabular für Vogelschwärme, -familien und -formationen. Es gibt Kompendien mit Hunderten solcher Ausdrücke. Jeder Vogel, von der Amsel bis zum Specht, vom Kuckuck bis zur Schnepfe, bildet ein eigenes Kollektiv. Goldfinken versammeln sich zu einem »Zauber« und die Saatkrähen zu einem »Parlament«. Je nutzloser solche Kenntnisse, desto mehr werden sie gehätschelt.

Wie viele Arten von Eulen gibt es überhaupt? Eine schwierige Frage, über die sich die Fachleute mit harten Bandagen streiten. Von Marianne Taylor gibt es ein Buch mit dem Titel *Owls: A Guide to Every Species in the World*. Dort werden 225 Arten aufgezählt, aber die Verfasserin wurde zurechtgewiesen, weil sie keine ausgebildete Zoologin war. Ernsthaft Beflissene sollten sich eher an Profis wie Königs und Weicks *Owls of the World* halten oder gar an das *Handbook of the Birds of the World*, das sich mit seinen siebzehn Bänden nur für hartgesottene Liebhaber eignet.

Daß die Zahl der Eulenarten schwankt, liegt einfach daran, daß manche aussterben und andere neu entdeckt werden. In Peru fanden Forscher sogar eine, die zu keiner etablierten Gattung paßte; ein neues Wort mußte geprägt werden. Der Vogel heißt jetzt *xenoglaux*, »sonderbare Eule«.

Die kleinsten anderen Arten, wie der Elfen- oder der Peruanerkauz, wiegen nur dreißig Gramm und sind so klein wie ein Spatz. Die größte Spezies scheint die *Great grey owl* oder *strix nebulosa* zu sein, die ebenso wie die *bubo bubo* die ungeheure Spannweite von zwei Metern erreicht.

Eine Armee von Antilopen
Eine Schlauheit von Affen
Ein Geschnüffel von Bären
Eine Segge von Dommeln
Ein Strauß von Fasanen
Ein Starren von Waschbären
Eine Runde von Schnepfen
Ein Gemurmel von Staren
Ein Hinterhalt von Tigern
Ein Schweben von Forellen
Eine Weisheit von Wombats
Ein Eifern von Zebras
Ein Reichtum von Mardern
Ein Konvent von Pinguinen
Ein Stolz von Pfauen
Eine Kette von Rebhühnern
Ein Parlament von Eulen
Eine Wache von Nachtigallen
Eine Mühsal von Maulwürfen
Ein Gegacker von Hyänen
Eine Tücke von Kibitzen
Ein Sprung von Leoparden
Eine Kunde von Elstern
Ein Hochmut von Löwen

Wikipedia zählt 47 Quellen auf, angefangen mit *The Book of Saint Albans* von 1486, bekannt auch unter dem Titel *The Book of Hawking, Hunting, and Blasing of Arms.* Die britische Manie, so viele Kollektivbezeichnungen für Tiere wie möglich zu sammeln, darunter Wörter und Bedeutungen, die in den meisten Wörterbüchern fehlen, hat mehrere ausschweifende Kataloge hervorgebracht.

Allen Eulen gemeinsam sind die frontal ausgerichteten unbeweglichen Augen. Dafür können sie den Kopf im Winkel von 270 Grad wenden und erreichen so ein großes Sichtfeld. Sie sind extrem scharf- und weitsichtig. Nahe Beute tasten sie mit den Federn ab. Das Gehör ist für sie noch wichtiger als der Sehsinn. Sie können mit ihren Ohren eine Maus, die raschelt, haargenau anpeilen. Das Gefieder ist unauffällig. Braune und graue Tarnfarben überwiegen. Für die Balz ist der Ruf der Eule wichtiger als das Federkleid, das ihr einen nahezu lautlosen Flug ermöglicht. Mit ihren Krallen und Beinen sind Eulen optimal für die Jagd ausgerüstet und größeren Beutetieren wie Kaninchen überlegen. Die Schleiereule, die fast auf der ganzen Welt heimisch ist, verzehrt mehr Ratten und Mäuse als jedes andere Raubtier. Kleinere Eulen fressen Insekten, Spinnen und kleine Vögel; einige sind auf den Fischfang spezialisiert. Es gibt auch Eulen, die bei Tag auf die Jagd gehen, so wie die herrliche Schneeeule, in deren Lebensraum die Sonne im Sommer nie untergeht.

Manche Arten haben sich mit den menschlichen Ansiedlungen im dichtbewohnten Westeuropa abgefunden. Der Waldkauz hat in den Parkanlagen der Städte ein neues Habitat gefunden. Sogar in der New Yorker Bronx nistet der Virginia-Uhu, und Sägekauz und Waldohreule verbringen den Winter gern im Central Park. *Birdwatcher* haben dort mit Amateurphotographen zu kämpfen, wenn sich die seltene Schneeeule einen winterlichen Landplatz sucht.

Ein Biologe, Verhaltensforscher und Entomologe aus Deutschland, der es an der Universität von Vermont zu großem Ansehen gebracht hat, berichtet, daß Jahr für Jahr mindestens ein neues Eulenbuch erscheint. Bernd Heinrich, so heißt er, ist ein munterer Marathonläufer und Autor von Schriften, die von Raben, Hummeln und Wildgänsen handeln.

Er ist vermutlich der einzige, der eine Eule nicht nur studiert, sondern mit ihr zusammengelebt hat. Sein Werk trägt den deutschen Titel *Ein Forscher und seine Eule* und schildert die Beziehung zu einem Wesen, das er *Bubo* taufte: einem nassen, traurigen Bündel Elend, das er im Wald auflas und zu einem Virginia-Uhu aufpäppelte. Dieser Gefährte war »bisweilen ein Clown und bisweilen ein Terrorist«, weil er alle Gäste angriff, die zu ihm ins Haus kamen.

LXXIV

Wer das Rad, das Bett und die Pumpe erfunden hat, weiß niemand. Die »gewöhnliche Hebe- oder Hauspumpe ist sehr alt, indem ihre Erfindung von Vitruv dem Ktesibios aus Alexandria, um das Jahr 220 vor Christus, zugeschrieben wird; aber die Principe, nach denen sie wirkt, sahe man erst sehr lange nachher ein«. So steht es in einem *Grundriß der theoretischen und experimentalen Physik* von 1823.

Vermutlich war es eine Frau, die als erster Mensch daran gedacht hat, sich auf einer weichen Unterlage auszuruhen, und die das Bett erfunden hat. Räder und Pumpen dagegen sind wohl den Männern eingefallen.

Obwohl wir von Seifenspendern, Fahrradpumpen, Klistier- und anderen Spritzen, Parfumflakons, Brustpumpen, Blasebälgen umgeben sind, bemerken wir selten, daß sie nach ein und demselben Prinzip arbeiten. Ohne Pumpen gäbe es keine Motoren, Kühlschränke, Labore, Wasserwerke, Fontänen, Klär- und Klimaanlagen.

Noch schlimmer ist, daß jeder von uns selber eine Pumpe beherbergt. Das Herz ist ein muskuläres Hohlorgan, das den Blutkreislauf antreibt. Mit rhythmischen Kontraktionen pumpt es das Blut durch den Körper und sichert so die ausreichende Durchblutung von Organen und Geweben. Nur die Kardiologen wissen genau, wie das funktioniert.

Andere Experten zählen Konstruktionstypen und Merkmale aller möglichen Pumpen auf und schmücken sie mit vielen Diagrammen und Formeln. Undurchschaubar bleibt, was eigentlich eine Schüttel-, Ketten-, Membran-, Mikro-, Spül- und Tauchpumpe ist. Wer kein Ingenieur ist, wird sich an die simpelsten Vorrichtungen halten müssen, zum Beispiel an die Wasserpumpe.

Das Schöpfrad ist wohl die älteste Methode, um Wasser zu fördern. Ein solches Rad rotiert um eine horizontale Achse, steht mit einem Teil im Wasser und ist mit Kümpfen oder Kübeln besetzt, die sich füllen, wenn sie in den Fluß oder den Brunnen eintauchen. Am höchsten Punkt des Rades entleert sich der Inhalt in ein Auffangbecken und fließt in eine Rinne oder einen Kanal ab. Schöpfräder können auch mit menschlicher Muskel-, Tier-, Wind- oder Motorkraft in Gang gesetzt werden. Regionen, wo das Wasser knapp ist, wären ohne sie unbewohnbar.

Eine noch einfachere Pumpe begnügt sich mit einem Schwengel, der mit der Hand bewegt wird. Durch das Drücken nach unten wird der Kolben nach oben gezogen. Dann öffnet sich ein Einlaßventil, und das Wasser strömt. Wird der Schwengel wieder nach oben gezogen, drückt der Kolben nach unten, das Wasser öffnet das Ventil, steigt nach oben und fließt zum Ausgang.

Wo es auf dem Land keinen Strom gab, war dies lange die einzige Versorgungsmöglichkeit. Schwengelpumpen saugen das Wasser aus einer Tiefe von bis zu acht Metern an und fördern bis zu zehn bis vierzig Liter pro Minute. Die alten Ziehbrunnen in der ungarischen Puszta folgten demselben Schema.

Zur Förderung und Bewegung von Wasser werden allerhand andere Konstruktionen, beispielsweise die Kolbenpumpe, eingesetzt, die schon in der Antike gebräuchlich war. Und dann wird es kompliziert. Denn auch die Archimedische Schraube, der hydraulische Widder, der Heronsbrunnen und die Kreisel- oder Zentrifugalpumpe haben es in sich. Archimedes wird die Erfindung einer Maschine zugeschrieben, die aus einer um eine Welle gewickelten Spirale und einem Trog besteht. Techniker nennen sie einfach Schneckenpumpe. Sie bringt Wasser auf ein höheres Niveau. Die Schnecke sitzt in einem Rohr, dreht sich um ihre Mittelachse und schraubt das Wasser von einer Kammer zur nächsten nach oben. Jede Kammer wird durch eine Windung der Spirale begrenzt, so daß sie sich zum Ende der Schnecke bewegt, wo das Wasser abläuft.

Die Kreiselpumpe hingegen ist eine Strömungsmaschine, die der französische Physiker Denis Papin 1689 erfunden haben soll. Sie nutzt die Fliehkraft, um Flüssigkeit zu fördern. Das Medium tritt über das Saugrohr in die Pumpe ein, wird von einem rotierenden Rad erfaßt und auf einer Spiralbahn nach außen getragen. Die Radialgeschwindigkeit der Flüssigkeit nimmt nach außen ab. Der Druck in der Pumpe steigt, und die Flüssigkeit wird in das Abflußrohr geleitet. Heute ist dies die weltweit meistverwendete Pumpenbauart.

Ach ja, den Heronsbrunnen hätten wir fast vergessen. Er ist eine nach seinem Erfinder aus Alexandria benannte Fontäne, die scheinbar endlos ohne äußere Eingriffe arbeitet. In Wahrheit wird das Wasser aus einem Reservoir in ein höherliegendes Becken gepumpt, so daß der Brunnen so lange am Laufen gehalten wird, bis das Ausgangsreservoir leer ist.

Ein hydraulischer Widder – was soll denn das heißen? Er heißt auch Stoßheber und ist eine intermittierend arbeitende Pumpe, die wiederholt einen Wasserhahn öffnet und schließt. Dadurch kann eine Wassersäule über die Höhe des Zuflusses gehoben werden. Der Luftschiffer Montgolfier ersetzte den Wasserhahn durch ein Ventil, das sich automatisch öffnete und schloß. Von ihm soll auch der Name stammen, denn er hat in seiner Patentschrift geschrieben, beim Schließen des Ventils entstehe eine Kraft »wie der Stoß eines Widders«.

Die Verwendung solcher Systeme vor allem bei der Entwässerung und Wasserversorgung ist seit mehreren tausend Jahren belegt. Die Römer setzten Wasserräder und Archimedische Schrauben zu vielen Zwecken ein, nicht zuletzt in ihren Bergwerken. Das haben Vitruv und Plinius der Ältere ziemlich genau beschrieben. In der frühen Neuzeit war Georgius Agricola der Experte für ihre Verwendung im Bergbau.

Leider oder glücklicherweise gibt es noch unzählig viele weitere Pumpen. Die Erfindung der Zahnradpumpe soll auf den Astronomen Johannes Kepler zurückgehen. Auch die Windkraft wurde, vor allen in den Niederlanden, eifrig genutzt. Mit der Windpumpe förderten die Holländer nicht nur Trink-, Tränk- und Speisewasser; sie brauchten sie auch, um neu eingedeichte Polder zu entwässern und Sümpfe trockenzulegen. Die typischen holländischen Mühlen tragen eine Haube, die sich je nach Windrichtung dreht.

In den Jahren 1680 bis 1685 versuchte Leibniz, durch Windmühlen die Harzer Bergwerke zu entwässern und damit die für das Herzogtum wichtige Silberförderung zu stabilisieren; ein Projekt, das nach drei Jahren gescheitert war. Später kamen dampfgetriebene Mühlen auf, doch gibt es Statistiken, denen zufolge bis heute über eine Million Windpumpen auf der Welt betrieben werden.

Die Kolbenvakuumluftpumpe, von Otto von Guericke in Magdeburg 1649 mit den berühmten Halbkugeln erfunden, haben die Herren Boyle und Hooke verbessert. Daß das Vakuum existiert, wurde durch die Luftpumpe bewiesen. Daß sich Bälle und Reifen mit komprimierter Luft füllen lassen, erkannte man erst später. Der erste Fahrradluftreifen wurde im Jahre 1888 von John Boyd Dunlop entwickelt.

Wer einen Chip, eine Batteriezelle oder auch nur eine Kaffeemaschine herstellen will, braucht eine Vakuumpumpe. Im Supermarktregal häufen sich abgepackte Lebensmittel. Wenn man sie öffnet, entweicht Luft, weil sie unter Vakuum versiegelt wurden. Allein die Pumpen, die dazu gebraucht werden, sind auf dem Weltmarkt ein Milliardengeschäft.

Kühlmittelpumpen dienten zunächst der Eisherstellung für Brauereien. Dann kam die Kompressionskältemaschine auf, die im Kühlschrank und in der Klimaanlage läuft. Und was ist mit der Wärmepumpe? Der französische Physiker Carnot, der zu früh starb, um die Früchte seiner Theorie zu ernten, hat eine neue Wissenschaft begründet, die Thermodynamik. Lord Kelvin erkannte und bewies, daß eine Kältemaschine auch zum Heizen verwendet werden kann und umgekehrt. Übrigens arbeiten Pumpen in jedem flüssigkeitsgekühlten Verbrennungsmotor und sorgen dafür, daß das Kühlmittel zirkuliert.

Schluß jetzt! Eine Aufzählung aller denkbaren Pumpen sollte niemand riskieren. Also kein Wort mehr über Kläranlagen, Dosierpumpen, medizinische und Laborspritzen und andere Anwendungen. Am Ende kommen wir lieber auf die Wasserkunst zu sprechen, ein System zur Förderung, Hebung und Führung von Wasser, das von einem Kunstmeister entworfen und überwacht werden mußte. Wasserkünste dienen bis heute dem Betrieb von Springbrunnen und Fontänen, Wasserspeiern und künstlichen Kaskaden auf Plätzen und in Parks. Ein Rad treibt sie an, und ein Pumpwerk befördert das Wasser in einen höher gelegenen Speicher.

Der Münchner Schreinermeister Brandstätter war ein Experte für diese Kunst. Die Fontäne war für ihn allerdings nur ein Nebengeschäft, mit dem er bloß zwei Mark im Jahr verdient hat. Darüber sann Karl Valentin nach. In dessen berühmter Nummer *Der Spritzbrunnenaufdreher* sagt Herr Brandstätter: »Und diesen Spritzbrunnen hab ich im Frühjahr aufgedreht, dann hat er den ganzen Sommer hindurch gespritzt, und im Herbst hab ich ihn wieder zugedreht... Ja, wenn der Herr Baron Tausende von solchen Spritzbrunnen hätte, und die müßten jeden Tag auf- und zugedreht werden, ja dann...!«

LXXV

Heinrich Luden, der Herausgeber der *Nemesis*, berichtet im Dezember 1813 von einem Gespräch, das er mit Goethe geführt hat.

»Als öffentlicher Beamter habe ich gegen die Herausgabe einer Zeitschrift nichts einzuwenden. Eine Protektion zwar kann Ihnen niemand versprechen und niemand gewähren; ein jeder bleibt billig für seine Handlung verantwortlich; Sie werden jedoch wohl auch keiner Protektion bedürfen; und sollten Sie sich jemals verleiten lassen, über die Schnur hinauszugehen, so wird [Ihr Verleger] Bertuch, der sich auf solche Dinge versteht, Sie schon an die Schranke mit der Inschrift *noli me tangere* freundlich erinnern.

Hätten Sie mich aber, ehe Sie sich verbindlich gemacht hatten, vertraulich um meine Meinung gefragt, so würde ich Ihnen gewiß das ganze Unternehmen widerraten und Sie aufgefordert haben, bei Ihren gelehrten geschichtlichen Arbeiten zu bleiben, die Welt ihren Gang gehen zu lassen und sich nicht in die Zwiste der Könige zu mischen, in welchen doch niemals auf Ihre und meine Stimme gehört werden wird. Sie wollen doch in dieser wunderlichen und furchtbaren Zeit ein Journal herausgeben, ein politisches Journal. Sie werden alles gegen sich haben, was groß und vornehm auf der Welt ist. Mit denselben ist nicht gut Kirschen zu essen. Den Waffen derselben hat man nichts entgegenzusetzen. Ich denke endlich, warum sollte ich es nicht sagen, auch an meine Ruhe und an Ihr Wohl.«

Die erste Nummer von Ludens Zeitschrift, der *Nemesis¸* erschien 1814. Ihrem ominösen Titel getreu wurde der Herausgeber unter politischen Druck gesetzt und gab 1818 auf.

Ganz ähnlich ist es Lorenz Oken ergangen. Dieser halbvergessene Mann stammt aus einer armen Bauernfamilie und wurde 1779 als Lorenz Okenfuß in der Nähe von Offenburg geboren. Zum Glück erkannte ein Freiburger Theologe, daß der eltern- und mittellose Junge ehrgeizig und fleißig war. Er hat dafür gesorgt, daß ihm ein Stipendium zuteil wurde, mit dem Oken 1800 ein Medizinstudium an der Universität Freiburg beginnen konnte.

Er war ein gutaussehender, feuriger Mann, dem zu seinem Glück nur die Mittelmäßigkeit fehlte. Das Drama der Überbegabung zeigte schon früh seine Tücken. Mit einer Arztpraxis war Oken nicht zufrieden. Die Liste seiner Studienfächer, Vorlesungen und Publikationen ist endlos. Er beschäftigte sich mit der Naturphilosophie, wollte alles über Botanik und Zoologie wissen, schrieb über Mineralien, Embryos, Anatomie und Knochenbau. Zu allem Überfluß war er auch noch ein politischer Kopf. Kein Wunder, daß er viel Neid und Ärger auf sich zog. Er war reizbar und hilfsbereit, eine ziemlich seltene Mischung.

1804 wurde er zum Doktor der Medizin promoviert. Seine Habilitationsschrift über *Die Zeugung* ließ er auf eigene Kosten drucken. Als Privatdozent konnte er Vorlesungen abhalten, die seinen Ruf mehrten. Der Herzog Carl August von Sachsen-Weimar-Eisenach berief ihn als außerordentlichen Professor für Medizin an die Universität Jena. Dort lehrte er auch Naturphilosophie.

Dem Verleger Brockhaus legte er das Konzept einer enzyklopädisch angelegten Zeitschrift vor, in deren Mittelpunkt Beiträge zu Naturwissenschaft und Medizin, Technologie und Ökonomie sowie Kunst und Geschichte stehen sollten. Die *Isis* war die erste fachübergreifende Zeitschrift im deutschsprachigen Raum. Die erste Ausgabe erschien am 1. August 1816. Ihre Herausgabe blieb bis 1848 das Zentrum seiner Alltagsarbeit.

Was Goethe dem Gründer der *Nemesis* prophezeite, trat auch für Oken ein: Sein leidenschaftliches Engagement für die Pressefreiheit ging der Obrigkeit auf die Nerven. Aufgrund der ersten Ausgaben wurde Oken die Beleidigung der höchsten Regentenwürde und die Beschimpfung auswärtiger Amtsbehörden vorgeworfen. Die Akten sandte Großherzog Carl August an Goethe und bat ihn um sein Urteil. In seinem Antwortschreiben empfahl Goethe ihm, Oken nicht persönlich zu belangen, wohl aber gegen Brockhaus, den Drucker der *Isis,* vorzugehen und so ein Verbot der Zeitschrift durchzusetzen. Carl August befolgte den Ratschlag Goethes nicht, sondern stellte die Strafverfolgung ein.

Der Druck der sogenannten Heiligen Allianz zwischen Preußen, Österreich und Rußland wurde so stark, daß man Oken im Juni 1819 aus dem Weimarer Universitätsdienst entlassen mußte.

Oken dachte nicht daran, aufzugeben. In der *Isis* veröffentlichte er seinen Aufruf zu einer Versammlung der deutschen Naturforscher. 1822 trafen sich in Leipzig zwanzig Wissenschaftler und gründeten die *Gesellschaft Deutscher Naturforscher und Ärzte*, die bis heute besteht.

Erst im Dezember 1827 erhielt Oken wieder einen Ruf als ordentlicher Professor für Physiologie, und zwar an die in München wiedereröffnete Ludwig-Maximilians-Universität. Natürlich kam es auch dort bald zu Reibereien und Zwistigkeiten mit seinen Kollegen. Als er 1832 auf Weisung des bayrischen Staates an die Universität Erlangen versetzt werden sollte, quittierte er den Dienst.

Die neue Züricher Universität wurde zu seinem Zufluchtsort. Man wählte ihn sogar zu ihrem ersten Rektor. 1836 befürwortete er die Annahme von Georg Büchners in Straßburg entstandener Arbeit *Über das Nervensystem der Barben* als Habilitationsschrift und verschaffte dem Landflüchtigen eine Position als Privatdozent.

Nun konnte Oken einen langgehegten Plan verwirklichen. Er nahm sich vor, eine populäre Naturgeschichte aller drei Naturreiche, der Mineralien, Pflanzen und Tiere, zu verfassen. Die

Okens

Lehrbuch

der

Naturgeschichte.

Zweyter Theil.

Botanik

Zweyter Abtheilung erste Hälfte.

Mark- und Stamm-Pflanzen.

(Preis: 4 Thaler Conv. M.)

Jena,

bey August Schmid

1825

Rahmen.

Pflanzenreich

Erstes Land — Provincia prima.
Stock=Pflanzen, Stöcker — Stirpariae.

I. Gau — Pagus primus.
Mark=Pflanzen, Marker — Parenchymariae. Acotyledonen.

II. Gau — Pagus secundus.
Stamm=Pflanzen, Stammer — Caudicariae. Monocotyle-
bonen.

Zweytes Land — Provincia secunda.
Blust=Pflanzen, Bluster — Anthemariae. Dicotyledonen.

III. Gau — Pagus tertius.
Blüthen=Pflanzen, Blüther — Florariae. Monopetalen.

IV. Gau — Pagus quartus.
Frucht=Pflanzen, Fruchter — Frugariae. Polypetalen.

Organe.	Classen.	
Stock — Stirps.	Stöcker — Stirpariae.	
Mark — Parenchyma.	Marker — Parenchymariae.	
Zelle — Cellula.	Zeller — Cellulariae	I.
Aber — Vena.	Aderer — Venariae	II.
Drossel — Trachea.	Droßler — Trachéariae	III.
Stamm — Caudex.	Stammer — Caudicariae.	
Wurzel — Radix.	Wurzler — Radicariae	IV.
Stengel — Caulis.	Stengler — Cauliariae	V.
Laub — Folium.	Lauber — Foliariae	VI.
Blust — Anthemon.	Bluster — Anthemariae.	
Bluthe — Flos.	Blüther — Florariae.	
Samen — Semen.	Samer — Seminariae	VII.
Gröps — Capsula.	Gröpser — Capsulariae	VIII.
Blume — Corolla.	Blumer — Corollariae	IX.
Frucht — Fructus.	Fruchter — Fructuariae.	
Nuß — Nux.	Nusser — Nucariae	X.
Pflaume — Drupa.	Pflaumer — Drupariae	XI.
Beere — Bacca.	Beerer — Baccariae	XII.
Apfel — Pomum.	Apfler — Pomariae	XIII.

Die lateinischen Benennungen der Sippen werden folgender-
maaßen gebildet: Zellen-Zeller — Celluli-Cellularia; Aber-
Zeller — Veni-Cellularia; Tracheo-C.; Radici-C.; Cauli-
C.; Foli-C.; Semini-C.; Capsuli-C.; Corolli-C.; Nuci-
C.; Drupi-C.; Bacci-C.; Pomi-C. — Stirpi-C.; Paren-
chymo-C.; Gaudici-C.; Anthemo-C.; Flori-C.; Frugi-
Cellulariae.

dreizehn Bände der *Allgemeinen Naturgeschichte für alle Stände* sind zwischen 1833 und 1841 bei Carl Hoffmann in Stuttgart erschienen. In den folgenden zwei Jahren wurden sie noch durch ein Universalregister und einen größtenteils handkolorierten Bildatlas ergänzt.

Ich habe das Vergnügen, ein Exemplar dieses extravaganten Werkes zu besitzen. Es ist ein Halblederband in Folio mit 185 ganzseitigen lithographischen Tafeln. Nur ganz am Ende, bei den Säugetieren und beim Menschen, ist dem Autor und dem Verleger offenbar die Luft ausgegangen. Aber viele Abbildungen sind von einer Qualität, die heute nicht mehr zu erreichen wäre, weil die Handarbeit zu teuer geworden ist.

Das Pflanzenreich, so wie es sich Okens Auge darbot, besteht aus zwei Ländern (*provinciae*), den *Stockern* und den *Blustern*. Jedes dieser beiden Länder läßt sich in zwei Gaue (*pagus*) einteilen, das der *Stocker* in *Marker* und *Stammer*, das der *Bluster* in *Blüher* und *Fruchter*. Die weitere Gliederung nimmt sich wie folgt aus: Jeder Gau umfaßt drei Classen, jede Classe zwei Stufen, jede Stufe zwei Ordnungen, jede Ordnung drei Zünfte, jede Zunft vier Sippschaften und jede Sippschaft drei Arten. Ganz ohne Ausnahmen geht es dabei nicht ab. Wenn man sie berücksichtigt, haben wir mit 2197 Arten zu rechnen.

Für Oken erhob sich nun die Frage, wie die 2197 *Stocker* und *Bluster* zu benennen wären. Jede wissenschaftliche Klassifikation braucht ja eine Nomenklatur. Dafür kamen die üblichen Pflanzennamen nicht in Betracht; denn sie hätten die Klarheit des Gebäudes beeinträchtigt, das er zu erreichten gedachte. Er wollte Linné hinter sich lassen und, wie es seinem politischen Temperament entsprach, ganz neu und ganz von vorne anfangen.

Die übermenschliche Aufgabe, Tausende von neuen Pflanzennamen zu ersinnen, hat Oken mit Hilfe der Kombinatorik gelöst. Darauf beruht die kristalline Schönheit seines Systems. Der verborgene Schlüssel zu dem Gebäude ist die magische

Zahl Dreizehn. Denn aus 13 Classen ergeben sich 13 × 13 Zünfte und 13 × 13 × 13 Arten. Einen passenden Code, der aus dreizehn Zeichen besteht, hat Oken ebenfalls erdacht. Er fand dreizehn pflanzliche Organe auf, aus deren Permutation ihm die Vielfalt der Vegetation hervorzugehen schien. Es wäre ein leichtes gewesen, für jede der 2197 Arten einen dreigliedrigen Namen zu finden. Aber Wortungetüme wie *Drosselzellengröpser* oder *Gröpslaubzeller* mußten dem Sprachgefühl eines so phantasievollen Wortschöpfers mißfallen. Deshalb prägte er für jede seiner Zünfte einen eigenen, völlig neuen Namen. So hießen die *Ader-Ader* fortan *Schlinken*; die *Buffe* dagegen finden sich unter den *Zellern*, genauer gesagt unter den *Gröps-Zellern*.

Okens Naturgeschichte ist ein wissenschaftliches Wahnsystem, aber seine Nomenklatur ist ein Meisterwerk der abstrakten Poesie. Seine *ars combinatoria* aus dem Jahr 1825 läßt manches alt aussehen, womit die modernen und postmodernen Avantgarden uns beeindrucken möchten.

LXXVI

Daß der Diplom-Ingenieur Rudolf Riedel der Herr über die 770 Rolltreppen der Münchner U-Bahn ist, kann man nicht sagen. Erstens legt er keinen Wert auf seinen akademischen Titel, denn er hat eine Lehre als Mechaniker bei der *Waggonfabrik Josef Rathgeber* in Moosach gemacht, die damals schon Rolltreppen herstellte. Zweitens bevorzugt er die Bezeichnung Fahrtreppe. Nur der Laie hält daran fest, daß dieser Apparat Rolltreppe heißt. Und drittens bezeichnet Riedel sich als normalen Angestellten bei den Stadtwerken.

Er ist schwer zu finden im weitverzeigten, mit Läden und Imbissen vollgestopften Labyrinth des Münchner Hauptbahnhofs. Riedel, ein gut aufgelegter, blauäugiger Mann, der fließend bayrisch spricht, lebt in Freising. Er hat sein ganzes 48jähriges Berufsleben der Rolltreppe gewidmet. Zufällig stellt sich bei diesem Treffen heraus, daß er sein Büro in elf Tagen räumen und in den Ruhestand gehen wird. Leicht zu ersetzen ist ein so erfahrener Experte nicht; er versichert aber, daß ein Nachfolger bereits gefunden wurde.

Riedel nimmt die Hersteller der Treppen in Schutz, die *ThyssenKrupp* und *Otis* heißen. Diese Firmen hätten keinen Pfusch geliefert. Verantwortlich für die Betriebsstörungen seien die zahlreichen Sicherheitskontakte, die sofort ansprechen, wenn die Passanten wieder einmal einen Notstopp verursachen. In achtzig Prozent aller Fälle sind sie der Grund dafür, daß die Treppe streikt. Vielleicht haben sie mutwillig irgendwelche Gegenstände auf die Treppe geworfen. Außerdem gibt es Leute, die Riedel als Renntiere bezeichnet, weil sie drängeln und schubsen und links und rechts den Verkehr blockieren, was zu Stockungen am Bahnsteig führt. Dabei hat jede Station auch noch einen

Aufzug, der mit der Rolltreppe nichts zu tun hat und nach einem ganz anderen Prinzip arbeitet. Also wozu die Aufregung? fragt Herr Riedel, streichelt seinen weißen Schnurr- und Kinnbart und lehnt sich zurück.

Schon anno 1859 wurde ein US-Patent auf eine Rolltreppe mit fahrenden Stufen erteilt – da das technische Konzept jedoch zu kompliziert war, wurde sie nie gebaut. 1892 erteilte die Behörde das Patent für eine Personenförderanlage einem gewissen Jesse W. Reno. Die bestand aber nicht aus keilförmigen Stufen, sondern aus einem Gummischrägband mit Holzplatten, also eigentlich aus einem schrägen Förderband mit festen, flachen Gliedern. Diesem Konstruktionsprinzip ohne Stufen folgten alle weiteren Entwicklungen der folgenden drei Jahrzehnte. Als eigentlicher Erfinder der Rolltreppe gilt seitdem der Amerikaner George A. Wheeler. Auch ihm wurde ein Patent erteilt. Mr. Charles Seeberger, der mit seinen eigenen Konstruktionen gescheitert war, kaufte Wheelers Patent auf.

1893 wurde eine »mittels Elektrizität getriebene endlose schräge Wandelbahn« in einem New Yorker Bahnhof eingebaut. Sie hatte bereits ein bewegliches Geländer und lief mit einer Geschwindigkeit von 35 cm pro Sekunde. Zwei Jahre danach wurde eine Fahrtreppe in einem Vergnügungspark auf Coney Island installiert.

Ein französischer Fabrikant landete einen Coup, als er 1898 bei *Harrods*, dem berühmten Londoner Kaufhaus, eine »stufenlose« Fahrtreppe einbaute. Ein Lederband aus 224 Teilstücken brachte die Kunden nach oben. Das Publikum war mißtrauisch und mußte mit Riechsalzen und einem Gratisschwenker Cognac beruhigt werden.

Inzwischen hatte sich Seeberger mit der Firma *Otis Elevator Company* verbündet. Die beiden stellten die erste Rolltreppe her, die den wirtschaftlichen Durchbruch brachte. Das geschah bei der Pariser Weltausstellung von 1900, wo sie den ersten Preis gewannen. Auch den englischen Neologismus *escalator* hat Seeberger durchgesetzt. Vielleicht wurde er auch schon von Otis benutzt.

In den USA etablierten sich die Anlagen schnell in Kaufhäusern und vor allem in Stationen der Untergrundbahn. Heute sind sie überall unterwegs, auf Flughäfen, in Hotels, Stadien, Kongreßhallen und den meisten öffentlichen Gebäuden.

Eine normale Fahrtreppe kann etwa zweitausend Leute pro Stunde befördern. Sie braucht nicht mehr Platz als ein Treppenhaus und kann auch wetterfest sein. Wenn ein Lift stillsteht, ist er unbrauchbar; eine kaputte Rolltreppe ist hingegen wenigstens zu Fuß noch von Nutzen.

Viele haben zwei gegenläufige Bahnen. An ihren beweglichen Handläufen aus Gummi oder Kunststoff können sich die Fahrgäste festhalten. Meistens kriechen diese eine Spur langsamer als die Stufen, oder sie kommen schneller voran.

Keine Angst! Sicherheit wird bei der Planung groß geschrieben. Nach einem Brand in der Londoner *Tube* wurden alle hölzernen Rolltreppen ausgemustert; seitdem gilt im Nahverkehr überall ein Rauchverbot. In Indien, wo die Frauen Saris tragen und deren langes Ende über die Schulter werfen, mußte ein eigener Schutz angebracht werden, um zu verhindern, daß diese Schleppe sich in den Stufen verfängt. Kinder, die mit sogenannten Flip-Flops oder Crocs herumhatschen, sind ebenso gefährdet.

Zwischen den Produzenten herrscht ein heftiger Wettbewerb. *Kone* und *Schindler* waren später dran als *Otis*. Heute sind sie deren gefährlichste Rivalen. *Mitsubishi* und *Thyssen-Krupp* spielen in derselben Liga.

Natürlich wird auch mit Rekorden gewetteifert. Bisher geht Hongkong als Sieger hervor. Das System der *Central-Mid-Levels*-Fahrtreppe ist mit Fahrsteigen verbunden und befördert täglich Zehntausende von Pendlern zwischen dem Geschäftsviertel und den Wohnungen über achthundert Meter auf- und abwärts. Der längsten ununterbrochenen Rolltreppen rühmt sich die Moskauer Metro.

Was die Etikette betrifft, so herrschen je nach Land verschiedene Gebräuche. In manchen Gegenden gehört es zum guten Ton, rechts zu stehen. Anderswo ist es umgekehrt.

Diese Frage bewegt auch den Experten Joseph Riedel. Er widerspricht der Ansicht der meisten Fahrgäste, daß Rolltreppen mimosenhaft empfindlich sind. Dem Publikum ist es ganz egal, ob die Maschine korrekt Fahrtreppe oder anders heißt. Es ärgert sie jedesmal, wenn das Ding stillsteht, was ziemlich oft vorkommt.

Dann schimpfen mit Tüten und Gepäck beladene alte Damen, die am Stock gehen, und junge Mütter mit Kinderwagen warten auf einen willigen Helfer. Irgendwann ist die Störungsstelle in Moosach am Zug, stellt ein Gitter auf und macht sich an die Reparatur. Dann sind alle erleichtert.

LXXVII

Alfred Edmund Brehm oder Professor Christopher Perrins? Wer nicht zu den Fachleuten zählt, wird kaum darüber befinden können, wer von beiden der bessere Schwanenkenner ist.

Von den neueren Forschungsergebnissen in der Verhaltensbiologie und der Populationsgenetik konnte Brehm noch keine Ahnung haben, denn er lebte von 1829 bis 1884. Dieser rastlose Thüringer war der Sohn eines Freizeit-Ornithologen, der später durch seine Expeditionen auf vier Kontinenten, als Gründer und Direktor von Zoologischen Gärten und Aquarien und als nimmermüder Schriftsteller Weltruhm erlangte. Nur für einen akademischen Lehrstuhl hatte er keine Zeit übrig.

Dagegen war Perrins nicht nur ein Oxforder Professor für Ornithologie, Verfasser und Herausgeber der *New Encyclopedia of Birds* (2003), Mitautor der *Illustrated Encyclopedia of Birds: The Definitive Reference to Birds of the World* (1990) und der *Complete Encyclopedia of Birds and Bird Migration* (2003). Er hat sich auch, anders als Brehm, nicht in der *Gartenlaube*, sondern in Fachjournalen wie *Ibis*, *Nature*, *Science* und dem *Journal of Animal Ecology* geäußert.

Warum diese Obsession? Sind die Schwäne so wichtig? Ganz abgesehen »von dem Ruhme, welchen Dichtung und Sage den Schwänen, diesen stolzen und majestätischen Vögeln, verliehen haben«, sind sie »klug und verständig, legen aber doch selten die ihnen eigenthümliche Scheu und Zurückhaltung ab. In ihrem Wesen sprechen sich Selbstbewußtsein und Gefühl der eigenen Würde, aber auch eine gewisse Herrschsucht aus, welche dem gleichen Geschlechte gegenüber als Rauflust, schwächeren Vögeln gegenüber als Herrschsucht sich äußert. Nur die Schwäne einer und derselben Art bilden größere Gesellschaften, welche dann unter sich keinen anderen Vogel dulden und auch den Verwandten sich nicht anschließen; selbst der verirrte Schwan treibt sich lieber einsam umher, als daß er sich mit anderen Schwimmvögeln vereinigt. Gegen schwächeres Geflügel zeigen sie sich unfreundlich und hämisch, und es scheint fast, als ob ihnen die unbedingte Oberherrschaft, welche sie sich bald zu erwerben wissen, noch nicht genüge; denn nicht selten verfolgen sie andere Schwimmvögel unablässig, greifen sie wüthend an und tödten sie ohne alle Ursache, gleichsam um das Uebermaß ihrer Kraft an ihnen zu bethätigen. Um die Braut streiten die Männchen heftig. Neben dieser hochmüthigen Herrschsucht machen sich tadelnswerther Neid und gewisse Heimtücke bemerklich«.

Nun muß man leider sagen, daß Brehm besser und poetischer schrieb als sein britischer Nachfolger. Dafür hat Professor Perrins nach seiner Emeritierung erreicht, was im wilhelminischen Kaiserreich undenkbar gewesen wäre. Queen Elizabeth II trägt zu ihren zahlreichen Titel auch den eines *Seigneur of the Swans*. Sie hat Perrins nicht nur mit dem *Royal Victorian Order* bedacht; sie hat im königlichen Haus des Vereinigten Königreichs sogar ein neues Ehrenamt für ihn geschaffen. Er wurde 1993, weil – oder obwohl – er sich mit diesen Vögeln auskannte, zum Aufseher der Schwäne ernannt, eine Aufgabe, die er allerdings mit dem Beringer der Schwäne teilen muß.

Die britische Monarchie scheint nicht nur das gebrechliche Gemeinwesen des Vereinigten Königreichs zu stabilisieren; sie hält auch mit ergreifender Beharrlichkeit an ihren Traditionen fest.

Alle unberingten Schwäne in offenen Gewässern gehören der Krone, soweit die Gilden der Weinhändler und der Färber nicht privilegierte Miteigentümer dieser Vögel sind. Dieses Prinzip geht auf das 12. Jahrhundert zurück; damals gehörten Schwäne zum Festbankett des Monarchen. Vom Verspeisen der Tiere ist man bald abgekommen.

Dennoch müssen die Jungschwäne auf der Themse einmal im Jahr gezählt werden. Diese Zeremonie unter dem unübersetzbaren Namen *Swan Upping* findet im Juli statt und dauert fünf Tage. Die Schwäne werden eingefangen, gewogen, auf ihren Gesundheitszustand hin untersucht, beringt und wieder freigelassen.

»Die Zahl der jungen Schwäne ist in den letzten Jahren immer weiter zurückgegangen«, sagt Professor Perrins, ihr Aufseher. »Wir müssen das Publikum bitten, seine Hunde an die Leine zu nehmen. Sie sind eine ernsthafte Gefahr für unsere Wasservögel. Es ist schon vorgekommen, daß sie die Schwäne angegriffen und sogar tödlich verletzt haben.« So kann es doch auf der Themse nicht weitergehen!

Ein Holzschnitt, auf dem Schwäne zu sehen sind, findet sich in Alfred Brehm, *Thierleben. Allgemeine Kunde des Thierreichs.* (Zweite, umgearbeitete und vermehrte Auflage, Leipzig 1883-1887, Band 20: Zahnschnäbler.)

LXXVIII

Schreib, wie du sprichst! Das ist leichter gesagt als getan. Denn es ist schon eine Weile her, daß alle Welt einerlei Zunge und Sprache hatte. »Wohlauf, laß uns herniederfahren und dort ihre Sprache verwirren«, sprach der Herr, und als sie anfingen, etwas aufzuschreiben, wurde es noch schlimmer.

Damit wollte sich die *Internationale Phonetische Assoziation* nicht abfinden. Sie strebte nach einer Sammlung von Zeichen, mit denen die Laute aller menschlichen Sprachen beschrieben und aufgezeichnet werden können. Ein phonetisches Alphabet, eine Weltlautschrift mußte her. Gegründet wurde sie anno 1886. Aber ein französischer oder englischer Name kam für eine Vereinigung, die nationale Grenzen überwinden wollte, natürlich nicht in Frage. Man einigte sich auf die Bezeichnung *Dhi Fonètik Ticerz' Asóciécon*, die genau den Regeln entsprach, die sich die versammelten Experten ausgedacht hatten. Das erwies sich als unpraktisch, weil niemand den Code der FTA verstand. Also mußte ein neuer Name her, und seitdem heißt diese Institution IPA. Eine Postadresse hat sie nicht. Wie viele solcher Gremien ist sie nirgends und überall zu Hause. Ihre Organe sind nur im Internet erreichbar. Die Präsidentin, Ms. Patricia Keating, haust in Los Angeles, ihr Vize in Jena und ihr Sekretär in Australien.

Das alles hat diesem Verein nicht geschadet. Heute ist er weltweit anerkannt, und sein Lautschriftsystem ist so verbreitet, daß kein Rivale mehr dagegen ankommt.

Sein Alphabet unterscheidet nicht zwischen Groß- und Kleinbuchstaben. Es besteht nur aus Minuskeln. Die sind allerdings sehr zahlreich. Die Zeichentabelle beschränkt sich nicht auf die üblichen lateinischen und griechischen Buchstaben. Manche der Zeichen kommen dem Laien vor, als wären sie verbogen oder stünden auf dem Kopf. Viele schmücken sich mit diakritischen Zeichen, zum Beispiel mit Tilden, Ogoneks, Makrons, Hatscheks und so weiter. Wer sich nicht verzählt, kommt auf ungefähr hundert Zeichen, die in keinem gewöhnlichen Setzkasten vorhanden sind.

Allerdings steckt, wie bei den meisten Systemen, auch hier der Teufel im Detail. Das fängt schon damit an, daß es bei manchen Sprachen, wie im Französischen, eine allgemein akzeptierte Standardaussprache gibt, während andere davon weit entfernt sind.

Wie groß kann die Bandbreite eines Lautes sein? Was in einer Gegend als korrekt oder falsch, als normal oder fremdartig, als verständlich oder unverständlich gilt, kann einer, der die Sprache nicht versteht, gar nicht beurteilen.

Außerdem wird in Wörterbüchern oft nur ein vereinfachter Zeichensatz verwendet, um den Laien nicht zu verunsichern. So differenziert *Cassell's German Dictionary* weder zwischen den verschiedenen Aussprachen des deutschen *r*, noch bezeichnet er die offene Aussprache eines kurzen Vokals, um diesen vom langen zu unterscheiden. Und traditionell wird die Aussprache des englischen *no* oft als *noʊ* wiedergegeben, obschon im britischen Englisch tatsächlich *nəʊ* gesagt wird.

Der deutsche Ägyptologe und Sprachwissenschaftler Karl Richard Lepsius hat versucht, Laute exakter darzustellen, als dies in der herkömmlichen Rechtschreibung geschieht. Seine einflußreichen *Grundsätze der Übertragung fremder Schriftsysteme und bisher noch ungeschriebener Sprachen in europäische Buchstaben* hat er bereits 1854 in einem knappen Bändchen von 67 Seiten vorgestellt.

Darin heißt es: »Die eingeborenen Völker von Afrika, Amerika, Australien und Polynesien entbehren fast sämmtlich einer Schrift. Dieses Factum schon allein charakterisirt sie als wilde, jeder höheren Civilisation untheilhaftige Völker.«

Um dem abzuhelfen, empfahl er sein Standardalphabet den Missions- und Bibelgesellschaften, die keine Mühe scheuten, um ihre Heilige Schrift überall zu verbreiten und die Wilden in die Schule zu schicken.

Es war ein umfassender Versuch, aber leider wimmelten seine Buchstaben von diakritischen Zeichen, die schwer zu lesen waren und mit den damaligen Mitteln jeden Setzer überfordert hätten.

Nachzulesen ist sein Ergebnis im *Buch der Schrift, enthaltend die Schriftzeichen und Alphabete aller Zeiten und aller Völker des gesamten Erdkreises*, herausgegeben und erläutert von Carl Faulmann (2. Auflage Wien 1880). Damit hat sich der Verfasser eine heroische Fleißarbeit aufgeladen.

Die »Verschiedenheit der Aussprache gab nämlich«, wie er sagt, »bei Namen und bei der Umschreibung fremder Wörter zu den ärgsten Verwirrungen Anlaß«. Daß der babylonische Fluch bis heute wirkt, ist den verschiedenen Transkriptionen slawischer und arabischer Namen wahrlich anzumerken.

Faulmann hat sich leider an das altmodische Standard-Alphabet von Lepsius gehalten. Sein Werk ist aber unübertroffen, was die Zahl der Schriften angeht. Hunderte von ihnen bildet er auf Tafeln ab. Davon sind einige verschwunden, ausgestorben oder durch fremde Zeichen ersetzt worden. Manche, wie das »Weiberdeutsch«, stellen den Leser vor ein Rätsel. Es handelt sich offenbar um eine hebräische Kursive, »welche sich in verschiedenen Ländern eigenthümlich gestaltete; man unterscheidet die spanische-levantinische, die italienische *Raschi* und die deutsche«. Dort soll angeblich »die bei Weiberdeutsch angegebene Orthographie Anwendung« finden. Und was ist mit *Himyarisch, Galik* und *Tschiroki*? Wenn man Faulmann glauben darf, hat sich auch Joseph Smith, der Begründer der Mormonen, ein »ganz willkürlich gebildetes und speciell für die englische Sprache erfundenes Alphabet« ausgedacht.

Besonders ärgerlich für vernünftige Geister waren die Lau-

THE INTERNATIONAL PHONETIC ALPHABET (revised to 2015)

CONSONANTS (PULMONIC)

© 2015 IPA

	Bilabial	Labiodental	Dental	Alveolar	Postalveolar	Retroflex	Palatal	Velar	Uvular	Pharyngeal	Glottal
Plosive	p b			t d		ʈ ɖ	c ɟ	k g	q ɢ		ʔ
Nasal	m	ɱ		n		ɳ	ɲ	ŋ	N		
Trill	ʙ			r					ʀ		
Tap or Flap		ⱱ		ɾ		ɽ					
Fricative	ɸ β	f v	θ ð	s z	ʃ ʒ	ʂ ʐ	ç ʝ	x ɣ	χ ʁ	ħ ʕ	h ɦ
Lateral fricative				ɬ ɮ							
Approximant		ʋ		ɹ		ɻ	j	ɰ			
Lateral approximant				l		ɭ	ʎ	ʟ			

Symbols to the right in a cell are voiced, to the left are voiceless. Shaded areas denote articulations judged impossible.

CONSONANTS (NON-PULMONIC)

Clicks	Voiced implosives	Ejectives
ʘ Bilabial	ɓ Bilabial	ʼ Examples:
ǀ Dental	ɗ Dental/alveolar	pʼ Bilabial
ǃ (Post)alveolar	ʄ Palatal	tʼ Dental/alveolar
ǂ Palatoalveolar	ɠ Velar	kʼ Velar
ǁ Alveolar lateral	ʛ Uvular	sʼ Alveolar fricative

OTHER SYMBOLS

ʍ Voiceless labial-velar fricative

w Voiced labial-velar approximant

ɥ Voiced labial-palatal approximant

ʜ Voiceless epiglottal fricative

ʢ Voiced epiglottal fricative

ʡ Epiglottal plosive

ɕ ʑ Alveolo-palatal fricatives

ɺ Voiced alveolar lateral flap

ɧ Simultaneous ʃ and x

Affricates and double articulations can be represented by two symbols joined by a tie bar if necessary. t͡s k͡p

VOWELS

	Front	Central	Back
Close	i•y	ɨ•ʉ	ɯ•u
	ɪ Y	ʊ	
Close-mid	e•ø	ɘ•ɵ	ɤ•o
		ə	
Open-mid	ɛ•œ	ɜ•ɞ	ʌ•ɔ
	æ	ɐ	
Open	a•ɶ		ɑ•ɒ

Where symbols appear in pairs, the one to the right represents a rounded vowel.

SUPRASEGMENTALS

ˈ Primary stress   ˌfoʊnəˈtɪʃən

ˌ Secondary stress

ː Long   eː

ˑ Half-long   eˑ

˘ Extra-short   ĕ

| Minor (foot) group

‖ Major (intonation) group

. Syllable break   ɹi.ækt

‿ Linking (absence of a break)

TONES AND WORD ACCENTS

LEVEL		CONTOUR	
e̋ or ˥	Extra high	ě or ˩˥	Rising
é ˦	High	ê ˥˩	Falling
ē ˧	Mid	e᷄ ˦˥	High rising
è ˨	Low	e᷅ ˩˨	Low rising
ȅ ˩	Extra low	e᷈ ˧˦˧	Rising - falling
ꜜ Downstep		↗ Global rise	
ꜛ Upstep		↘ Global fall	

DIACRITICS Some diacritics may be placed above a symbol with a descender, e.g. ŋ̊

̥ Voiceless	n̥ d̥		̤ Breathy voiced	b̤ a̤		̪ Dental	t̪ d̪
̬ Voiced	s̬ t̬		̰ Creaky voiced	b̰ a̰		̺ Apical	t̺ d̺
ʰ Aspirated	tʰ dʰ		̼ Linguolabial	t̼ d̼		̻ Laminal	t̻ d̻
̹ More rounded	ɔ̹	ʷ Labialized	tʷ dʷ		̃ Nasalized	ẽ
̜ Less rounded	ɔ̜	ʲ Palatalized	tʲ dʲ		ⁿ Nasal release	dⁿ
̟ Advanced	u̟	ˠ Velarized	tˠ dˠ		ˡ Lateral release	dˡ
̠ Retracted	e̠	ˤ Pharyngealized	tˤ dˤ		̚ No audible release	d̚
̈ Centralized	ë	̴ Velarized or pharyngealized	ɫ			
̽ Mid-centralized	e̽	̝ Raised	e̝	(ɹ̝ = voiced alveolar fricative)		
̩ Syllabic	n̩	̞ Lowered	e̞	(β̞ = voiced bilabial approximant)		
̯ Non-syllabic	e̯	̘ Advanced Tongue Root	e̘			
˞ Rhoticity	ɚ a˞	̙ Retracted Tongue Root	e̙			

---

nen der englischen Rechtschreibung. Über sie äußerte sich schon Benjamin Franklin sehr ungehalten. Sein phonetisches Alphabet strich die Buchstaben *c*, *j*, *q*, *w*, *x*, und *y*. Er wollte sie durch neue Zeichen ersetzen. Wie Sir Isaac Pitman, Alexander John Ellis, George Bernard Shaw und alle anderen Reformer ist er gescheitert.

Zu einem ganz anderen Versuch setzte um die Mitte des Jahrhunderts Alexander Melville Bell an. Er nannte sein System *Visible Speech*. Es besteht aus Symbolen, die anzeigen sollen, wie Kehlkopf, Zunge und Lippen durch ihre Stellung und Bewegung Laute hervorbringen. Er gedachte damit den Tauben und Schwerhörigen zu helfen. Seinen 29 Tönen, 52 Konsonanten und 36 Vokalen und einem Dutzend Diphthongen gab er auch den ehrgeizigen Namen *World English*.

Noch verwegener war das Unternehmen, die chinesische Schrift mit ihren insgesamt über achtzigtausend Zeichen, von denen im Alltag drei- bis fünftausend ausreichen, zu transkribieren. Einige wenige sind Pikto- oder Ideo-, die allermeisten jedoch Phonogramme.

Schon im 16. Jahrhundert haben sich Missionare wie Matteo Ricci große Mühe gegeben, die chinesische Sprache mit dem lateinischen Alphabet zu transkribieren. Wehe! Bis zur Gründung der Republik China wurden fast dreißig weitere solche Versuche unternommen. Die chinesische Schrift sollte einfacher zu erlernen sein, um den Zugang zu moderner Wissenschaft und Bildung zu erleichtern.

Das war natürlich eine hochbrisante politische Frage. Sowjetische Linguisten erfanden ein Transkriptionssystem mit lateinischen Buchstaben, das sich seit 1934 von Shanghai aus verbreitete und nach der Machtergreifung der Kommunisten zur Grundlage des *Pinyin* wurde, das heute als internationaler ISO-Standard für die Umschrift des Chinesischen gilt. Aber daneben – und ein Daneben gibt es immer, wenn die Sprache spricht – hält sich auch noch die lateinische Transkription der Herren Wade und Giles. Zum Glück für den, der chinesische Schrift nicht lesen kann, gibt es einen *Chinese Romanization Converter*, der in der Lage ist, Dutzende von verschiedenen Systemen in *Pinyin* umzuwandeln.

Für die Informationstechnologen der Moderne war der Wirrwarr der Schreiber natürlich unerträglich. Die Amerikaner waren besonders eifrig. Sie propagierten den *American Standard Code for Information Interchange*, eine 7-Bit-Zeichenkodierung, die 128 Zeichen definiert. Aber Techniker freut es immer, wenn ein Betriebssystem veraltet, damit sie, und nur sie, ein neues austüfteln können.

Bald betrachteten sie das ASCII-System von 1963 als alten Hut. Seitdem hat der *Unicode*, jedenfalls vorläufig, triumphiert. Er ist selbstverständlich heimatlos, anonym und nur im Internet zu finden, genau wie die IPA, deren Sonderzeichen er allesamt aufgenommen hat.

Es hat alles nichts geholfen. Wie heißt der große Steuermann? Mao Zedong oder Mao Tse-tung? Wer ist uns teurer, Čechov oder Tschechow? Ein Nobelpreisträger aus Kairo, wo soll man ihn finden – unter Nagib Machfus, Naguib Mahfouz, Nadschib Mahfus oder Nadjib Mahfus?

Die Experten haben sich viel Mühe gegeben, und was war ihr Lohn? Nie wußte die Welt ihnen Dank.

LXXIX

Der Terror, der heute ausgewandert ist in den Nahen Osten, nach Asien, Afrika und Lateinamerika und in den Metropolen wiederkehrt, ist eine europäische Erfindung. Historiker mögen sich darum streiten, ob es eher die Russen, die Franzosen oder die Spanier waren, die ihn probten und seine moderne Form vervollkommnet haben. Die tüchtigen Deutschen haben ihn zwölf Jahre lang verstaatlicht. Aber es gab auch einige, die als individuelle Vorläufer oder in kleinen Gruppen schon früh bemüht waren, Schlagzeilen zu machen.

Einer von ihnen mußte sich gefallen lassen, daß man ihn für einen Terroristen hielt. Das war der linke Trotz- und Feuerkopf Johann Most. In der deutschen Arbeiterbewegung der siebziger und achtziger Jahre des 19. Jahrhunderts gab es keinen Agitator, der ihm an Leidenschaft und Courage gleichgekommen wäre. Sein rastloses Leben begann mit einer bitteren Kindheit und endete in trüber Isolation.

Most kam 1846 als uneheliches Kind eines verarmten Angestellten und einer Gouvernante in Augsburg zur Welt; eine verhaßte Schwiegermutter hat ihn aufgezogen. Mit dreizehn Jahren mußte er sich einer Gesichtsoperation unterziehen, weil er an einem Knochenfraß litt. Der Eingriff hat ihn für immer entstellt. Später trug er, um seinen ausgerenkten Unterkiefer zu verbergen, stets einen langen dichten Bart.

Er ging bei einem Buchbinder in die Lehre. In seinen Wanderjahren durchstreifte er Deutschland, Österreich, Ungarn, Italien und die Schweiz. 1867 schloß er sich der *Ersten Internationale* an. Sein Beruf brachte ihn früh mit den halb legalen, halb illegalen Druckern in Berührung, in deren Händen damals die Propaganda lag.

Die Aufzählung seiner Verhaftungen und Gefängnisstrafen würde eine ganze Seite füllen. Im Juli 1870 wurde ihm in Wien wegen Hochverrats der Prozeß gemacht; das Urteil lautete auf fünf Jahre schweren Kerkers. Er wurde durch eine Amnestie befreit und ausgewiesen, ging nach Deutschland und trat in die Sozialdemokratische Partei ein.

Zum ersten Mal durfte er eine eigene Zeitung als Chefredakteur führen, die *Chemnitzer Freie Presse*, und zum ersten Mal leitete er eine politische Aktion, den sächsischen Metallarbeiterstreik. Die *Freie Presse* wurde, wie alle Zeitungen, die Most herausgab, mehrmals verboten. Er mußte Chemnitz verlassen, wurde aber in den Reichstag gewählt. Zum behäbigen Funktionär war Johann Most nicht geschaffen. Sein hitziges Temperament trug ihm immer neue Verfolgungen ein. Die Immunität als Abgeordneter half ihm wenig. Als er eine Rede zum Andenken an die Pariser Kommune hielt, wurde er wegen Majestätsbeleidigung und Gotteslästerung und zur Strafe für seine »gewalttätigen und zynischen Angriffe auf Patriotismus und Religion« wieder verurteilt, diesmal zu 26 Monaten Gefängnis. Während der Haft schrieb er ein *Proletarier-Liederbuch*, das viele Auflagen erlebte.

Im Gefängnis hatte Most, wie es seine Art war, fleißig studiert; dabei war er an die Schriften des Berliner Professors Eugen Dühring geraten, die ihm gefielen. Darüber schrieb er ein paar Artikel, in denen er allen Sozialdemokraten die Lektüre von Dührings Büchern »warm empfahl«.

Der arme Most konnte nicht ahnen, worauf er sich damit eingelassen hatte. Marx und Engels ärgerten sich über seinen Ratschlag, und ihr Urteil stand fest. »Die Arbeiter«, schrieb Marx, »selbst wenn sie wie Herr Most et Cons. das Arbeiten aufgeben und Literaten von Profession werden, stiften sie stets ›theoretisch‹ Unheil an und sind stets bereit, sich an Wirrköpfe anzuschließen.«

Mosts Stellung wurde nicht nur in der Ersten Internationale,

sondern auch in Deutschland unhaltbar. Sein Atheismus machte ihn zum Buhmann der Öffentlichkeit, besonders seitdem er
den Austritt aus den Landeskirchen propagierte. Er wurde aus
Berlin ausgewiesen und mußte emigrieren. Er wandte sich nach
Frankreich, aber dort wurde er 1879 als unerwünschter Auslän-
der abgeschoben. England war damals noch, was es nach wie
vor zu sein glaubt: ein Land von liberalen Traditionen, und
so ging Most nach London.

Natürlich gab er auch dort keinen Augenblick lang Ruhe. Er
gründete sofort ein eigenes Blatt, *Die Freiheit.* Diese Zeitung
war ganz in roten Lettern gedruckt. Er gab den letzten Rest von
Besonnenheit auf, als eine Reihe von Abgeordneten und Funk-
tionären vor Bismarck kapitulierten.

Sofort entstanden in Deutschland kleine aktionistische Gruppen, die sich gegen die parlamentarische Politik wandten und
für die direkte Aktion plädierten. Die einzige ideologische Basis,
die diesen Gruppen zur Verfügung stand, war der Anarchismus.
1880 schloß die SPD Most aus, weil er sich zum Anarchismus
bekannte. Auch der englischen Justiz ging Most zunehmend
auf die Nerven. Bald zeigte sich, daß die britische Pressefreiheit
ihre Grenzen hatte. Nach dem Attentat auf den Zaren Alexander II. machte Most seine Zeitung mit einer riesigen Schlagzeile
auf, die aus einem einzigen blutrot gedruckten Wort bestand:
»ENDLICH!« Darunter schrieb Most: »Was man allenfalls beklagen könnte, das ist nur die Seltenheit des sogenannten Ty-
rannenmordes. Würde nur alle Monate ein einziger Kronen-
schuft abgetan: in kurzer Zeit sollte es keinem mehr behagen,
noch fernerhin den Monarchen zu spielen.« Sechzehn Monate
Gefängnis und Zwangsarbeit waren die Quittung für diesen
Stoßseufzer.

Nach seiner Entlassung schiffte Most sich nach Amerika ein.
Der Klassenkampf in den USA hörte auf keine Theorie und
spielte sich meist in gewaltsamen Formen ab. Zwischen der be-
waffneten Privatpolizei der Unternehmer und den Arbeitern

kam es zu regelrechten Schlachten. Viele Anarchisten waren damals aus Rußland eingewandert.

Most setzte augenblicklich alles daran, sie zu organisieren. Sein Eifer führte zur Gründung der *International Working Peoples' Association* in Chicago. Mit Lohnkämpfen wollte er sich nicht abgeben. Die Forderung nach dem Acht-Stunden-Tag nannte er »eine vermaledeite Angelegenheit«. Ihre Erfüllung diene nur dazu, die Arbeiter zu zähmen.

Most bevorzugte ganz andere Methoden. Er war unter falschem Namen in eine Sprengstoff-Firma eingetreten. Seine Erkenntnisse legte er in einem Buch nieder, das viel Aufsehen erregte: *Revolutionäre Kriegswissenschaft. Ein Handbüchlein zur Anleitung betreffend Gebrauches und Herstellung von Nitro-Glyzerin, Dynamit, Schiessbaumwolle, Knallquecksilber, Bomben, Brandsätzen, Giften usw.* Natürlich wurde er von neuem verhaftet und eingesperrt.

In den neunziger Jahren kam er zu der Einsicht, daß die rein terroristische Taktik kurze Beine hatte. Er wandte sich nun gegen »individuelle Aktionen«. An seiner Militanz hat das nichts geändert. 1902 wurde er eingesperrt, weil er behauptete, die Ermordung des Präsidenten McKinley sei kein Verbrechen.

Trotzdem hat es ihn viele Sympathien unter seinen Genossen gekostet, daß er von der Bombenwerferei abrückte. Wie alle Gruppierungen der Linken lagen sich die amerikanischen Anarchisten dauernd in den Haaren. Jeder Zirkel bezichtigte die anderen der Abweichung von der wahren Lehre. So kam es, daß Johann Most ein völlig vereinsamter Mann war, als er 1906 in Cincinnati starb.

LXXX

Leben ist laut. Nur die Toten sind still. Am wenigsten Krach machen die Pflanzen. Tiere hingegen lieben es, auf sich mit Geräuschen aufmerksam zu machen. Viele Verben sind nötig, um sie zu beschreiben. Besonders des Menschen liebster Begleiter, der Hund, bellt, kläfft und winselt. Säugetiere heulen, knurren, maunzen, miauen, röhren, jaulen, blöken, fauchen, muhen, mekkern, wiehern, grunzen, quieken, Amphibien quaken, zischen, Vögel schlagen, rollen, zwitschern, schackern, schilpen, singen, pfeifen, rufen, flöten, krähen, gackern, piepsen, schnattern, krächzen, klappern, trillern, während Insekten bloß summen oder zirpen.

Das Wort Lärm stammt vom italienischen *all'arme*, »zu den Waffen!«, und ist daher mit *Alarm* verwandt. Noch bis in die Mitte des 18. Jahrhunderts hinein war Lärm vor allem ein militärischer Begriff. Das bezeugen Zusammensetzungen wie *Lärmplatz* (ein Ort, an dem Menschen unter Waffen traten), *Lärmschläger* und *-bläser* (Trompeter und Trommler, die für den Appell zum Sammeln sorgten).

Knapp hundert Jahre später definierte Johann Christoph Adelung den Begriff *Lärm* als »jeden lauten, beschwerlichen Schall«.

Um dieses allgegenwärtige Phänomen beim Namen zu nennen, ist den Deutschen viel eingefallen: Den *Krach* kannte schon das Althochdeutsche im 10. Jahrhundert. *Radau* gab es in Berlin; er entstammt der Berliner Studentensprache des

19. Jahrhunderts. Der *Bohei, Bahei* oder *Buhei* leitet sich vom dem rotwelschen *palhe* her und bedeutet eher »viel Lärm um nichts«. Natürlich kann jeder, wenn ihm der Sinn danach steht, auch viel *Tamtam* um irgend etwas machen, eventuell ein großes *Trara*, einen *Tumult*, ein *Krakehl*, einen *Krawall* oder eine *Randale* veranstalten.

Die Möglichkeiten sind ohrenbetäubend: Jubel und Trubel, Klamauk, donnernder Beifall, Getöse, Gedröhn, Gepolter, Gedudel, Gebrüll, Geschmetter, Marktschreier, Heidenlärm, Kindergeschrei, Schlachtruf, Paukenschlag, Megaphon, Dudeln, Geklimper, Sirene, Fliegeralarm, Dampfpfeife, Dudelsack, Rassel, Hupe, Rätsche, Nebel-, Bosch- und Martinshorn, Lautsprecher, Heulboje, Plattenspieler, Glocke, Muezzin, Gong, Dampframme, Muzak, Gegröl, Gezeter, Zeter und Mordio, Getrampel, aus vollem Halse, Crescendo, Fortissimo, Knallfrosch, Knallbonbon, Knallerbse, Böller, Kanonenschlag, Petarde, Schwärmer, Heuler, Peng! Bums! Bimbam! Rückkopplung, Verstärker...

Der Reiz, Lärm zu erzeugen, ist für fast alle Menschen unwiderstehlich. Nicht nur Kinder vergnügen sich mit Trillerpfeifen, Ratschen und Blasinstrumenten. Die Bevölkerung weiß Straßen- und Stadtteilfeste, sogenannte Corsos und Love-Parades zu schätzen, Darbietungen, die ganze Verkehrsadern sperren und vor allem der Brauereilobby zu verdanken sind. Anlaß und Begründung sind Nebensache. Ein Fußballspiel, ein Nationalfeiertag, ein Oktoberfest, eine Demonstration für oder gegen etwas, das genügt.

Besonders in der »Freizeit« dienen Tanzvergnügen, Auto- und Kofferradios auch dazu, jedes Gespräch zu vermeiden. Die leistungsfähigsten Geräte werden in ärmeren Stadtteilen bevorzugt und heißen *Ghettoblaster*.

Weniger Zuspruch erfahren die Grabesstille und die Friedhofsruhe. Geräusch-, ton-, sang- und klanglose Unternehmungen werden so wenig geschätzt wie die Ruhe vor dem Sturm.

Leute, die sich mit Schalldämpfern, Wattierungen, Korkpaneelen und Polstertüren einmauern, sind Spielverderber. Wer keinen Mucks tut, *Pst!* oder gar *Silentium!* zischt, stört mit seinen Sabotageversuchen das gemeinsame Vergnügen.

»Grundlage für die rechtliche Bewertung des Schalls sind je nach den in Deutschland gültigen Vorschriften und Normen die Messung oder Berechnung der Schallemission.« Das ist gelogen. Bundesweite, vergleichbare Messungen der Schallpegel gibt es nicht. Das beweist, daß sich die Politik für den Lärm einfach nicht interessiert, es sei denn, sie bringt ihn selbst hervor.

Auto-, Bau- und Unterhaltungsindustrie sind unantastbar. Die Polizei kann und will nichts gegen sie ausrichten. Ein Motorrad, das sich wie eine Rakete anhört, darf nicht konfisziert werden, obwohl es gegen alle Vorschriften und Normen verstößt. Vielleicht sehnen sich die Hüter des Gesetzes danach, selber Formel-I-Piloten zu sein und endlich mal einen *Ferrari SF70H* zu steuern oder wenigstens mit einer *Kawasaki Ninja* den Anwohnern das Leben zur Hölle zu machen.

Ennio Flaiano, ein italienischer Skribent, hat 1972 bemerkt, daß »die Identifikation des Motorrads mit dem männlichen Geschlechtsorgan und des Motorradsports mit der sexuellen Aktivität das Glück dieses Transportmittels« gemacht hat.

Die New Yorker Polizei hat den Traum verwirklicht, möglichst viel Krach zu machen. Sie setzt sogenannte LRADS (*Long Range Acoustic Devices*) gegen unerwünschte Demonstranten ein. Das sind Schallkanonen, Lautsprecher, die sich durch ein besonders unangenehmes Frequenzspektrum und ihren großen Schalldruck auszeichnen.

Das *Bel* (Einheitenzeichen B) ist eine logarithmische Größe, die nach Alexander Graham Bell benannt ist, dem angeblichen Erfinder des Telephons. (Allerdings hatte Johann Philipp Reis schon vorher ein funktionierendes Gerät zur Übertragung von Tönen über elektrische Leitungen entwickelt und seiner Erfindung den Namen Telephon gegeben; er hatte aber gegen das Kapital, das Bell in Amerika mobilisierte, nie eine Chance.) Das *Bel* wird in der Akustik angewandt, um den Schallpegel zu messen. Ein Zehntel davon ist das berüchtigte *Dezibel*. Bei logarithmischen Meßgrößen verhält es sich so, daß drei Dezibel mehr als eine Verdoppelung und zehn Dezibel mehr als eine Verzehnfachung der Schallenergie bedeuten.

Die Fortschritte der Meßtechnik haben die Experten nicht ruhen lassen. Sie haben den Pegel verfeinert, so daß sein Maß nunmehr *dB (A)* heißt. Das hat den Vorteil, daß kein Laie mehr durchblickt.

Er wird sich die Ohren zuhalten oder zu Stöpseln greifen müssen. Auch kopfhörerähnliche, ohrumschließende Kapseln gibt es im Fachgeschäft. Wer sich gegen Schall völlig panzern möchte, kann zu individuell abgestimmten Otoplastiken und Ganzkörperanzügen greifen.

60 bis 80 Dezibel schafft ein vorbeifahrendes Auto. Von da an wird es ernst. 80 bis 100 Dezibel erreichen Lastkraftwagen, Motorsägen, Preßlufthämmer und Motorräder mühelos und mit Wonne. Bei 110 wird die Schmerzgrenze überschritten. Hier können Diskotheken allemal mithalten. Startende Düsenflugzeuge, Bombenangriffe und Rockkonzerte gehen aus dieser Konkurrenz als Sieger hervor.

Obwohl praktisch die gesamte Bevölkerung der Republik zu den Betroffenen zählt – man kann durchaus den Eindruck haben, daß sie geradezu von Betroffenheit trieft –, steht die Gruppe der Musikopfer einzig da. Sie wird nicht bedauert, sondern verhöhnt. Jeder Moslem, der sich weigert, Schweinefleisch zu essen, kann auf inniges Verständnis rechnen. Nichtraucher ziehen mit triumphalem Erfolg vor Gericht. Allergiker klagen Münzen ohne Nickelgehalt ein. Pollenwarnungen erfüllen den Äther. Überall zarte Rücksicht! Diskriminierung wird geächtet.

Der einzige, der sich einem Kesseltreiben ausgesetzt sieht, ist der Schallallergiker. Die Vorkehrungen, die er treffen muß, um sich dem allgegenwärtigen Musikantenstadl aus Heavy Metal, Vivaldi, Techno und Blaskapelle zu entziehen, kommen einer Behinderung gleich.

Unter einem Krüppel hat man bislang eine Person verstanden, die den Gebrauch gewisser Glieder oder Organe eingebüßt hat. Das Beschallungsopfer zeichnet sich jedoch dadurch aus, daß es Ohren hat, zu hören; seine Behinderung besteht darin, daß sein Hörorgan intakt ist. Während die Augen mit Lidern versehen sind, während man sich bei Gestank immerhin die Nase zuhalten kann, sind die Ohren jeder Attacke wehrlos ausgeliefert. Finger und Hand bieten dem Trommelfell keine Deckung. Umzüge verfehlen ihren Zweck, da inzwischen auch dünnbesiedelte Gebiete lückenlos mit Schallaggregaten ausgerüstet sind.

Wer sich von fast allen öffentlich zugänglichen Räumen ausgeschlossen fühlt, reagiert oft mit Wut und Haß, Empfindungen, die nicht nur für den Allergiker anstrengend sind. Die Versuchung, mit der Kalaschnikow auf jeden erkennbaren Lautsprecher zu schießen, droht übermächtig zu werden; nur die Einsicht, daß dies den Lärmpegel weiter erhöhen würde, hält den Besonnenen von solchen Handlungen ab.

Und spätestens an dieser Stelle wird er sich fragen müssen: Wer ist hier der Feind – sind es die anderen, oder bin ich es? Sollte es am Ende nicht den Brüllaffen an Verständnis fehlen, sondern ihrem Opfer? Bange Frage! Die Mehrheit der Beschallten ist ja offenbar mit ihrem Status als Freiwild einverstanden. Mehr noch, es könnte sein, daß sie ersehnt, was jenen würgt. Deshalb könnten die meisten zu dem Schluß kommen, der Behinderte sei an seiner Behinderung selber schuld. Logischerweise würden sie nicht den tobsüchtigen Verursacher, sondern sein Opfer für den Störenfried halten.

Eine verfahrene, eine ausweglose Situation – so könnte es scheinen. Doch auch für dieses Problem hält die Wissenschaft eine Lösung bereit. Wie aus neueren Untersuchungen hervorgeht, hat die Generation der 12- bis 35jährigen bereits zu einem Drittel irreversible Hörschäden davongetragen – ein Überlebensvorteil, der nicht gering zu veranschlagen ist.

Bei den Fortschritten der Unterhaltungsindustrie kann das nur ein vielversprechender Anfang sein. Auch die Entwicklung der Hörgeräte schreitet voran. Bald werden Hirnforschung und Elektronik dafür sorgen, daß ein integrierter Schaltkreis den Gehörapparat durch ein Implantat ersetzt, das beliebig gesteuert werden kann. Ein Knopfdruck genügt, und es herrscht absolute Stille im Gehirn, selbst wenn die Umwelt Musik in der Dezibelstärke eines Jetmotors darbietet. Eine solche technische Lösung eröffnet solide wirtschaftliche Perspektiven: Die Industrie kann an der Erzeugung und an der Entsorgung von Krach gleichermaßen verdienen und auf diese Weise neue Arbeitsplätze schaffen.

Im Jahre 1910 wagte Robert Koch eine Prognose: »Eines Tages wird der Mensch den Lärm ebenso unerbittlich bekämpfen müssen wie die Cholera und die Pest.« Darin hat sich der große Seuchenforscher geirrt.

LXXXI

»Die Würde des Menschen ist unantastbar.« Der erste Artikel des Grundgesetzes gilt nicht auf Flughäfen. Dort herrscht der Ausnahmezustand. Jeder, der, statt zu fliegen, geflogen werden will, muß sich alle paar Schritte Identitätskontrollen, Leibesvisitationen und Durchleuchtungen unterziehen. Er wird ständig überwacht und beargwöhnt. Gefährliche Waffen wie Schuhlöffel, Nagelscheren, Feuerzeuge und Korkenzieher werden konfisziert. Ununterbrochen wird er von plärrenden Lautsprecherdurchsagen mit Warnungen, Verboten und Befehlen überschüttet. Sein langer Weg wird durch Gatter eingehegt wie auf einem Schlachthof, als wollte man ihm bedeuten: »Hammel, wollt ihr ewig fliegen?«

Das englische Wort *gate* ist weder mit dem *Gatter* noch mit dem *Gitter* verwandt, obwohl das naheläge; es bedeutet eine Öffnung, einen Zutritt. Auf Flughäfen wird es mit *Flugsteig* eingedeutscht. Allerdings ist das *gate*, das auf dem Plan und auf der Bordkarte steht, oft geschlossen, weil der Flug verspätet ist, weil eine Gewerkschaft streikt, weil ein Ersatzteil fehlt oder weil irgend jemand versäumt hat, seinen Koffer zu beaufsichtigen. Dann muß der ganze Flughafen geräumt werden. Oder ein Terrorist oder eine geistesgestörte Person hat eine Maschine gekapert. Es gibt also viele Gründe, aus denen ein Flug ersatzlos gestrichen wird.

Für den Betreiber ist das kein Nachteil. Denn ein hoher Anteil seiner Einnahmen stammt aus Geschäften, die mit dem Fliegen nichts zu tun haben. Wichtiger für die Gewinne sind die großen *shops* und *lounges*. So erklärt sich, warum die Passagiere kilometerlange Ameisenwege auf sich nehmen müssen, um ihr *gate* zu erreichen. Zynischerweise behauptet ein Unternehmensberater: »Dort entspannen sie sich vom Anreise- und Check-in-Stress und sind gern bereit, sich mit Essen, Trinken und Shoppen die Zeit zu vertreiben.«

Marc Poeschmann, der bei der *Fraport AG* im Bereich *Investor Relations* tätig ist, sagt: »Unser Geschäft mit den zahlreichen Shops ist wohl aus Sicht unserer Investoren der prominenteste Bereich.« Vor allem an den *Duty-free*-Läden hinter der Sicherheitskontrolle kommt fast kein Fluggast vorbei. »Wir haben uns für das Konzessionsmodell entschieden«, erklärt Poeschmann; das heißt, *Fraport* ist prozentual am Umsatz in den Geschäften beteiligt. Beim Verkauf eines Parfums im zollfreien Laden kassiert der Betreiber des Flughafens vierzig Prozent. Auch mit den hohen Parkplatzgebühren läßt sich viel Geld verdienen.

Der Frankfurter Flughafen schafft »unter dem Stichwort *Airport-City* nicht nur Einkaufserlebnisse«; er siedelt auch Messen, Kongresse, Hotels und Logistikfirmen an, für die Miete fällig wird.

Allerdings verbietet sich jeder Vergleich des Flughafens mit einem Internierungslager, einem Gulag oder gar mit einem KZ. Erstens wird das Geld der Passagiere nicht beschlagnahmt, sondern freiwillig an einer langen Reihe von Läden abgegeben, die Andenken, Klamotten und andere nutzlose Gegenstände feilbieten. *Fraport* betreibt diese Geschäfte nicht selbst, sondern holt sich dafür eine Phalanx von Experten.

Duty free heißt, wörtlich übersetzt, von allen Pflichten befreit. Dennoch sind die Läden, die sich so nennen, und die Leute, die dort einkaufen, in ein dichtes Netz von Vorschriften verwickelt. Zwar glauben die Kunden, bei Tabakprodukten, alkoholischen Getränken und Parfums besonders »günstig« einzukaufen. Doch Stichproben zeigen, daß sie in Prag für eine Creme über hundert, in München hingegen nur knapp 74 Euro zahlen. Zigaretten sind im Flughafen der tschechischen Hauptstadt oder in Portugal konkurrenzlos billig, in London dagegen unerschwinglich.

Bei der Einreise in die Europäische Union gelten allerhand Mengenbegrenzungen bei steuerpflichtigen Waren wie Tabak oder Alkohol. Nur Waren, die weniger als 430 Euro kosten, dürfen zoll- und mehrwertsteuerfrei eingeführt werden. Die armen Zöllner, die sich am Ausgang langweilen, interessiert das begreiflicherweise nicht. Fast alle Passagiere werden einfach durchgewunken.

Steuerfrei einkaufen können Reisende nach wie vor außerhalb der Europäischen Union, beispielsweise in der Schweiz. Aber auch auf Helgoland, den Kanarischen, den Kanal- und den Ålandinseln gibt es Leckerbissen für Menschen, die der Schnäppchenjagd anheimfallen.

Von diesem Zirkus lebt eine bedeutende Industrie. Je mehr Vorschriften, desto mehr Tricks, um sie zu sabotieren. Auf den Flughäfen blüht ein System von Regeln, von Ausnahmen und Ausnahmen von den Ausnahmen.

Was man erwirbt, darf nicht auf dem Flughafen konsumiert werden, damit sich der Kunde nicht besäuft. Manchmal wird es sogar in eine gut verschlossene Tüte verpackt und dem Käufer erst am Flugsteig ausgehändigt. Auch nach der Landung kann es am Ziel der Reise unangenehme Überraschungen geben. Wehe, die Schnapsflaschen fallen einem indischen Zöllner oder einem saudiarabischen Aufpasser in die Hände. Sofort wird der kostbare Stoff konfisziert. In anderen Gegenden, besonders in Berlin, amüsieren sich die Kontrolleure damit, ein Feuerzeug oder ein Fläschchen mit Sonnenschutzcreme zu beschlagnahmen und in einen Mülleimer zu werfen.

Der erste *Duty-free*-Laden der Welt wurde 1947 im irischen *Shannon Airport* eröffnet. Es gibt ihn heute noch. Mr. Brendan O'Regan kam damals auf die Idee, Transatlantik-Passagiere, während die Flugzeuge aufgetankt wurden, mit Proviant, Getränken und Mitbringseln zu versorgen. Dieses Geschäftsmodell war so erfolgreich, daß es auf der ganzen Welt kopiert wurde.

Zwei amerikanische Unternehmer, Messrs. Charles Francis »Chuck« Feeney und Robert Warren Miller, griffen zu und gründeten 1960 die Firma *Duty Free Shoppers*. Ihr erster Laden in Hongkong lief gut, genügte ihnen aber nicht. Sie strebten nach Hawaii, Europa und anderen Destinationen und wurden nach und nach zum größten Einzelhändler der Welt für Reisebedarf.

Und was ist mit *Dufry*? Diese Firma sitzt in Basel, beschäftigt 29 000 Leute in mehr als sechzig Ländern und betreibt über zweitausend Läden auf Flug- und Seehäfen, Bahnhöfen und Kreuzfahrtschiffen. Den *Duty-free*-Rekord scheint allerdings der *Incheon Airport* in Südkorea zu halten; er hat Dubai überholt und setzt jährlich fast zwei Milliarden Dollar um.

Auch die Deutschen verfügen über einen konkurrenzfähigen Experten. Er heißt *Gebr. Heinemann SE & Co. KG* und ist Marktführer in Europa. Die Konzernzentrale liegt in der Hamburger Speicherstadt. Von dort aus wird die Firma in vierter Generation diskret von der Familie beherrscht, vertreten durch die Vettern Claus und Gunnar Heinemann.

Übrigens steuern sie auch Europas größten *Tax-free*-Laden, der in Oslo auf viertausend Quadratmetern nicht nur eine Nägel-Bar, sondern auch sechshundert Weine zu bieten hat. Man kann dort nicht nur bei der Abreise einkaufen, sondern auch bei der Ankunft. Bei den halluzinanten Tabak- und Alkoholpreisen in Norwegen ist es kein Wunder, daß sich dort lange Schlangen bilden.

Der Flugverkehr ist ein Wachstumsmotor. Überall, außer in Berlin, werden neue Flughäfen gebaut. Das *Deutsche Zentrum für Luft- und Raumfahrt* untersucht regelmäßig mehr als 850 Fluggesellschaften und kommt zu dem Schluß, daß die Fluggäste keine freiwillige Unterwerfung scheuen.

Der Flughafen ist ein Gelände, auf dem nicht nur die Pflichten und Abgaben der Insassen eingeschränkt sind, sondern auch ihre Rechte. Somit ist das Fliegen die Art der Fortbewegung, bei der man sich am meisten demütigen läßt. Der Gang zu Fuß muß im Vergleich dazu als Triumph der Zivilisation gelten.

LXXXII

Andreas Vesalius, latinisiert aus flämisch Andries van Wezel, eigentlich Andreas Witinck oder Andries Witting van Wesel, war ein flämischer Mediziner, Leibarzt Kaiser Karls V. und König Philipps II. von Spanien. Niemand kann bestreiten, daß dieser dämonische und triebhafte Mann die Anatomie der Neuzeit begründet hat.

Er stammte aus einer alten Weseler Familie, die früh ausgewandert ist. Der Vater war habsburgischer Leibapotheker am Kaiserhof in Brüssel. Dort besuchte der Sohn die Lateinschule und studierte an der Universität Löwen alte Sprachen und Wissenschaften. 1531 wechselte er zur Medizin und ging nach Paris und Padua. Aber die Universitäten hielten sich strikt an die traditionellen Autoritäten. Vesalius war enttäuscht. Er verließ sich auf seine eigenen Augen. *Autopsie* heißt »selber sehen«. In Löwen, das auch Leuven oder Louvain heißt, verschaffte er sich die Leiche eines hingerichteten Mannes.

Die Todesstrafe war in der Renaissance unumstritten. Das Leben war gefährlich und der Henker unentbehrlich. Bei der Präparierung merkte Vesalius, daß nicht alles stimmte, was in den Lehrbüchern der galenischen Schule stand.

Auch die Päpste hatten gegen das, was die Experten der Leichenöffnung trieben, nichts einzuwenden. Sie erlaubten öffentliche Sektionen in Löwen, Padua und Bologna und ließen sich sogar selber obduzieren. Vesalius verstand es, sich mit den Mächtigen anzufreunden. Sein Hauptwerk widmete er Kaiser Karl V. und ließ ihm eine handkolorierte Prachtausgabe überreichen.

1537 gab er in Brüssel sein philosophisches Erstlingswerk heraus, die *Paraphrasis in nonum librum Rhazae*, die sich mit den Theorien und Methoden eines persischen Arztes aus dem

ANDREÆ VESALII.

AN.ÆT.XXVIII   M.D.XLII

obyt 15 oct 1559 æt 58

9. Jahrhundert befaßte. Im selben Jahr zog er nach Oberitalien, wurde promoviert und bekam eine Professur in Padua. Im großen Spital der Stadt Venedig vertiefte er seine anatomischen Kenntnisse. Dort lernte er den niederrheinischen Maler und Holzschneider Jan Stephan van Calcar kennen, der später für die künstlerische Gestaltung seiner wissenschaftlichen Werke sorgen sollte.

Er publizierte eine Neuedition der *Institutiones anatomicae* von Johann Winter, ohne den Autor um Erlaubnis zu bitten. Ein Copyright gab es damals nicht, und Raubdrucke waren alltäglich. Vesalius war bereits ein Star der Medizin. Als Unternehmer war er nicht heikel; seine Prosektoren, Holzschneider, Assistenten, Übersetzer und Drucker nannte er selten beim Namen.

An der Universität von Bologna durfte Vesalius Vorlesungen in der Kirche San Salvador halten. Die anatomische Demonstration fand in einem eigens dafür erbauten *Theatrum anatomicum* unter dem Schutz der Kirche statt. Über hundert Zuschauer waren gekommen. Statt sofort, wie Galen und seine Anhänger, Brust, Bauch und Schädel zu öffnen, begann er mit der Lehre von den Muskeln und den Knochen, einer Disziplin, die bis dahin vernachlässigt worden war.

De humani corporis fabrica libri septem ist ein sorgfältig gesetztes Lehrbuch mit zweihundert anatomischen Tafeln, das 1543 in Basel erschienen ist. Auf dem Titelblatt zeigt der Verfasser, der einen Hut trägt, auf die Gebärmutter der Frau, die er seziert, inmitten einer Schar von dichtgedrängten Neugierigen; über ihm steht ein Skelett, und ganz oben prangt das Familienwappen der Vesalier. Ein anderes Bild, das Jan van Calcar zugeschrieben wird, zeigt ihn, wie er, zu allem entschlossen, die Leiche einer Frau fest im Griff hat, neben sich auf dem Tisch seine Instrumente: das Skalpell, die Klemme und den Wundhaken.

Die Holzstöcke seiner Illustrationen brachte er, fertig geschnitten, mit den ersten Probeabzügen nach Basel. Seine Kollegen sagen, der manische Eifer, die *Fabrica* zu vollenden, habe ihn *taciturnus et melancholicus* erscheinen lassen.

In einer ziemlich riskanten Hypothese berief er sich auf Plinius den Älteren und versuchte, eine Abstammungslinie vom Affen über die Pygmäen hin zum Menschen zu entwerfen.

Als ihn der Kaiser zu seinem Leibarzt ernannte, zog er nach Brüssel. Als Karl V. überraschend abdankte und sich von der

Welt zurückzog, folgte Vesalius, mit einer stattlichen Leibrente des Thronfolgers Philipp II. versehen, dem kaiserlichen Hof nach Madrid.

Schließlich unternahm er 1564 eine Pilgerreise ins Heilige Land, von der er nicht wiedergekehrt ist. Auf der Rückreise von Jerusalem erkrankte er, mußte auf der griechischen Insel Zakynthos, die auf italienisch Zante heißt, ausgeschifft werden und starb. Pilger sollen ihn dort bestattet haben.

Ein Skelett, das er aus den sterblichen Überresten eines Hingerichteten präparierte, ist das älteste Exponat der anatomischen Sammlung in Basel. Dort sind auch Originalpräparate und Wachsmodelle von menschlichen Körperteilen und Organen zu sehen. Das *Anatomische Museum* ist genau am richtigen Ort untergebracht: im ehemaligen Präpariersaal der Basler Universität.

LXXXIII

Thomas Kaevers Beruf läßt sich mit einem Wort ebensowenig angeben wie sein Wohnsitz. Dazu ist dieser Rheinländer mit wildem Haarschopf zu beweglich und zu fintenreich, zu ungeduldig und zu intelligent. Berührungsängste kennt er nicht. Er hat mit russischen Oligarchen verhandelt, Anwälte über den Tisch gezogen und sich von ihnen über den Tisch ziehen lassen, viele Ideen zu früh ausgebrütet und allerhand Firmen gegründet. Er scheint einen Schweizer Paß zu besitzen. Eine Matratzenfirma, an der er sich beteiligt hat, verließ er, kaum daß sie anfing, Gewinne zu machen, weil ihn jede Routine anödet.

Doch sein Gedächtnis gleicht einem Tresor, in dem nichts verlorengeht. Deshalb kann Thomas nach wie vor als Fachkraft für das Matratzengeschäft und als Gewährsmann für diese unruhige Branche gelten.

»Mit dem Schlaf«, sagt er, »kann man viele Millionen verdienen.«

Ursprünglich ist die Matratze kein industrielles, sondern ein handwerkliches Produkt. Bis ins 19. Jahrhundert stellte sie der Polsterer her. Sie war dreiteilig. Das hatte den Vorteil, daß die Teile ausgewechselt werden konnten, um das Wenden, Lüften und Ausklopfen zu erleichtern und das »Durchliegen« und die »Kuhle« zu vermeiden. Dadurch hielt die Matratze länger, was der Industrie natürlich mißfiel.

Sie warnt vor den Milben, die sich von den Hautabschürfungen des Schläfers mästen, und rät dazu, alle paar Jahre eine neue Matratze zu kaufen. Ein gesunder Schlaf ist dem Kunden teuer, der schließlich ein Drittel seines Lebens im Bett zubringt.

Es ist gar nicht so leicht, die Matratze als Novität zu preisen. Das Wort kommt aus dem Italienischen. Das *materazzo* geht angeblich auf das Arabische zurück: *matrah* heißt dort »ein Bodenkissen«. Aber schon in der Welt der Antike wußte man sich zu helfen. Die Griechen hatten hölzerne Bettstellen, oft mit reich verzierten Füßen und mit hochgestelltem Kopfende. Das Bett der Römer sah ähnlich aus und nahm in reichen Häusern luxuriöse Formen an. Die mit Schilf, Heu, Wolle oder Gänsefedern gefüllte *culcita*, eine Vorform der Matratze, wurde mit Gurten festgeschnallt.

Die Kreuzzüge waren eine abenteuerliche und ziemlich aussichtslose Unternehmung, aber sie brachten den Rittern zumindest den Komfort nahe, den sie im Orient genossen und auf den sie auch zu Hause nicht mehr verzichten wollten. Das gemeine Volk mußte freilich weiter auf Säcken schlafen, die mit Seegras, Schilf, Stroh oder Spreu gefüllt waren.

Was ist eine Matratze überhaupt? Ein Polster, das auf einem Lattenrost liegt. Dazu ein Rahmen oder ein Gestell, und fertig ist das Bett. Aber bei dieser schlichten Konstruktion ist es nicht geblieben.

Die Matratze wurde von findigen Handwerkern verbessert, eine Entwicklung, die viele Fragen aufwirft. Woher kommen die Sprungfedern? Besteht der Kern aus Roßhaar? Aus Latex? Aus Kautschuk? Natur oder Synthese? Aus Polystyrol? Was ist ein *Bonellfederkern*, ein *Kaltschaumstoff*? Das sind Rätsel über Rätsel.

Der Einfachheit halber verzichtet man besser darauf, das Feldbett, die Luftmatratze und das Wasserbett zu erörtern. Die bringen nur Komplikationen mit sich, und es ist besser, sie mit höflichem Schweigen zu übergehen.

Nicht alle Mißverständnisse im Bett sind privater Natur. Es gibt auch kulturbedingte Unterschiede, die sich beim Einschlafen geltend machen. Zum Beispiel hielt man in Deutschland das »französische Bett« lange für ein reines Liebesnest, weil es aus einem Stück war und keine zentimeterbreite »Ritze« aufwies. Auch die Bettwurst ist rechts des Rheins unbekannt. Dagegen schätzen die Deutschen ihr Federbett, das früher *Plumeau* hieß und für Wilhelm Busch ein wichtiges dramaturgisches Leitmotiv war. Ursprünglich mußte man sich hierzulande schon deshalb warm einwickeln, weil das Schlafzimmer nicht beheizt war.

Ganz anders die zwiebelartig übereinandergeschichteten Wolldecken, Laken und Überwürfe, die bei den Angelsachsen und in Italien üblich sind. Auch das hat womöglich mit der Temperatur zu tun: im Süden mit der Hitze, wo man unter Daunen und Schurwolle ins Schwitzen gerät, in Britannien mit der Kälte, gegen die ein Kaminfeuer wenig ausrichten kann. Die Bewegungsfreiheit der Beine und Füße ist dort durch die am unteren Ende festgezurrten Tücher und Decken so eingeschränkt, daß der Fremde sich mühsam freistrampeln muß. Viele internationale Hotelketten haben sich diese Fesselungsmethode dankbar zu eigen gemacht.

Zu Mißverständnissen führte eine Mode, die eine Zeitlang in Europa um sich griff, nämlich der Versuch, den *Futon* zu importieren, eine japanische Matratze, die nachts als Schlafunterlage auf den Boden gelegt wird. Im Fernen Osten ist das separate Schlafzimmer nicht üblich. Deswegen muß der Futon jeden Morgen wieder eingerollt und in einem Wandschrank verstaut werden. In Deutschland vergißt man gewöhnlich, das Ding am Morgen wieder verschwinden zu lassen. Dann verklumpt die Füllung. Die Matratze wird hart und büßt ihren Sinn ein.

Der Ideenreichtum unserer Industrie ist mit solchen und anderen Widrigkeiten leicht fertig geworden. Marktführer war in Deutschland jahrelang die sogenannte *Schlaraffia*. Diese Firma besaß ein Patent, das es ihr erlaubte, einen Endlos-Federkern zu fabrizieren. Um Skeptiker zu überzeugen, erwählte sie die Dampfwalze zu ihrem Sinnbild. Damit wollte sie beweisen, daß sich die Federn wieder aufrichten würden, nachdem ein so tonnenschweres Fahrzeug sie passiert hätte.

Überhaupt neigt die Branche zu Phantasienamen wie *Emma*,

Eve und *Bodyguard. Tempur* ist der als Warenzeichen eingetragene Name für ein *Memory-Foam*-Material (zu deutsch etwa »Gedächtnisschaum«), das in den 1970er Jahren von der NASA entwickelt wurde, um den Raumfahrern mehr Komfort zu bieten. Seine genaue Zusammensetzung wurde geheimgehalten. Erst 1991 war der »Weltraum-Schaum« reif für die Serienproduktion. Er trägt das Siegel *Certified Space Technology* und ist etwas teurer als die Konkurrenz.

Eine andere geschützte Marke heißt *Femira*. Das soll vermutlich »Federkern mit Rahmen« bedeuten. Der Werbetext der Firma verspricht »Probeschlafen hundert Nächte zu Hause, atmungsaktiver *HyBreeze* Funktionsbezug, abnehmbar mit Rundum-Reißverschluß, passend für die Waschmaschine«.

Was der Polsterer Emil Breckle 1932 im Allgäu gegründet hat, gedeiht heute ebenso in Württemberg, Baden, Niedersachsen und Thüringen. Die meisten Breckles, jedenfalls Gerd, Andreas, Edgar, Michael, Hendrik, Karin und Gaby, wirken bis heute in ihrem Familienimperium. Wie sie sagen, macht »die außergewöhnliche Fertigungstiefe mit eigener Schaumstoffherstellung und Federkernproduktion sowie einer eigenen Näherei Breckle zu einem der bedeutendsten Matratzen- und Polsterbettenhersteller für den europäischen Markt«.

Es ist ein sonderbares Geschäft, bei dem die Transportkosten höher sind als der Material- und der Lohnaufwand. Thomas Kaever berichtet, daß in einem Breckle-Schaumwerk zehn Leute genügen, um Millionen von Matratzen mit ihrer Produktion zu füllen. Die Margen in der Branche sind hoch; sie liegen bei bis zu 300 Prozent. Für eine Matratze, die der Händler für hundert Euro einkauft, zahlt der Kunde das Vierfache.

Wer glaubt, der gesunde Schlaf sei heilig, wird sich über alle betriebswirtschaftlichen Bedenken hinwegsetzen und an seinem Bett nicht sparen.

LXXXIV

Die Nationalsozialisten, besonders aber Dr. Joseph Goebbels, waren Genies der Reklame. Hitler schrieb:»Politische Propaganda muß wie der Verkauf von Seife funktionieren.« Sie konnten sich bei ihrem Tun der Vorarbeit und der Hilfe vieler Vertreter der Reklamebranche bedienen.

Das zeigt sich nicht nur an ihrer Produktion, sondern auch an der personellen Kontinuität; ebenso wie im Journalismus haben zahlreiche Werber ihr Können der NS-Propaganda zur Verfügung gestellt. Jeder der dort Tätigen brauchte dafür eine Genehmigung, mit dem Resultat, daß 1939 die »deutsche Werbung judenfrei« war.

Prominente Beispiele der verbliebenen Markentechniker sind Emil Dovivat, Hans Domizlaff, Hanns Kropff und die früheren Bauhauslehrer Herbert Bayer und Kurt Kranz. (Einschlägige Druckschriften: Domizlaff, *Die Gewinnung des öffentlichen Vertrauens*, und Kropff, *Totalität der Werbung*, beide 1939.) Alle konnten ihre Karrieren nach 1945 fortsetzen. Dovivat war einer der Begründer der Ost-CDU. An Posten, Professuren und Auszeichnungen hat es keinem gefehlt.

Bei der Wahl ihrer Vorbilder waren die Nationalsozialisten nicht heikel. Sie bedienten sich der Methoden der *Madison Avenue* ebenso gern wie der Erfindungen der Sowjets und ihrer Anhänger.

Unübertroffen blieb das *Corporate Design* der NSDAP und ihrer Gliederungen. Außer Coca-Cola war kaum ein Logo weltweit erfolgreicher als das Hakenkreuz und die SS-Rune.

Von allen damals existierenden Medien, mit Ausnahme des Fernsehens, das noch in den Kinderschuhen steckte, machte das »Dritte Reich« virtuosen Gebrauch: Rundfunk, Presse, Pho-

EVA

NEUE *Modelle* IN
ALTER QUALITÄT

Eugen Scheuing
Stuttgart

tographie, Film und Theater waren die Leitmedien; doch auch
die Inszenierung von Kundgebungen, Aufmärschen, Parteitagen,
Ausstellungen und Sportveranstaltungen wie der Olympiaden
und der Autorennen war auf die professionelle Hilfe von Komplizen aus dem Reklamefach angewiesen. Selbst unscheinbare
Vehikel wie die Uniform, das Abzeichen, die Armbinde, das

Sammelbildchen oder die Briefmarke wurden in den Dienst
der Propaganda gestellt.

Auch Komponisten und Textdichter, die sich mit Märschen
und Schlagern zwischen 1933 und 1945 auszeichneten, erlebten
ihre erfolgreiche Auferstehung nach dem Krieg. (Einige Quel-

len: Alexander Schug, »*Deutsche Kultur*« *und Werbung. Studien zur Geschichte der Wirtschaftswerbung von 1918 bis 1945*, Berlin 2010; Uwe Westphal, *Werbung im Dritten Reich*, Berlin 1989.) Eine Liste der griffigsten Slogans der NS-Propaganda: Kraft durch Freude / Keiner soll hungern und frieren! / Glaube und Schönheit / Winterhilfswerk / Arbeitsfront / Feind hört mit! / Deutschland siegt an allen Fronten für Europa / Ein Reich, ein Volk, ein Führer / Unsere Ehre heißt Treue / Schutzstaffel / Blut und Boden / Volksgemeinschaft / Volkswohlfahrt / Volkswagen / Volksempfänger / Volk ohne Raum / Volk ans Gewehr.

Jeder »Kreative« wäre stolz auf solche Parolen und würde so manchen Preis des *Art Directors Club* einheimsen. Daß eine kritische Gesamtdarstellung der NS-Reklame bis heute fehlt, liegt vermutlich daran, daß ein Rest von Peinlichkeit der Branche bis heute anhaftet.

LXXXV

Gründerzeiten und Gründerkräche wechseln einander ab. Sie bringen bescheidene Anfänge, Triumphe, Konflikte und Pleiten mit sich. Manche Menschen sind geradezu süchtig nach diesem Auf und Ab. Friedrich Fischer, geboren 1849 in Schweinfurt, war einer, der in dieses Muster paßte. Er fing klein an, konnte nie genug kriegen und nahm ein trauriges Ende.

Schon sein Vater Philipp Moritz Fischer war ein Tüftler; er soll 1853 die Tretkurbel erfunden haben, ohne die kein Fahrrad auskommt. Mit diesem zornigen Papa auszukommen war nicht leicht. Er konnte seinen Sohn nicht leiden, und dieses Gefühl beruhte auf Gegenseitigkeit.

Friedrich Fischer machte eine Schlosser- und Dreherlehre bei einem Eisenwerk in Schweinfurt. In einer Scheune auf dem elterlichen Grundstück gründete er einen kleinen Nähmaschinenhandel. In seiner Werkstatt reparierte er Fahrräder, und am Ende stellte er selber welche her. Mit den ersten Velozipeden war er unzufrieden. Er hatte den Ehrgeiz, sie zu verbessern. Die Kugellager, die er brauchte, mußten aus England importiert werden. Sie waren mangelhaft und viel zu teuer.

Wie wäre es, grobgedrehte Eisenkugeln selber zwischen zwei Tellerscheiben zu schmirgeln, so wie die Murmeln aus Glas, Ton und Stein, mit denen er als Kind gespielt hatte? Aber die Kugeln hatten Beulen und waren nie rund genug.

Sein Laden ging so gut, daß er zwei neue Leute einstellen konnte, die er zu Teilhabern an seinem Geschäft machte. Der eine hieß Wilhelm Höpflinger, der andere Engelbert Fries. Nun war Fischer allerdings, wie sein Vater, ein geborener Patriarch. Bei aller Bewunderung für seine Leistungen wird er als verschlossen, unwirsch, kleinlich und streitsüchtig geschildert. Dazu kam, daß er seit seiner Jugend hinkte und nie ganz gesund war. Hart gegen sich und andere, neigte er zur Verbitterung. Aber dann gelang ihm 1883 die Erfindung einer Kugelfräsmaschine. Diese »Kugelmühle« war die Grundlage seines Erfolgs. Doch seine Teilhaber Höpflinger und Fries waren auch nicht auf den Kopf gefallen. Wer von beiden war es, der den sogenannten »Kugelkorb« erfand, einen Fräsapparat, der die Maschine perfektionierte und mit dem sich sphärische runde Stahlkugeln herstellen ließen? Das geht aus den kargen Quellen nicht genau hervor.

In Schweinfurt sprach sich eine Innovation wie diese schnell herum, und ebenso schnell kam die Rede vom »Kugelfischer« auf. Der begriff sofort, welche Chance in seiner neuen Technik lag; denn inzwischen war ein Taumel der Begeisterung für das Fahrrad ausgebrochen. Gerade zur rechten Zeit hatte Dunlop den luftgefüllten Reifen erfunden. Gegen Ende des Jahrhunderts wurden pro Jahr zweihunderttausend Räder verkauft. Überhaupt machte die Industrialisierung des Landes rapide Fortschritte. Die Geschäfte blühten. Der kleine Laden wurde rasch zu eng und zu muffig. Neue Maschinen mußten her. Woher das Kapital für den Bau einer Fabrik nehmen? Darüber gerieten sich die Partner bald in die Haare.

1890 schieden Fries und Höpflinger im Streit aus und machten eine eigene Konkurrenzfirma auf. Fischer war verärgert, aber dieser Schlag konnte ihn nicht aufhalten. Im Gegenteil. Er bezog neue Produktionsstätten, eine nach der anderen.

Zwar gewann er neue Teilhaber, aber die mischten sich ein und wollten Gewinne sehen. Um Geld zu sparen, hatte es der Kugelfischer versäumt, beizeiten Patente anzumelden. Klagen, Schriftsätze von Anwälten, Reibereien und Kränkungen waren die Folge.

1897 wurde die *Erste Automatische Gußstahlkugelfabrik, vormals Friedrich Fischer* in eine Aktiengesellschaft umgewandelt. Aber die Konjunktur war launisch und steckte voller Mucken und Fallen. Die Konkurrenz nahm zu, und plötzlich sanken die Preise. So etwas nennt man eine Überproduktionskrise. Das Unternehmen mußte seine Produktion herunterfahren und viele seiner Arbeiter entlassen.

Eines Tages war Fischers FAG notleidend. Alle Anteile kaufte ein weißer Ritter namens Georg Schäfer, ein gelernter Schlosser, der es in seinem Leben zum Geheimen Kommerzienrat brachte, das Unternehmen wieder auf die Beine stellte und höchst erfolgreich durch den Ersten Weltkrieg und durch die Weimarer Republik steuerte.

Der Kugelfischer hingegen war mit fünfzig Jahren am Ende. Sein einziger Sohn litt an einer lebensgefährlichen Meningitis. Die Ärzte gaben jede Hoffnung auf. Fischer starb im November an einem Herzschlag. Sein Kind folgte ihm nach zehn Tagen.

Warum sind Wälz- und Kugellager, denen er sein Dasein gewidmet hat, eigentlich so wichtig? Sie stecken in jedem Motor, vom Rasierapparat bis zur Schiffsschraube, vom Mixer bis zum Jumbo-Jet. Man merkt das erst, wenn sie streiken. Nur Ingenieure wissen über ihr Innenleben Bescheid.

Das beginnt schon damit, daß der Laie zwischen Kugel- und Wälzlagern nicht unterscheiden kann. Das ist nämlich gar nicht so einfach. Es gibt mindestens fünf verschiedene Grundformen von Wälzlagern: Kugeln, Zylinderrollen, Nadeln, Kegelrollen und Tonnen. Die Toleranzen bei ihrer Herstellung sind gering: Abweichungen sind nur im μm-Bereich erlaubt, sie müssen also auf ein millionstel Meter genau sein. Die Wälzkörper werden durch einen Käfig aus Stahlblech, Kunststoff oder Messing in gleichem Abstand zueinander gehalten. Auch Deckscheiben, Dichtungen und der Schmierstoff gehören unbedingt zu einem ordentlichen Lager.

Nach Kugelfischers Tod setzte sich das Hauen und Stechen in der Branche unvermindert fort. Die Investoren belauerten einander. Vor allem die Schweden, in Gestalt der *Svenska Kullagerfabriken Aktiebolag* mit Sitz in Göteborg mischten kräftig mit. Was im Jargon der Investmentbanker *M&A* heißt, *Mergers and Acquisitions*, war damals schon an der Tagesordnung. Eine feindliche Übernahme jagte die andere.

Weil Kugel- und Wälzlager für die Rüstung unentbehrlich waren, beschleunigte jeder Krieg den Konzentrationsprozeß. Die führenden Manager und Facharbeiter waren »kriegswichtig«, also *uk* gestellt, das heißt unabkömmlich für den Wehrdienst. Sie liefen nicht Gefahr, an irgendeiner Front in Rußland umzukommen. Für Schweinfurt hatte das jedoch einen gravierenden Nachteil. Britische und amerikanische Bomber legten die Stadt mit fünfzehn Großangriffen in Schutt und Asche.

Nicht alle Gründerfiguren sind vergessen. Werner von Siemens und Henry Ford, Gottlieb Daimler, Carl Benz und Henri Nestlé leben in Großkonzernen fort, die ihren Namen tragen. Dagegen der arme Kugelfischer! Er ist auf einen einzigen Buchstaben geschrumpft, das F in der Marke FAG. Dort überlebt sein Name bis heute, auch wenn kaum jemand weiß, daß er der Gründer eines Unternehmens war, das Schweinfurt auf die Weltkarte des Kapitals gesetzt hat.

Fischers Nachfolger, die *Schaeffler Group*, die ihr Hauptquartier in der Kleinstadt Herzogenaurach zu haben scheint, ist heute der weltweit führende Wälzlagerhersteller und Automobilzulieferer und beschäftigt in fünfzig Ländern 63 000 Menschen.

LXXXVI

Stalin hieß *Iosseb Bessarionis dse Dschughaschwili*, Lenin *Wladimir Iljitsch Uljanow* und Trotzki *Lew Dawidowitsch Bronstein*. Fidel Castro ist als *Fidel Hipólito Ruz González* geboren, und Kim Il-sung entweder als *Kim Song-chu* oder *Kim Söng-ju*, was vermutlich auf dasselbe hinausläuft.

Alle fünf waren stolz auf ihren *nom de guerre*, den Kampfnamen, den sie sich selbst aussuchten.

Willy Brandt war ein geborener *Herbert Ernst Karl Frahm*. Aus der Tatsache, daß seine Eltern nicht verheiratet waren, haben seine Gegner versucht ihm einen Strick zu drehen. Hitler wollte man den Namen *Schicklgruber* anhängen, weil sein unehelich geborener Vater Alois tatsächlich so hieß, bis sein Name 1876 als »Hitler« mit dem korrigierenden Vermerk »ehelich« ins Geburtsregister eingetragen wurde.

Eine solche Liste ließe sich fortführen. Aber die Machthaber sind nicht die einzigen, die gern anders heißen möchten. (Vielleicht wären sie manchmal ihrer verdammten Identität sogar am liebsten entkommen.) *Alias* bedeutet lateinisch nichts anderes als »anders, sonst, auch«, und ein anderer, der es vorzieht, anderswo zu sein, benötigt ein *Alibi*.

Es gibt jedoch zwei andere Berufsgruppen, die mit solchen Tricks noch inniger vertraut sind als die Politiker. Das sind zum einen die Hochstapler und zum andern die Schriftsteller.

Im ersten Fall liegen die Motive auf der Hand. Wer nachschlägt, erfährt, daß ein Hochstapler eine Person ist, »die mehr scheinen will, als sie ist, indem sie einen höheren gesellschaftlichen Rang, eine bessere berufliche Position oder ein größeres Vermögen vortäuscht, und zwar zu seinem Vorteil«. Das kann nicht jeder. In diesem Beruf muß man Experte sein und über ungewöhnliche Fähigkeiten verfügen. Ohne schauspielerische und sprachliche Gewandtheit, kaltes Blut und gute Nerven geht es nicht. Der gesellschaftliche Nutzen des Hochstaplers besteht darin, daß er die Habgier, die Dummheit und die Eitelkeit der Eliten verhöhnt.

Das Wort *Stapeln* kommt angeblich aus dem Rotwelschen; in dieser Gaunersprache soll es soviel wie »betteln« oder »tippeln« bedeuten. Die Silbe *hoch* weist darauf hin, daß der Spezialist sich nur den Oberklassen zuwendet. Das Strafrecht versucht, ihn wegen Amtsanmaßung, Mißbrauch von Titeln, Urkundenfälschung und Betrug dingfest zu machen.

Gibt es Gemeinsamkeiten zwischen Hochstaplern und Schriftstellern? Auffallend ist, wie viele Literaten bemüht sind, dem Publikum ein X für ein U vorzumachen. Sie finden immer Gründe, sich umzutaufen. Jedes Pseudonym ist ein Alias.

Die nächstliegenden Motive für Pseudonyme sind Zensur und Verfolgung. Aber manchmal ging es dabei bloß um den Wunsch, einen Skandal zu vermeiden oder einen klangvolleren Namen zu wählen, oder für Autorinnen darum, der Diskriminierung als Frauen zu entgehen. So wählte Amantine Aurore Lucile Dupin de Francueil das Pseudonym *George Sand*, und Charlotte Brontë nannte sich *Currer Bell*.

Umgekehrt ging Karen Blixen vor, die unter den Pseudonymen *Isak Dinesen* und *Tania Blixen* publizierte, weil ihr die Rolle der Dame des Hauses albern vorkam. Sie trieb überhaupt gern ein Versteckspiel mit den Namen, nannte sich *Osceola*, *Peter Lawless*, *Pierre Andrézel* und *Nozdref's Cook*. Mühelos wechselte sie auch zwischen dem Dänischen und dem Englischen hin und her.

Wer in einer fremden Sprache schreibt, wie Józef Teodor Nałęcz Konrad Korzeniowski, hatte gute Gründe, seinen Geburtsnamen zu wechseln und sich *Joseph Conrad* zu nennen. Schon bei den Gelehrten der Renaissance war es Mode, den eigenen Namen zu latinisieren. So wurde aus Georg Bauer ein

Agricola und aus Herrn Kremer ein *Mercator*. Auch kann irgendein Spitzname aus der Jugend schlagkräftiger sein als der Geburtsname. Ernesto Guevara hieß schon auf dem Schulhof »der *Che*«.

Und Søren Kierkegaard erst! Er war des Hohns der Kritiker und der üblen Nachreden leid, wollte seine Ruhe haben und fing an, seine wichtigsten Schriften unter einem Regenbogen von Pseudonymen zu veröffentlichen. Er nannte sich *Victor Eremita, Johannes de Silentio* oder *Constantin Constantius*. Manche Bibliographen warten mit bis zu achtzehn solcher Decknamen auf; er soll sogar noch ein halbes Dutzend weiterer vorsorglich als Reserve notiert haben. Irgendwann muß ihm dieses witzige Spiel dann doch zu dumm geworden sein; jedenfalls bekannte er sich 1846 zu allem, was er publiziert hatte.

Viele Pseudonyme haben keine tiefere Bedeutung. Sie sind einfach aus der Luft gegriffen. *Alcofribas Nasier* ist ein Anagramm aus François Rabelais, und *Paul Celan* aus Paul Ancel. Für Jean Paul Friedrich Richters Verfahren gibt es sogar einen eigenen Fachausdruck: die Fachleute bezeichnen den Namen, der ihn berühmt machte, als *Prenonym*.

Eifrige Wissenschaftler bemühten sich schon im 19. Jahrhundert ernsthaft, mit dem Durcheinander in der Literatur aufzuräumen. Eine erste Probe lieferte Emil Weller mit seinem *Lexicon pseudonymorum. Wörterbuch der Pseudonymen aller Zeiten und Völker, oder Verzeichniss jener Autoren, die sich falscher Namen bedienten*. Diesem Werk fehlte es nicht an Nachfolgern. Holzmann und Bohatta listeten 17 000 Pseudonyme auf, übertroffen von Jörg Weigand und Wilfried Eymer mit ihren Pseudonymen-Lexika – letztere mit mehr als 27 000 Einträgen. Dieser Wettstreit hatte giftige Auseinandersetzungen zur Folge. Die Spezialisten warfen einander gravierende Fehler und Lücken vor.

In diesem Dschungel von Namen könnte man eine Schneise legen, wenn man einsähe, daß eine Seelenverwandtschaft zwischen Hochstaplern und Schriftstellern besteht. Sollte sie darauf beruhen, daß diesen beiden Berufen etwas Anrüchiges anhaftet? Tarn- und Decknamen werden schließlich auch in der Spionage und in der Prostitution verwendet. Dennoch kennen viele Autoren keine Berührungsängste mit diesen beiden Sphären. Sie greifen mit Vorliebe zu Stoffen, bei denen der Beruf des Hochstaplers im Mittelpunkt der Handlung steht. Ein erster Klassiker des Genres war Stendhal mit seinem Helden Julien Sorel in *Le rouge et le noir*. Gottfried Keller folgte ihm nach mit *Kleider machen Leute*, Frank Wedekind mit dem *Marquis von Keith*, Carl Zuckmayer mit dem *Hauptmann von Köpenick* und Thomas Mann mit den *Bekenntnissen des Hochstaplers Felix Krull*.

Bis zu einer Personalunion von Literatur und Hochstapelei hat sich nur ein einziger Schriftsteller verstiegen: Karl May, der nicht nur die Rolle eines Augenarztes namens Dr. Heilig spielte; er gab auch vor, der Neffe eines Plantagenbesitzers aus Martinique zu sein, und maßte sich das Amt eines Geheimpolizisten an.

Das letzte Wort zu diesem Thema gebührt jedoch Walter Serner, der eigentlich Eduard Seligmann hieß. Nicht nur, weil er *Ein Handbrevier für Hochstapler und solche, die es werden wollen* schrieb und dem Dadaismus eine *Letzte Lockerung* versprach. Einer»eisenbahnkutschiert über den Kontinent, ist je nach Bedarf Graf oder Einbrecher, Schieber oder Diplomat, Hazardeur oder Heiratsschwindler, Kuppler oder Regierungsrat … Ist er sehr begabt, wird er Staatsmann und sperrt den Dieb ein und köpft den Mörder«. Mit einschlägigen Geschichten wie *Zum blauen Affen* und *Die Tigerin* setzte Serner diese Karriere fort. Eines Tages hat er sich von der Literatur verabschiedet.»Dichtung«, sagte er,»ist und bleibt ein, wenn auch höherer Schwindel. Menschen gestalten heißt: sie fälschen.«

Seit 1933 galt Serner als verschollen. Sein letztes Lebenszeichen ist ein Transportschein aus dem Jahr 1942. Ansonsten hinterließ er in den Akten des Konzentrationslagers Theresienstadt keine Spuren.

LXXXVII

Das Wort Helm, germanisch *helma-, ist seit dem 9. Jahrhundert belegt. Es soll auf die indogermanische Wurzel *kel-, »bergen, verhüllen«, zurückgehen.

Der Helm ist, Grimm zufolge, »kopfteil der ritterlichen rüstung, unterschieden von der gemeinern haube«: eine stabile Kopfbedeckung und somit Teil der Schutzkleidung. Solange es Krieger gibt, haben sie immer versucht, ihren Schädel zu schützen, zuerst mit Kappen aus Leder, aus Filz oder aus Leinen. Die ersten Bronzehelme sind wohl in Ägypten und Mesopotamien aufgetaucht. Danach dienten Kupfer und Eisen diesem Zweck.

Was mag ein *Topf-*, was mag ein *Kübelhelm* gewesen sein? Wer weiß, was der *Schaller* oder der *Armet* war, die beide einst die *Hundsgugel* verdrängt haben? Die *Beckenhaube*, der *Stech-*, der *Gitter-*, der *Birnhelm*, der *Eisenhut*, der *Morion* und die *Sturmhaube*, das alles sagt nur wenigen Experten etwas.

Auch in der Wappenkunde ist mit der Alltagssprache nichts auszurichten. Blau heißt dort *Azur*. Gelb und weiß sind *Metalle*, die mit »Farben« abwechseln müssen. Hermelin, Kürsch und Feh zählen zum heraldischen »Pelzwerk«, Pfahl und Sparren sind Formen des Wappenschnitts.

Eine Helmzier, ein Helmkleinod, ein *Zimier* ist etwas, das oben auf den Helm gesteckt wird. Dieses Ding darf an einem Vollwappen auf keinen Fall fehlen. Die Heraldiker sind es gewöhnt, jeden Fehler mit gnadenloser Strenge zu verurteilen.

Davon nimmt die Moderne, in der es an Rittern mangelt, allerdings keine Notiz mehr. Schon im 19. Jahrhundert konnte sich jede Kleinstadt ein beliebiges Wappen zulegen, und sogar bürgerliche Familien und Firmen kamen auf die Idee, heraldische Insignien nach ihrem Geschmack zu erfinden.

Die Helmzier wird heute nur noch bei Paraden getragen. Um eine Formation von Federbüschen mit anzusehen, muß man sich schon am 14. Juli, dem französischen Nationalfeiertag, auf die Champs-Élysées bemühen.

Als erstes Land hat Frankreich sein Heer im Jahre 1915 mit Stahlhelmen ausgestattet. Diesem Beispiel folgten im Ersten Weltkrieg Großbritannien, Deutschland und die Vereinigten Staaten. Heute gehört der Helm allenthalben zur Uniform.

NEU	NEU	NEU	NEU
Artist Edition	*Artist Edition*	*Artist Edition*	
Cloud Nine	*Locombia (matt)*	*Boogie*	*Lotsa Love*
Artist Edition	Artist Edition	Artist Edition	79,90€
79,90€	79,90€	79,90€	
NEU	NEU	NEU	NEU

Der *Tommy*, der *Poilu* und der *GI* tragen selbstverständlich ganz verschiedene Modelle dieser Kopfbedeckung. Die Bundeswehr hat, anders als die auf Kontinuität bedachte Nationale Volksarmee der DDR, auf den Helm der Wehrmacht verzichtet. Das war nach dem Krieg ein Politikum. Die Truppen befreundeter Länder sollten keinen Anstoß an der deutschen Uniform nehmen. Deshalb mußte ein neuer Helm her. Vorbild war im Kalten Krieg die amerikanische Armee.

Doch macht der technische Fortschritt auch vor der Form und dem Material eines Helmtyps nicht halt. Für den aktuellen

Gefechtshelm *M92* aus *Aramid*, der 1992 eingeführt wurde, galten keine politischen Bedenken mehr. Besonders viel Geschmack finden die militärischen Befehlshaber an Funk- oder Infrarotsichtgeräten und anderen Extras, die sich ohne weiteres in den Helm einbauen lassen.

Der war eigentlich schon immer eine Männersache. Davon zeugen Vornamen wie Helmut, Helmbrecht, Helmfried, Helmrich, Helmold und vor allem Wilhelm. Nur ausnahmsweise wurde dieser Kopfschutz Göttinnen wie Pallas Athene und Heldinnen wie Jeanne d'Arc zugebilligt.

Das hat sich erst im 20. Jahrhundert geändert. Taucher-, Tropen-, Sport-, Bauarbeiter-, Feuerwehr-, Blau- und Motorradhelme sind heute keine ausschließlich männlichen Accessoires mehr. Doch erst der Siegeszug des Fahrrads hat nicht nur allen Frauen, sondern sogar den Kindern den Helm aufgesetzt, und zwar mit Farben und Zierden, vor denen die Heraldiker vor Neid erblassen oder gar verzweifeln müssen.

LXXXVIII

Auf David Brewster berufen sich alle Wissensspeicher. Hat er nicht anno 1817 das Wort *kaleidoscope* geprägt? Es stammt aus dem Griechischen: καλός bedeutet »schön«, εἶδος »Gestalt« und σκοπεῖν »schauen«. Wer etwas Schönes sehen wollte, mußte zu diesem optischen Gerät greifen. Sofort meldete Brewster ein Patent auf die Erfindung an, und bald darauf veröffentlichte er sogar eine Abhandlung, illustriert mit zierlichen Diagrammen, um das Publikum damit vertraut zu machen.

Er war seinerzeit ein höchst angesehener Mann, der viel zur Optik beitrug. Zwar war er vor allem ein Praktiker und kein Gelehrter. Doch hat er mit heißem Bemühen die Polarisation doppelbrechender Kristalle studiert, wollte Polarimeter und Stereophoto weiterentwickeln und befaßte sich mit den Lichtsignalen der Leuchttürme. Einer seiner Kollegen rühmte ihn sogar als den »Johannes Kepler der Optik«, und irgendwann durfte er sich seiner Verdienste wegen Sir David nennen.

Die einzige Lizenz, die Brewster vergab, hat er einem Londoner Linsenschleifer anvertraut. Aber bei den Optikern herrschten schon damals rauhe Sitten. Sie kopierten den Prototyp und gingen sofort zur Serienproduktion über, ohne einen Penny zu zahlen. In England und in Paris brach daraufhin eine förmliche Kaleidoskop-Manie aus. Innerhalb eines Vierteljahres wurden zweihunderttausend Exemplare verkauft.

Nur, was hat ein Spielzeug wie das Kaleidoskop mit alledem zu tun?

Ganz einfach. Am einen Ende eines Rohrs aus Karton legt man zwischen einer glatten und einer mattierten Glasplatte kleine farbige Plättchen ein. Am anderen Ende sitzt ein rundes Guckloch. Das Rohr ist innen meist mit zwei oder drei Spiegelstreifen beklebt, die sich an den Längskanten berühren. Durch die mehrfache Reflexion wird ein symmetrisches Muster sichtbar, das sich ändert, wenn man den Tubus dreht.

Nun weiß jeder, der schon einmal ein Kaleidoskop in der Hand hatte, daß man ein bißchen an ihm rütteln oder wenigstens drehen muß. Dabei kann jedesmal ein neues und ganz anderes Bild entstehen.

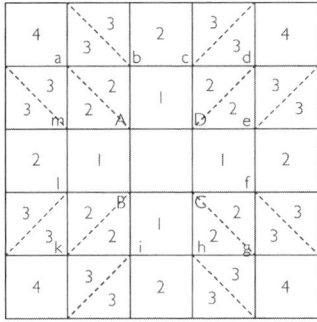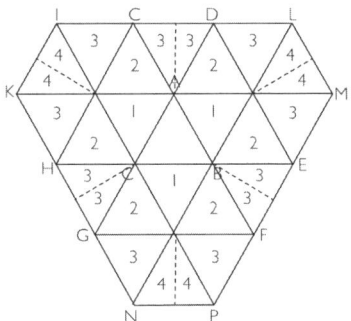

Der maßgebliche deutsche Experte für dieses Spielzeug heißt Günther Schöll und lebt zum Glück nicht mehr wie früher als Hippie in Kalifornien, sondern in Gauting bei München. »Ich baue lieber neue Spielzeuge in allen Größen und Formen aus Holz, Messing, Glas, Marmor oder Karton«, sagt er. Außer seiner Werkstatt führt er auch einen Laden und handelt *en détail* und *en gros* mit altbewährten und neuartigen Modellen. Zu einer Ausstellung in der Hamburger Kunsthalle wurde er als »Kaleidoskop-Papst« eingeladen. Der Isländer Ólafur Elíasson, ein Star der internationalen Kunstszene, schätzte seine Objekte, unter denen auch ein Teleidoskop war. Diese Variante hat ein mit Öl gefülltes Röhrchen, in dem glitzernde Partikel schwimmen, die langsam nach unten sinken und immer neue Muster erzeugen, ohne daß das ganze Ding geschüttelt oder gedreht werden muß.

»Darüber, wer's erfunden hat«, sagt Schöll, »mögen sich andere streiten.« Trotzdem hat ihn die Frage, wer der erste war, nicht in Ruhe gelassen. Vielleicht hieß er gar nicht Brewster? Vielleicht ist er unbekannt, oder man hat ihn vergessen? Könnte es nicht der berühmte und berüchtigte Jesuitenpater Anastasius Kircher gewesen sein? War es ein Nürnberger Mechanikus, ein Glasschleifer aus Augsburg namens Hoechel, oder gab es den spielerischen Trick mit dem Spiegel schon in der Antike?

Schöll ist eigens nach Edinburgh gereist, um auf dem Carlton Hill das Grab eines gewissen Julius Conrad von Yelin zu besuchen, weiland Doktor der Weltweisheit und »Conservator des Königl. mathem. physic. Kabinets«, der 1771 in Wassertrüdingen geboren ist, einer Kleinstadt zwischen Franken und Schwaben. Dort, wo eine Tafel an ihn erinnert, soll 2019 eine Gartenschau stattfinden. Aus diesem Anlaß will Schöll ein Riesenkaleidoskop bauen und ein Buch zur Ehrenrettung Yelins vorstellen mit dem Titel *Das Kaleidoscop, eine Baierische Erfindung.*

Wie dem auch sei, die Beatles jedenfalls hätten an Herrn Schöll und seinem Versuch, alle Vorgänger zu übertrumpfen, Gefallen gefunden. Denn »*Lucy in the sky with diamonds*« ist und bleibt *A girl with the kaleidoscope eyes.*

LXXXIX

Auf einer Flagge hat alles mögliche Platz. Dort finden sich Llamas ein, Regenbögen, eine phrygische Mütze, Yin und Yang, ein Elefant, drei oder fünf Vulkane, Füllhörner, ein Dampfer und jede Menge von Flaggen und Palmen. Besonders beliebt ist die Darstellung von Schwertern, Flinten und altertümlichen Kanonen.

Ein Fellow der *Royal Geographical Society* hat behauptet, der Ursprung dieser Objekte liege im dunkeln; selbst die Etymologie des Wortes *flag* sei umstritten.

Aber Vorsicht! Wer wie ein Laie die Flagge mit der Fahne verwechselt, macht sich die Sache zu leicht.

Dagegen ist festzuhalten, daß eine Flagge nichts weiter ist als ein Stück Tuch, jederzeit beliebig ersetzbar, weil es massenhaft hergestellt werden kann. Dagegen ist eine Fahne strenggenommen ein Unikat. Eine Kirchen-, Zunft- oder Regimentsfahne läßt sich nicht einfach ersetzen.

Müssen wir hier wirklich alle Arten von Flaggen aufzählen? Die gewöhnlichste nennt der Fachmann *Hiß*- oder *Querflagge*. Die *Knatterflagge* ist eine Hißflagge, die höher als breit ist. Die *Hängeflagge* wird meist an einem Gebäude von einem waagerechten Stock gehißt. Die *Galgenflagge* muß an einem Ausleger befestigt sein; sie kann sich auch bei Windstille entfalten. *Banner* ist ein Begriff aus dem Mittelalter. Nur Fahnen, die an einem waagerechten Querstab hängen, verdienen diese Bezeichnung. Und so weiter.

Es versteht sich, daß nicht Fahnen, sondern nur Flaggen auf Halbmast gesetzt werden dürfen. Banner und Hausfahnen müssen sich mit einem oder zwei Trauerfloren zufriedengeben. *Stander* sind meist dreieckig und dienen oft als Rangabzeichen. Noch staatstragender gibt sich die *Standarte*. Sie ist quadratisch, praktisch, gut und kann im Fernsehen besichtigt werden: Jedesmal wenn ein Würdenträger mit seiner Limousine vorfährt, winkt sie als Hoheitszeichen.

Schon früh war es üblich, auf dem Mittelmeer eine Flagge zu führen, um zu zeigen, wo man herkam. Das Segeln unter falscher Flagge war verpönt. Aus diesem Brauch haben sich die Nationalflaggen entwickelt, ohne die heute keine Gegend mehr auszukommen scheint.

Die Dänen rühmen sich gerne ihres *Dannebrogs*. Dies sei die älteste Flagge der Welt. Sie soll schon anno 1219 auf wundersame Weise vom Himmel gefallen sein, die christlichen Dänen bei einer Schlacht gerettet haben und ist heute noch gebräuchlich. Die meisten skandinavischen Staaten folgen diesem Vorbild und führen das liegende lateinische Kreuz der Dänen auf ihrer Fahne.

Aber andere Nationen waren der Überzeugung, daß es zu einer ordentlichen Nationalflagge eine ordentliche Revolution braucht. Ohne den Kampf gegen die britische Kolonialmacht keine *Stars and Stripes*, ohne die Französische Revolution keine *Liberté, Égalitié* und *Fraternité*, keine *Marseillaise* und keine Trikolore – ein Vorbild, dem Dutzende von anderen Staaten nacheiferten. Ohne Lenins Petersburger Putsch von 1917 kein Hammer, keine Sichel und kein roter Stern auf der Flagge der Sowjetunion.

Aber auch viele internationale Organisationen haben es sich nicht nehmen lassen, ein Tuch zu hissen: die Vereinten Nationen, die NATO und die Europäische Union. Doch die erste Flagge, die sich international durchsetzte, kam aus der neutralen Schweiz: die des Roten Kreuzes. Sie ist schon lange völkerrechtlich anerkannt. Die vielen Olympischen Komitees unter dem Symbol der bunten Ringe genießen weniger Respekt, weil sie rein private Geldmaschinen sind. Warum sie von Staaten und Fernsehsendern gehätschelt und mit enormen Summen subventioniert werden, weiß niemand zu erklären.

Beinahe hätten wir den *Wimpel* vergessen, der keineswegs nur zum Abwinken da ist. »Mann über Bord!« »Ich bin manövrierunfähig; nehmen Sie Verbindung mit mir auf!« Solche Botschaften vermittelt ein eigenes Alphabet, bei dem jeder lateinische Buchstabe durch ein anderes farbiges Muster signalisiert wird. Warum es nicht nur ein internationales, sondern auch ein deutsches Flaggenalphabet gibt, ist schwer zu sagen; vielleicht wegen der Umlaute oder wegen des Buchstabens *ß*, der den Deutschen am Herzen liegt?

Dazu gibt es noch 26 Buchstabenwimpel, zehn Zahlenwimpel, vier Hilfsstander, einen Signal-, zwei Bahn- und einen Zielwimpel. Vielleicht ist das schon zuviel des Guten.

Der Wirrwarr ist nicht auszurotten. Einst waren Fahnen eine Sache für Heraldiker und Wappenexperten. Aber seitdem eine neue Hilfswissenschaft, die Vexillologie (von lateinisch *vexillum*), dem Laien aufhilft, hat die Moderne aufgeholt. Der Begriff wurde 1959 von einem Amerikaner namens Smith erfunden, dem Gründer des *Flag Research Center* und Herausgeber des *Flag Bulletins*. Das alles wäre ohne eine Dachorganisation wie die *Féderation Internationale des Associations Vexillologiques* undenkbar gewesen.

Alle Mühe war umsonst. Leider führt kein Weg an der schlichten Tatsache vorbei, daß Fahnen und Flaggen jeden Rest ihrer Würde und ihres Prestiges seit der Mitte des 20. Jahrhunderts eingebüßt haben.

Das liegt an der Inflation der Symbole und am Terror der Reklame. Jede Tankstelle an der Ecke, jedes »Einkaufszentrum« und jede Konzernverwaltung umgibt sich heute nicht mit einem Fahnenmeer, sondern mit flatternden Tüchern, durch die sie den Passanten mit nichtssagenden Logos oder unlesbaren Abkürzungen belästigt.

Wer davon nicht genug hat und unbedingt seine eigene Fahne hissen möchte, sollte sich an den führenden deutschen Hersteller wenden, die *Kössinger GmbH* in Schierling, Landkreis

Regensburg. Dort gibt es nicht nur bedruckte Gemeindebanner, Firmenfahnen, Fahnenmasten aus Aluminium, Bodenhülsen, Fahnen für Feuerwehren, Kamerad- und Burschenschaften, Sport-, Trachten- und Schützenvereine. Mit den Worten des Spezialisten tut sich eine Welt auf, von deren Reichtum der Laie keine Ahnung hat:

»Jede gestickte Fahne ist eine Kostbarkeit. Damit ihr Wert über Jahrzehnte bestehen bleibt, werden nur ausgewählte Grundstoffe in exklusiver Qualität verwendet. Edelste Brillantsamte mit dichtem Flor, auf denen die Schriften und Ornamente aus echt vergoldetem oder versilbertem Gespinst-Material wie Cantille, Brillant, Kordinett oder Frisé bestens zur Geltung kommen.« Soweit die Werbung der *Kössinger GmbH*, die auch Bedenken von Zweiflern ausräumt, die schwer zu widerlegen sind:

»Gestickte Vereinsfahnen und Standarten aus Samt mit Goldfransen, an schweren Holzstangen mit prunkvoll bestickten Fahnenbändern behangen – ist das denn noch zeitgemäß? Vereinssymbole auf den Fahnen und Bändern stiften Identität und ein Gefühl der Gemeinsamkeit.« Dabei ist mit erhöhtem Festbedarf zu rechnen. Zu jeder Feier werden Schulterschärpen, Abzeichen, Armbänder und Biermarken benötigt, die *Kössinger* herstellt und bereithält.

In Schierling kann man sich auch mit Utensilien für die Reklame eindecken: »Besonders werbewirksam sind großflächige Dekobanner, die auch an Hallendecken montiert werden können. Verschiedene Drucktechniken, Materialien und Konfektionierungsmöglichkeiten machen Stoffbanner zu einem Werbe-Allrounder bei vielen Events, aber auch in Kaufhäusern und Shops aller Art.«

Was sind bedruckte *Beachflags*? »Eine günstige und unkomplizierte Möglichkeit, um auf ihre Werbebotschaft aufmerksam zu machen. Fahnen Kössinger ist der Spezialist für Beachflags in vielen verschiedenen Formen, Größen und Ausführungen: Classic, Tropfen-, Drop- und Rechteckform.«

Auch Tisch-*Beachflags* stehen zur Verfügung. »Diese peppige Art von Tischfähnchen ist ein echter Hingucker. Die Mindestabnahmemenge liegt bei 25 Stück … Der Werbung mit mobilen Faltwänden und Pop-ups sind im Prinzip keine Grenzen gesetzt.«

Aber nur im Prinzip. Zwar ist es immer noch möglich, auf die Fahne zu schwören, sie bis zum letzten Mann zu verteidigen und sie zu weihen. Aber die wenigsten können alle Strophen der alten Kriegsgesänge vom Blatt singen. Wer kann die blutrünstigen und wackligen Verse der *Marseillaise* noch auswendig?

> Zu den Waffen, Bürger,
> formt eure Truppen!
> Marschieren wir, marschieren wir!
> Unreines Blut
> tränke unsere Furchen!

Und selbst die *Internationale* hört sich nicht mehr ganz taufrisch an:

> Unser Blut sei nicht mehr der Raben
> und der nächt'gen Geier Fraß!
> Erst wenn wir sie vertrieben haben,
> dann scheint die Sonn' ohn' Unterlaß.

Die Piraten haben schon immer versucht, die Welt mit ihrer schwarzen Flagge zu erschrecken, auf der dem Seefahrer ein Totenschädel entgegengrinst, und ein selbsternanntes Kalifat möchte es ihnen mit einem arabischen Spruch gleichtun, den kaum jemand entziffern kann.

Wahrscheinlich ist die weiße Fahne die schönste. Jedenfalls ist sie unblutig. Wenn keine zur Hand ist, tut es im Notfall auch ein Bettlaken, das man nach dem Krieg aus dem Fenster hängt.

Der Verfasser bekennt, daß er dem Expertentum für die Experten nicht anheimfallen möchte. Dem Dämon der Arbeitsteilung ist er nicht gewachsen. Deshalb holt er die Flagge ein, streicht die Segel und zeigt an, daß er vor der überwältigenden Fülle der Spezialisten die Fahnenflucht ergreift.

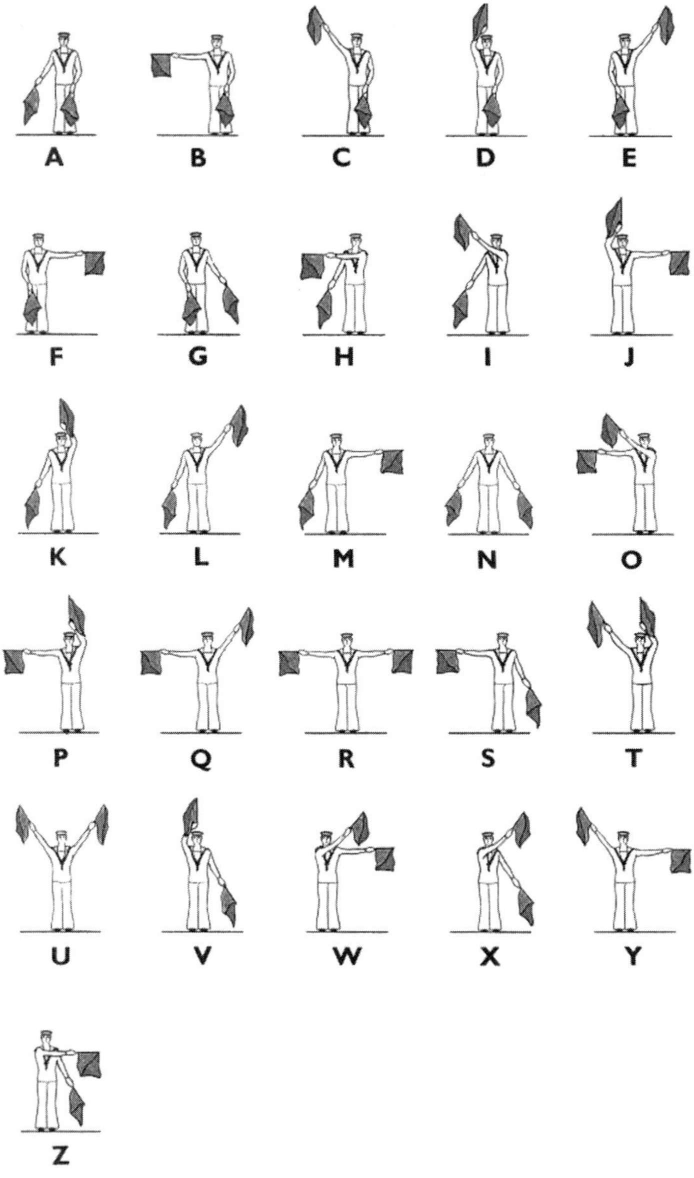
A B C D E
F G H I J
K L M N O
P Q R S T
U V W X Y
Z

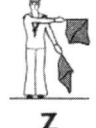

Danksagung

In erster Linie habe ich meinen Experten zu danken. Meine These ist, daß jeder Mensch, ob er will oder nicht, zu dieser Kategorie gehört, auch wenn er sich nicht damit brüstet.

Meine Revue kollidiert oft mit dem sogenannten Persönlichkeitsrecht. Wenn jemand es vorzieht, anonym zu bleiben, habe ich diesen Wunsch respektiert.

Viele Experten kannte ich persönlich, zum Beispiel die Putzmacherin, den Schachuhrenvertreter, den Herrenausstatter, den Sammler von Geldschränken und die Hemdenschneiderin. Die meisten waren einverstanden, einige sogar begeistert. Andere konnte ich nicht mehr fragen, weil sie gestorben sind.

Einige Porträts sind älteren Datums. Von der Zeit an bis zum Druck des Buches mußten viele ihre Tätigkeiten aufgeben. Der Dämon der Konkurrenz schläft nie, sowenig wie der Fluch und der Segen der Arbeitsteilung.

Dank gebührt dem Gestalter der Bildstrecke, Jan Riemer, sowie der fleißigen Verlagsrecherche, die sich durch entlegene Quellen gewühlt und manche Blamagen des Verfassers verhindert hat; ferner Katharina E., Fräulein Dipl.-Phil. Gisela Preuß und Dr. phil. Otto Weith, die das *Duden Bildwörterbuch*, Mannheim 1958, bearbeitet haben, sowie der *Wikipedia*, dem größten Lexikon der Geschichte, das es in über 290 Sprachen gibt. Ein paar Versionen, zum Beispiel die englische, französische, italienische, spanische und einige aus Skandinavien, konnte ich nutzen. (Einmal hat sogar die Esperanto-Seite ausgeholfen.) Die verschiedenen Fassungen unterscheiden sich stark im Ton, im Umfang und in der Reichweite.

»Jeder hat ein Recht auf seine eigene Meinung, aber nicht auf seine eigenen Fakten.« Das hört sich wie ein Satz von Hannah Arendt an. Leser werden gebeten, falsche Tatsachen in diesen Fallstudien für sich zu berichtigen. Hinweise in solchen Fällen an den Verlag wären darüber hinaus dankenswert.

Abbildungsnachweise

Illustrationen von Jan Riemer
S. 53, 78, 129, 164-165, 325

Illustrationen von Jan Riemer nach Vorlagen des Autors
S. 51, 64, 66, 71, 72, 99, 106, 111, 127, 147, 150, 157, 191, 200, 226, 256

Außerdem
S. 25: Anne Faden
S. 30-31: Aus *Der große Duden. Bildwörterbuch*, Bibliographisches Institut Mannheim, Wien und Zürich (Dudenverlag), Mannheim 1958, S. 229-230
S. 34-35: Ebd., S. 74, 750
S. 40: CC BY-SA 3.0, Takkk, https://commons.wikimedia.org/wiki/File:Dressmaking_accessories.jpg?uselang=de
S. 42: akg-images, Berlin
S. 47: CC BY-SA 2.0, Mathilda Samuelsson, https://www.flickr.com/photos/xubangwen/10179872816/
S. 59: Kremer Pigmente GmbH & Co. KG, Aichstetten
S. 88: Die Astronomische Uhr im St.-Paulus-Dom zu Münster, Foto: Stephan Kube, Greven
S. 120: CC-BY-SA 3.0, Pavel Ševela / Wikimedia Commons, https://Commons.wikimedia.org/wiki/File:Bunch_of_beer_coasters_(2).jpg
S. 137: *Fundamento de Esperanto*, Paris: Hachette 1905, 4. Auflage 1910, Buchcover
S. 187: https://de.wikipedia.org/wiki/Constitutio_Criminalis_Theresiana#/media/File:Theresiana-Titel.jpg
S. 195: Titelblatt des *ßefer chaje olom*, d. i. *dos buch dess ebigen lebenss*, Freiburg i. Br. 1583
S. 207: CC-BY-SA 3.0, Manfred Brückels, https://de.wikipedia.org/Zinken_(Geheimzeichen)#/media/File:Gaunerzinken_3a.png
S. 218: Titelblatt von Cardanos *Pronostico*, 1534-1550
S. 229: Jan Riemer, nach: Attribution CC 3.0 Unported, Christoph Päper / Wikimedia Commons, https://commons.wikimedia.org/wiki/File:English_length_units_graph.png
S. 233: Meßinstrumente, aus: Joseph Wageneckher, *Instrumenta mathematico-physica*, 1773
S. 247: o. l. flickr.com, CC BY-SA 2.0, bryan.sjs; o. r. flickr.com, CC BY-SA 2.0, Daniel Ramirez; u. l. flickr.com, CC BY-SA 2.0, Ishikawa Ken; u. r. flickr.com, CC BY-SA 2.0, Ruth Hartnup, https://www.flickr.com/photos/bryansjs/15859941725/in/photolist-qaum88-hDsrh4-pis26n-hDrF4L-hDssq6-RXBGcA-c6np4u-eTxHy5-hDrFZd-hDr1rg-hDqYVF-hDsrzi-hDsrRv-hDqZgR-hDqZip-hDsrpD-hDrF8y-hDrj2C-hDsrLk-hDsqzn-hDrkho-hDsrJ6-hDrECA-hDriXj-hDsqQT-hDrjVw-hDqYFT-hDsr2V-hDrGnY-ct4PW-ct4P8-hDriKW-hDr17t-hDrFXE-hDr1dk-hDrk9Y-mXnbiN-hDrFa7-hDrF3d-hDrFUd-pWioMQ-hDrjGf-hDsrPr-hDsseV-hDqYSp-hDsrrn-5FPkD-mXmwot-hDrG7N-xaSBdP
S. 251: Daguerreotypie von Hippolyte Bayard, 1843
S. 267-268: Aus *Okens Lehrbuch der Naturgeschichte,* 1825
S. 281: CC-BY-SA 3.0, International Phonetic Association, https://wikipedia.org/wiki/File:The_International_Phonetic_Alphabet_(revised_to_2015).pdf
S. 300: *Andreas Vesalius*, Holzschnitt von Jan Stephan van Calcar aus Vesalius' Schrift *De humani corporis fabrica*, Basel 1543
S. 308-309: Jörg Bohn, Rheinberg, www.wirtschaftswundermuseum.de
S. 312: Schaeffler Technologies, Herzogenaurach
S. 322: Nutcase Helmets, Bravo Sports srl, Altivole (TV), Italien
S. 333 Aus *Admiralty manual of Seamanship 1964*, vol. 1, 1972, National Museum of the Royal New Zealand Navy, Auckland © Royal New Zealand Navy